복 있는 사람

오직 여호와의 율법을 즐거워하여 그 율법을 주야로 묵상하는 자로다.
저는 시냇가에 심은 나무가 시절을 좇아 과실을 맺으며 그 잎사귀가 마르지 아니함 같으니
그 행사가 다 형통하리로다. (시편 1:2-3)

기도는 마치 우리를 하늘로 인도하는 '신학적 날개'와 같다. 교회의 오랜 역사 속에서 청교도들은 실제로 그런 모범을 보여주었다. 이 책 『하늘에 닿는 기도』는 그들을 비롯한 위대한 신앙의 저술가들이 남긴 기도 모음집으로, 마음과 뜻을 다해 하나님을 찾으려 애쓰는 이들에게 큰 도움을 줄 것이다.

조엘 R. 비키, 퓨리턴 리폼드 신학교 총장

청교도들의 기도는 그들이 지녔던 영적인 지식과 지혜의 깊이를 잘 보여준다. 그들은 하나님과 대화를 나눌 때만큼 자신의 마음을 깊고 순수하게 표현한 적이 없었다. 그들의 기도에는 하나님을 향한 경외심과 사랑이 아름답게 드러난다. 이 책 『하늘에 닿는 기도』는 그들의 기도문을 모은 것으로, 우리의 기도에 꼭 필요한 표현들을 풍성하고 깊이 있게 제공한다.

존 맥아더, 그레이스 커뮤니티 교회 담임목사

『하늘에 닿는 기도』는 교회를 위한 귀한 선물이다. 이 책은 오랜 청교도 전통에 속한 기도 모음집으로, 우리는 이 속에 담긴 탄원과 찬미의 고백들을 살피면서 삼위일체 하나님과의 더 깊은 교제 가운데로 나아가게 된다. 청교도들의 기도를 주제별로 알기 쉽게 정리한 이 책은 그들의 다른 귀한 작품들과 더불어 훌륭한 동반자가 될 것이다.

채드 반 딕스혼, 리폼드 신학교 교회사 교수

하늘에 닿는 기도

Piercing Heaven
Prayers of the Puritans

Compiled and Edited by
Robert Elmer

Piercing Heaven

위대한 청교도의 샘에서 길어 낸
기도 모음집

하늘에 닿는 기도

로버트 엘머 편저
송동민 옮김

복 있는 사람

하늘에 닿는 기도

2024년 8월 28일 초판 1쇄 인쇄
2024년 9월 9일 초판 1쇄 발행

지은이 로버트 엘머
옮긴이 송동민
펴낸이 박종현

(주) 복 있는 사람
주소 서울특별시 마포구 연남동 246-21(성미산로23길 26-6)
전화 02-723-7183, 7734(영업·마케팅) 팩스 02-723-7184
이메일 hismessage@naver.com
등록 1998년 1월 19일 제1-2280호

ISBN 979-11-7083-156-3 03230

Piercing Heaven: Prayers of the Puritans
by Robert Elmer

Copyright ⓒ 2019 Robert Elmer
Originally published in English under the title
Piercing Heaven: Prayers of the Puritans
by Lexham Press, 1313 Commercial St., Bellingham, WA 98225, U.S.A.
All rights reserved.

This Korean translation edition ⓒ 2024 by The Blessed People Publishing Inc., Seoul, Republic of Korea.
This Korean edition is published by arrangement of Lexham Press.

이 한국어판의 저작권은 Lexham Press와 독점 계약한 (주) 복 있는 사람에 있습니다. 신저작권법에 의하여 한국 내에서 보호를 받는 저작물이므로 무단 전재 및 복제를 금합니다.

하늘에 닿는 기도는 곧 우리 자신의 마음을 꿰뚫는 기도다.

토머스 왓슨 (1620-1686)

차례

감수의 글 ——— 12
서문 ——— 17
저자 목록 ——— 24

1. 내게 기도를 가르치소서 ——— 25

우리 주님의 기도 | 나를 이끌어 주님을 찾게 하소서

2. 주께 도움을 청하게 하소서 ——— 31

그리스도의 의가 없이는 아무 소망이 없습니다 | 기도를 명하시며 들으시는 주님 | 새롭게 하시는 은혜를 간구합니다 | 그리스도 안에 있는 은혜를 갈망합니다 | 내게 예수님을 주소서 | 주의 은혜로 나를 새롭게 하소서 | 내 이름이 그리스도의 마음에 새겨져 있을까요? | 내 안에 새 마음을 창조하소서 | 대제사장께 나아갑니다 | 곤고한 자를 위한 은혜 | 주의 인도하심을 내가 기다립니다 | 잠든 내 심령을 깨우소서 | 새 마음을 구하는 기도 | 주의 말씀으로 길을 가르쳐 주소서 1 | 주의 말씀으로 길을 가르쳐 주소서 2 | 우리 자녀들을 위한 기도 | 주의 말씀으로 길을 가르쳐 주소서 3 | 내 영혼을 가꾸시는 주께 드리는 기도 | 은혜 안에서 숨 쉬게 하소서 | 우리의 삶을 밝히시는 은혜 | 우리 마음을 녹여 주소서 | 우리에게 더욱 고결한 마음을 주소서 | 저 그리스도인들은 서로를 얼마나 사랑하는지 | 선한 싸움을 싸우게 하소서 | 예수께 더 큰 은혜를 구합니다 | 전투를 준비하게 하소서 | 성령이여, 오소서 | 예수님처럼 말씀하시는 분은 없습니다 | 우리의 기도를 도우소서 | 내게는 보혜사 성령님이 필요합니다 | 내게 은혜를 가르쳐 주소서 | 예수 안에서 우리를 기쁘게 받아 주소서 | 내 이성이 주의 진리를 받들기 원합니다 | 조지 윗필드의 일기에 담긴 기도들 | 구하면 받을 것이요

3. 의심에서 건져 주소서 ——— 91

여전히 주저하는 자의 기도 | 나의 믿음이 자라게 하소서 | 그리스도께 모든 것을 걸게 하소서 | 내게 믿는 마음을 주소서 | 내게 믿음을 주소서 | 믿음이 한 단계에서 다음 단계로

4. 슬픔과 고난의 때에 나를 도와주소서 ——— 105

내가 병들었을 때 | 죽어가는 아버지를 위한 기도 | 고난의 때에 드리는 기도 | 주의 자비는 사라졌는가 | 주님은 지극한 슬픔을 겪으셨습니다

5. 유혹을 이기게 하소서 ——— 113

세상에서 건져 주시기를 구하는 기도 | 영혼의 소생을 위한 기도 | 주님, 나를 살피소서 | 방황하는 내 심령을 주의 집으로 불러 주소서 | 유혹에서 건져 주소서 | 주를 거슬러 죄를 짓지 않게 하소서 | 나를 보호하소서 | 죄와 씨름할 때 나를 도우소서 | 유혹을 이겨 낼 힘을 주소서

6. 주의 사랑 안에서 안식하게 하소서 ——— 137

약하고 자격 없는 자에게 자신을 낮추시는 하나님 | 자신의 백성과 혼인하신 하나님 | 아름다우신 예수님 | 새 신자들을 돌보시는 목자이신 주님 | 우리에게 겸손히 다가오시는 하나님 | 영광의 노래를 부르게 하소서 | 하나님의 은혜를 즐거워하게 하소서 | 아버지께서 모든 일을 계획하셨습니다 | 오직 예수님을 찾게 하소서 | 성령님의 복되신 사역

7. 내가 믿나이다, 나의 믿음 없음을 도와주소서 ——— 155

하나님의 약속들을 굳게 붙듭니다 | 내 모든 짐을 예수께 맡깁니다 | 주님이 나를 위로해 주소서 | 내게 새 마음을 주소서 | 선한 일들을 약속하신 주님 | 예수께로 나아갑니다 | 다가올 영광을 기다립니다 | 주님, 충만함으로 임하소서 | 새 하늘을 바라봅니다 | 주님, 우리의 눈을 열어 주소서 | 성령님, 내 안에 거하소서 | 성령께 의지하는 기도 | 나의 도움이 오직 하나님께만 있습니다 | 소망을 품게 하소서 | 주의 약속의 말씀으로 나를 붙드소서 | 영광의 왕이신 주님을 기다립니다 | 새벽별이신 주님을 바라봅니다 | 고난의 때에도 하나님을 신뢰하게 하소서 | 필요를 채우시는 예수님 | 영광의 왕이신 주님, 내 안에 임하소서 | 사망의 문을 깨뜨려 주소서 | 당신이 예수님이시기 때문입니다 | 나의 피난처이신 예수님 | 내 친구이신 예수님 | 하늘의 영광을 바라보게 하소서 | 내 마음을 넓히사 주님 거하여 주소서 | 하나님이 하실 수 있고 또한 하실 것입니다 | 주의 능력으로 산들이 낮아지게 하소서 | 모든 것 되시는 예수님 | 의심에서 건져 주소서 | 영생의 말씀을 주소서 | 자비 위에 자비를 더하소서 | 우리 영혼이 주를 갈망합니다

8. 주일과 성찬을 준비하게 하소서 ——— 209

안식일의 기도 | 영원한 나라를 사모합니다 | 설교 전의 기도 | 설교 후의 기도 | 설교를 준비하는 자의 기도 | 성찬을 준비하는 기도 | 성찬의 기도 | 성찬에 참여하기 전의 기도

9. 내 삶을 취하시고 거룩하게 하소서 ——— 231

항복의 기도 | 주의 뜻이 이루어지이다 | 주께 내 삶을 드립니다 | 헌신의 기도 | 주님의 때에, 나를 주께로 이끄소서 | 은혜를 힘입어 우리를 주께 드립니다 | 다시 주의 일에 쓰임 받게 하소서 | 하나님을 따르려는 새 열심을 주소서 | 그리스도의 형상으로 변화시켜 주소서 | 항복의 기도 | 주의 발아래 나를 드립니다 | 주의 말씀에 아멘으로 응답합니다 | 내 마음을 좋은 땅으로 만드소서 | 온종일 예수님을 따르게 하소서 | 사랑의 마음을 품게 하소서 | 내 마음의 주인 되소서 | 주의 길로 행하게 하소서 | 주의 뜻을 이루소서 | 나의 왕이신 주님 | 나는 주의 것입니다 | 내가 주를 붙듭니다 | 내 마음과 집 위에 주의 이름을 새겨 주소서 | 주님의 것 되기 원합니다 | 헌신의 기도

10. 이웃에게 복음을 전하게 하소서 ——— 279

오직 하나님만이 구원하십니다 | 오, 주님, 저들을 그리스도께로 이끌게 하소서 | 지금은 구원의 날입니다 | 구원의 기도 | 이웃을 위한 기도 | 하나님 아버지, 이 세상의 질병을 고쳐 주소서 | 주님을 내 삶 속에 모셔 들입니다 | 복음을 증언하게 하소서 | 말씀이 전파되게 하소서 | 모든 나라가 주의 권능을 보게 하소서

11. 내 죄를 용서하소서 ——— 301

임마누엘의 주님, 나를 정결케 하소서 | 내 죄를 아룁니다 | 겸손하게 하소서 | 부르짖게 하소서 | 잘못은 내게 있습니다 | 내 양심을 밝히시고 일깨워 주소서 | 자신의 죄를 깨달은 자의 기도 | 부패한 죄인들을 향한 놀라운 은혜 | 나를 단련하소서 | 모든 일이 예수께 속했습니다 | 정죄받은 죄인의 기도 | 깊은 부끄러움을 느낍니다

12. 주께 감사와 찬양을 올려드립니다 ——— 327

나와 복된 거래를 행하신 주님 | 풍성히 베푸시는 예수님 | 감사와 기쁨으로 | 주의 은혜가 나를 압도합니다 | 내가 영원히 안전합니다 | 주의 영광을 사모합니다 | 주께서 큰 희생을 치르셨습니다 | 오직 주님만이 참 하나님이십니다 | 찬양이 기도로 자라가게 하소서 | 더 큰 은혜를 베푸시는 주님 | 궁핍한 내 영혼이 주를 사랑하게 하소서 | 영원한 노래를 부르게 하소서 | 승천하신 주께 영광을 올려드립니다 | 내 찬양이 주의 바다로 흘러가게 하소서 | 부활하신 주님은 우리의 영원한 대제사장이십니다 | 혼인 잔치에 참여하게 하소서 | 하나님의 영광을 바라봅니다 | 예수님만을 찬양합니다 | 마른 땅에서 나온 줄기이신 주님 | 세상의 빛이신 주님 | 주의 동산에 임하여 주소서 | 하늘이 주의 영광을 선포합니다 | 만물을 주관하시는 주님 | 문지기이신 예수님 | 거룩하신 주님 | 주님이 나를 지으셨습니다 | 보좌에 앉으신 주님 | 토기장이이신 주님 | 우리를 빚어 가시는 주님 | 참 하나님이시며 사람이신 예수님 | 무한하고 광대하신 주님 앞에 나아갑니다

13. 하루의 시작을 도와주소서 ——— 381

아침 기도 | 아침의 감사 기도 | 이 아침에 복을 주소서 | 또 다른 아침 기도 | 아침에 깰 때의 기도 | 하루 일과를 위한 기도 | 오늘도 나를 돌보아 주소서 | 아침 기도

14. 하루의 삶을 도와주소서 ——— 403

날마다 선한 싸움 싸우게 하소서 | 우리를 돌보아 주소서 | 우리는 주의 낯을 피할 수 없습니다 | 매일 드리는 감사의 기도 | 내 식탁에 임하소서 | 성령께 드리는 기도 | 우리의 모습을 돌아보게 하소서 | 한낮의 기도 | 식사 전의 기도

15. 하루를 마무리하며 드리는 기도 ——— 419

죽음을 앞둔 이의 기도 | 저녁의 회개 기도 | 오늘 밤에도 쉼을 얻게 하소서 | 저녁 기도 | 저녁의 감사 기도 | 저녁의 회개 기도 | 또 다른 저녁 기도 | 정결한 마음을 구하는 저녁 기도

16. 주의 나라가 임하게 하소서 ——— 437

온 세상이 주의 것입니다 | 마지막 때를 위한 기도 | 전쟁은 예수께 속했습니다 | 주의 재림 날이 속히 임하소서 | 땅과 하늘에 주의 나라가 임하게 하소서 | 하늘의 영원한 안식을 바라봅니다 | 복된 아침을 소망하게 하소서 | 교회를 위한 기도

주 ——— 453
저자 소개 ——— 454
저자 색인 ——— 462
참고문헌 ——— 464

감수의 글

기도라는 주제를 다룬 책들은 이미 셀 수 없이 많이 나와 있어 과연 기도에 관한 또 다른 책이 필요한지는 의문이 들기도 합니다. 그러나 기도에 관한 책들은 대부분 실용주의적이며 결과를 생산하는 방법에만 매달리곤 합니다. 그래서 정작 기도 그 자체를 담은 책은 적습니다. 이것이 바로 청교도들의 주옥같은 기도문들이 실려 있는 『하늘에 닿는 기도』가 오늘 우리에게 필요한 이유입니다. 이 책은 아서 베넷이 편집한 『기도의 골짜기』(복 있는 사람)의 자매편이라 할 수 있습니다. 시대를 초월한 영성의 보화로 가득한 『기도의 골짜기』를 통해 청교도 기도의 진수를 맛본 이들이라면, 또다시 기대하는 마음으로 이 책을 펼치게 될 것입니다.

『하늘에 닿는 기도』는 종교개혁과 청교도 운동이 일어났던 격동의 시대에 활동한 32인의 걸출한 청교도 목사 및 신학자들의 실제 기도문이 실려 있는 책입니다. 청교도의 황태자라 불리는 존 오웬을 비롯해 청교도 조직신학자인 윌리엄 에임스, 『천로역정』의 저자인 존 번연, 『참 목자상』의 저자인 리처드 백스터, "천상의 박사"로 알려진 리처드 십스, 『그리스도인의 전신갑주』의 저자인 윌리엄 거널 등 하나님의 진리의 말씀을 사랑했던 이들이 하나님께 올렸던 기도문들입니다. 물론 조지 윗필드, 로버트 호커, 매튜 헨리, 필립 도드리지와 같은 이들을 좁은 의미에서 청교도 목사 및 신학자로 분류할 수는 없습니다. 그럼에도 그들 모두는 청교도의 영향을 받았고, 그들의 기도에는 청교도 신학과 정신이 고스란히 살아 있습니다.

『하늘에 닿는 기도』는 하나님 중심의 열망을 드러내는 기도를 담고 있습니다. 청교도들은 만물의 창조자이자 절대주권자이신 하나님께 영광을 돌리면서, 하나님의 자비와 긍휼하심에 간절히 호소하는 기도를 올렸습니다. 청교도들은 분주한 사람들이 하듯, 하나님께 그저 형식적으로 예를 표하고 급하게 자신들이 원하는 바를 말하지 않았습니다. 그들은 창조주이신 하나님, 구속주이신 예수 그리스도, 위로자이신 보혜사 성령님께 모든 찬송과 영광을 돌렸습니다. 그들은 교회와 신자들의 참된 생명력과 능력이 삼위일체 하나님께 있음을 굳게 믿었습니다. 그들에게는 자신들의 여러 활동이나 저작이 아니라 실로 주 여호와 하나님만이 생명의 원천이었기 때문입니다.

　　『하늘에 닿는 기도』는 철저하게 성경적입니다. 그들은 성경의 저자이신 하나님과 그분의 말씀을 사랑했고, 하나님 말씀을 읽고 묵상하며 연구하는 시간뿐 아니라 그분의 말씀을 붙들고 기도하는 시간을 즐거워했습니다. 그것이 바로 청교도들의 기도문에 하나님 말씀이 수없이 인용되어 있는 이유입니다. 가장 좋은 기도는 하나님 말씀으로 올리는 기도입니다. 하나님 말씀에는 하나님께서 자기 백성을 사랑하셔서 그들을 구원하시겠다는 언약이 담겨 있기 때문입니다. 그들은 성경에서 기도를 배웠고, 성경으로 기도했으며, 성경의 기도로 하루를 시작하고 마쳤습니다. 그들의 인생 전체는 말씀으로 물든 하나의 긴 기도와 같았던 것입니다.

　　『하늘에 닿는 기도』는 또한 체험적 기도를 담고 있습니다. 청교도들의 기도는 하나님과 그들 사이의 내밀한 영적 교제의 진수가 무엇인지를 생생하게 보여줍니다. 폴 워셔의 말처럼, 오늘날 자신이 경험해 보지도 않고 그저 책으로 배우기만 한 것들을 앵무새처럼 읊조리는 젊은 신학자들이 많습니다. 하나님과 친밀하게 교제해 본 경험 없이 중언부언하는 기도는 아무런 힘이 없습니다. 오늘날 경건의 형식과 모양만을 흉내 내는 기도는 많으나, 경건의 능력을 보여주는 참된 기도는 턱없이 부족합니다. 그러나 청교도들의 기도는 경건의 모양뿐 아니라 경건의 비밀한 능력이 무엇인지를 체험한 기도입니다. 그들의 기도는 존 번연이 잘 말했듯이, 성령 하나님의 도우심을 힘입어 하나님께 진실함으로 마음과 영혼을 쏟아 내는 기도였습니다. 이 책의 저자들은 하나같이 훌륭한 목회자요 신학자들이었지만, 그들은 또한 기도의 사람들이었습니다. 청교도들이 기도의 사람들이었다는 것을 알지 못한다면, 그들은 청교도가 누군지 모르는 사람일 것입니다. 지난 기독교 역사 속에 기도가 무엇인지를 올바르게 알고 기도한 이들이 있다면, 그들이 바로 청교도들이었을 것입니다.

무엇보다도 『하늘에 닿는 기도』는 천상적입니다. 그들의 기도는 우리를 지상에서 천상으로 이끌어 줍니다. 그들의 기도는 우리를 이 소란스러운 세상에서 고요하고 평안한 천국으로 이끌어 갑니다. 그들의 기도는 보잘것없는 것을 주목하고 있는 우리의 시선을 보다 더 중요한 하나님의 나라로 돌리게 합니다. 그들은 주의 나라가 이 땅에 임하기를 간절히 바랐으며, 그 나라에 들어가기를 소망했습니다. 그들은 고통스러운 고난을 겪으며 무덤 속에서 죽은 것 같은 상황 속에 있으면서도, 장차 주의 손으로 일으킴을 받아 영원한 안식에 들어가게 될 것을 굳게 믿었습니다. 그렇기에 그들의 기도는 이 세상을 사랑하는 기도가 아니라, 앞으로 다가올 세상을 사랑하는 기도였습니다. 그들은 실로 "오늘 네가 나와 함께 낙원에 있으리라"눅 23:43는 주님의 음성을 가장 기뻐할 사람들이었을 것입니다. 그들은 실로 이 세상의 번영과 성공을 하찮은 것으로 여긴 천상의 사람들이었습니다. 그들은 실로 주의 궁정에서의 한 날을 다른 곳에서의 천 날보다 더 낫게 여긴 이 세상의 성자들 곧 천국의 사람들이었습니다. 그들은 어둠과 사망의 그늘에서 건짐을 받아 하늘의 궁정으로 인도된 것을 그들 인생 최고의 복으로 여긴 사람들이었습니다. 이 책의 제목이 『하늘에 닿는 기도』라는 사실이 그것을 가장 잘 보여줍니다.

기도에 관한 보화 같은 이 귀한 책을 찬찬히 살펴보고 감수할 수 있도록 기회를 주고, 여러 의견을 나누는 동안 오래 기다려 준 복 있는 사람 출판사 박종현 대표님에게 감사를 전합니다. 또한 이 책이 출간되기를 바라며 항상 응원해 주며 감수를 위해 함께 고민해 준 귀한 분에게도 진심으로 감사를 전합니다. 이 책을 감수하는 동안 나의 영혼은 여러 고난 중에도 하나님이 계신 천상에 머무는 듯했고, 하나님과의 깊은 교제의 진수가 무엇인지를 마음 깊이 맛볼 수 있었습니다.

하나님께서 『하늘에 닿는 기도』를 통해 기복주의와 번영주의에 물든 조국 교회의 강단 기도와 성도들의 기도를 개혁해 주시고, 한국교회가 더욱 하나님 중심적이고 천상적이며 영적인 기도를 올릴 수 있게 되기를 간절히 소망합니다.

당신은 나의 숨입니다.
당신은 나의 쉼입니다.
당신은 어제도 오늘도 나의 숨이자 쉼이셨고, 내일도 그러할 것입니다.

주의 제단에서 참새가 제집을 얻고
제비도 새끼 둘 보금자리를 얻듯이
당신 안에서 나도 숨을 쉬며, 참된 안식을 얻습니다.

당신 안에서 숨 쉴 때까지 참된 쉼을 얻지 못할 것입니다.

지금까지 숨을 쉬고 쉼을 누린 모든 순간이 당신의 은혜입니다.

실로 모든 것이 당신의 은혜입니다.

2024년 8월

신호섭

올곧은교회 담임목사, 고려신학대학원 교의학 교수

서문

청교도처럼 기도하려면 어떻게 해야 할까? 그리고 우리가 그렇게 해야 할 이유는 무엇일까?

이백 년이 넘는 세월 동안, 눈부신 열정이 담긴 하나의 신앙 운동이 잉글랜드 전역뿐 아니라 대서양을 건너 북미 대륙의 식민지들 가운데로 퍼져 나갔다. 그것은 영원의 세계를 뚜렷이 바라보면서 현재의 삶에서 거룩한 삶과 섬김에 힘쓰려는 열정이 담긴 운동이었다.

이 청교도 운동은 1600년대 전반부터 1700년대에 걸쳐 진행되었으며, 그 목적은 종교개혁의 정신을 받들어 대서양의 양쪽에서 잉글랜드 국교회를 "정화"시키는 데 있었다. 이 운동의 추종자들은 성경에 근거를 둔 방식으로 교회의 예배와 교리, 기도를 순전하게 바로잡으려 애썼다.

그들의 목표는 그저 습관적이거나 형식적인 기도를 드리는 데 있지 않았다. 청교도들의 기도는 인간적인 삶의 중심을 뒤흔들었으며, 주권자이신 하나님께 간절히 자비를 호소하는 내용으로 가득했다. 그들은 찬란한 은혜의 햇빛을 누리면서 그분을 찬미했던 것이다.

휘튼 칼리지의 릴랜드 라이큰 교수는 청교도들에 관해 이렇게 언급한다. "청교도들의 사상에서, 그리스도인의 삶은 하나의 영웅적인 모험이었다. 신자들이 그 삶을 제대로 살아가기 위해서는 자신의 온 힘을 쏟아야만 했다.……그들의 관점에서 하나님 중심의 삶은 곧 영적이며 도덕적인 거룩함을 추구하는 일을 인생의 중대한 과업으로 삼는 것을 의미했다."[1]

그런데 지난 수백 년 동안 많은 것이 바뀌었다. 지금 우리는 당시의 성도들과는 매우 다른 언어를 쓰고 있다. 그렇기에 그들이 하나님을 이해했던 방식과 우리의 방식 사이에는 하나의 분명한 장벽이 자리 잡고 있다. 문서로 기록된 그들의 말과 생각을 접할 때, 우리는 그 내용을 제대로 파악하기 어려울 경우가 많다.

따라서 이 책의 목적은 당시 청교도들이 드렸던 열정적인 기도 중 일부를 오늘날의 독자들이 적절히 이해할 수 있는 형태로 전달하는 데 있다(그 기도의 내용은 간절한 회개부터 기쁨 어린 찬미에 이르기까지 다양하다).

이 책에는 그들의 설교와 문헌 가운데서 수집한 기도문들이 실려 있다. 나는 그 글들의 편집 과정에서 일부 문구들을 오늘날의 어법에 맞도록 조금씩 수정했다. 이 기도문들을 읽으면서 독자들은 예배가 각 지역 공동체의 건강한 삶에 중심 역할을 했던 당시의 분위기를 체험할 수 있을 것이다. 그 시대에 예배는 그저 주일에 잠깐 드리고 마는 형식적인 것이 아니었다.

이 기도문들 속에는 실로 진지한 신앙이 담겨 있다. 그것은 우리가 속한 이 시대와 세상의 어둠을 여전히 밝혀 줄 수 있는 신앙이다. 그때와 마찬가지로, 지금 이 시대에도 신앙의 삶은 세상에 속한 삶과는 뚜렷이 대조된다.

이 점을 감안할 때, 과거의 청교도들과 우리 사이에는 동일한 신앙 안에서 생각보다 훨씬 더 많은 공통점이 있을지도 모른다. 독자들은 부디 이 책의 기도문들을 읽으면서, 그 내용으로 소리 내어 함께 기도해 보기 바란다. 그러면 우리의 기도는 청교도 목회자였던 필립 도드리지의 기도에 대한 살아 있는 응답이 될 수 있을 것이다. 그는 자신의 글들이 "아직 세상에 태어나지 않은 이들에게까지 전달되며, 이를 통해 그들이 하나님의 이름을 배우고 하나님을 찬미하게 되기를" 기도했기 때문이다. 그는 자신이 "세상을 떠나 먼지 속으로 사라지고 오랜 시간이 지난 뒤에도" 그 일들이 계속 이루어지기를 바랐다.[2]

그리고 이처럼 먼 미래를 내다본 것은 도드리지 목사만이 아니었다. 역시 청교도 목회자인 조지프 얼라인은 1671년에 이렇게 기록했다.

> 제가 이 세상에 사는 동안에는, 어떤 이들이 제 글을 읽고 회심에 이르게 되었는지를 미처 다 알 수 없을 것입니다. 주 하나님, 그러나 마지막 날에는 많은 영혼들이 저의 이 수고를 통해 회심에 이르렀음을 마침내 발견하게 해주소서. 그때 어떤 이들이 저에게 다가와서, "이 글들을 읽고서 주께로 돌이키게 되었습니다"라고 말할 수 있게 해주소서. 아멘, 아멘. 이 글의 독자들도 저와 함께 "아멘"으로 화답해 주시기를 간구합니다.[3]

"청교도적인" 청교도들

청교도들은 "지나치게 엄격한" 이들로 알려져 있는데, 그것은 상당히 부당한 평가였다('청교도'Puritan라는 이름 자체에 비난의 뜻이 담겨 있다). 물론 그들은 하나님을 지극히 높였으며, 이로 인해 우리 인간은 그분 앞에서 아무것도 아닌 듯이 여겨질 정도였다.

한 가지 예로, 매튜 헨리는 이렇게 글을 썼다.

> 주님은 유일하고 복되신 만유의 주재이십니다.
> 주님은 만왕의 왕이시요 모든 주의 주이시며,
> 홀로 불멸하는 분이심을 믿습니다.
> 주님은 아무도 다가갈 수 없는 빛 가운데 거하시며,
> 이제껏 어떤 자도 감히 주님을 뵙지 못했음을 고백합니다.

하지만 이와 동시에, 청교도들은 하나님에 대한 성경의 가르침을 그대로 믿고 따랐다. 즉 그분은 "초월자"일 뿐 아니라 이 세상 속에 "내재하는" 분이시기도 했다. 하나님은 우리로부터 무한히 멀리 떨어져 계신 동시에, 놀라울 정도로 가까이 계신다는 사실이다.

로버트 호커는 이렇게 기도했다.

> 오, 주님, 우리에게 풍성한 은혜의 샘물을 흘려보내 주소서.
> 그리하여 온 교회가 정결케 되며 새 힘과 위로를 얻기 원합니다.
> 주님이 참 생명의 원천이시오니,
> 나로 하여금 주께서 베푸시는 복의 생수를 마시게 하소서.

이처럼 하나님의 거룩한 임재 앞에서 경외심을 느끼는 동시에, "내가 너희와 늘 함께 있으리라"고 말씀하신 그리스도를 향해 깊고 열정적인 사랑을 품는 것이 청교도들의 특징이었다. 그들은 "지금도 어디서 누군가가 행복감을 느낄지도 모른다"는 두려움에 사로잡힌 이들이 결코 아니었다(이것은 H. L. 멩켄Mencken, 20세기 초에 활동했던 미국의 언론인—옮긴이이 그들을 조롱하면서 했던 말이다). 오히려 청교도들은 우리가 참되고 영속적인 즐거움을 어디서 얻을 수 있는지를 알았다.

청교도들은 위대하고도 공개적인 기도의 비밀을 발견했다. 즉 하나님의 말씀을 기도로 그분께 다시 돌려드리는 일의 가치를 깨달았던 것이다. 청교도들은 기도할 때 늘 성경을 인용했다. 그들의 기도에는 성경의 사상이 가득 담겨 있으며, 이는 그들의 기도가 신비주의로 변질되지 않도록 해주었다. 그리고 이 덕분에 오늘날의 그리스도인들 역시 그들의 생각을 어렵지 않게 이해할 수 있다. 이는 우리도 그들과 동일한 성경을 공유하고 있기 때문이다. 그렇기에 우리 역시 청교도들처럼 기도하는 법을 배울 수 있다.

청교도들이 남긴 글들을 읽어 보면, 우리는 그들이 '아주 음울한 사람들'이었다는 생각이 사라질 것이다. 그들의 글에는 부드럽고 온유한 마음과 주님을 향한 깊은 열심이 담겨 있기 때문이다. 그들은 신중하고 사려 깊은 태도를 취하는 동시에, 진실로 성경적인 믿음을 품고 있었다. 그렇기에 청교도들의 기도는 오늘날의 그리스도인들에게 귀한 보물과도 같다.

이 책의 본문에 관한 참고사항

이 책 전체에서, 나는 기도문들에 쓰인 단어의 철자와 어휘들을 현대식으로 약간 수정했다. 그리고 일부 인용문들의 경우 하나님을 3인칭("그분")으로 언급하는 표현들을 2인칭("당신")으로 바꾸었는데, 이는 (원래는 기도문의 형식을 취하지 않았던) 그 글들을 하나님께 드리는 기도문으로 변형시키기 위함이다. 청교도들의 글에는 깊은 경건이 담겨 있기에 이 작업은 그리 어려운 일이 아니었다. 이는 그들이 늘 하나님 앞에 선다는 마음으로 다른 신자들을 위해 글을 썼기 때문이다.

청교도들은 글을 쓸 때 아름답고 생동감 있는 문체를 구사하는 일에 상당한 노력을 기울였다. 따라서 그들의 글을 다듬는 과정에서 그들의 온유한 달변을 약화시키기보다는 더욱 뚜렷이 드러내고자 했다. 한편 엘리자베스 여왕 시대1558-1603년의 영어에서, "thee"(그대/당신)와 "ye"(그대들/당신들)는 2인칭 대명사의 단수형과 복수형을 구분 짓는 데 유용하게 사용되었다. 그러나 이런 표현들은 오늘날의 독자들에게 청교도들이 의도하지 않았던 고전적인 격식체로 다가올 수 있기 때문에 이 책에서는 이 표현들을 현대식으로 바꾸었다. 청교도들의 글은 원래의 독자들에게 특별히 고전적이거나 격식을 갖춘 글로 읽히지 않았다.

엄밀히 말해, 이 책에서 인용한 모든 저자들이 실제로 '청교도'였던 것은 아니다. 하지만 청교도들의 정신은 여러 곳에서 풍성한 열매를 맺었으며, 그 원래의 시대와 장소 너머까지 널리 확산되었다. 이 책에서 인용된 청교도가 아닌 저자들은 자신들의 글이 진실하고 참된 청교도들의 글과 함께 이 책에 실린 일을 영광스럽게 여길 것이다.

로버트 엘머

주님, 내가 세상을 떠난 뒤에 남은 이들이
주님과의 이 언약의 기록을 접한다면,
그들도 그 기도에 참여하게 하소서.

필립 도드리지

저자 목록

너대니얼 빈센트	Nathanael Vincent, 1639-1697
데이비드 클락슨	David Clarkson, 1622-1686
로버트 파커	Robert Parker, 1564-1614
로버트 호커	Robert Hawker, 1753-1827
루이스 베일리	Lewis Bayly, 1575-1631
리처드 백스터	Richard Baxter, 1615-1691
리처드 십스	Richard Sibbes, 1577-1635
리처드 얼라인	Richard Alleine, 1610/11-1681
매튜 헨리	Matthew Henry, 1662-1714
스티븐 차녹	Stephen Charnock, 1628-1680
아서 덴트	Arthur Dent, -1607
아이작 앰브로즈	Isaac Ambrose, 1604-1664
앤 브래드스트리트	Anne Bradstreet, 1612-1672
앤서니 버지스	Anthony Burgess, 1600-1663
에드워드 레이놀즈	Edward Reynolds, 1599-1676
에제키엘 홉킨스	Ezekiel Hopkins, 1633-1689
옥타비우스 윈슬로	Octavius Winslow, 1808-1878
윌리엄 거널	William Gurnall, 1616-1679
윌리엄 거스리	William Guthrie, 1620-1665
윌리엄 브리지	William Bridge, 1600-1670
윌리엄 에임스	William Ames, 1576-1633
제러마이어 버로스	Jeremiah Burroughs, 1599-1646
조지 윗필드	George Whitefield, 1714-1770
조지 허버트	George Herbert, 1593-1633
조지프 얼라인	Joseph Alleine, 1634-1668
존 로빈슨	John Robinson, 1575-1625
존 번연	John Bunyan, 1628-1688
존 오웬	John Owen, 1616-1683
존 하우	John Howe, 1630-1705
토머스 브룩스	Thomas Brooks, 1608-1680
필립 도드리지	Philip Doddridge, 1709-1751
헤르만 비치우스	Herman Witsius, 1636-1708

1. 내게 기도를 가르치소서

우리 주님의 기도

우리의 아버지시여,
주께서는 지극히 높은 하늘의 영광 보좌에 앉아 계시며,
우리는 겸손한 경외심으로 주님의 두려운 임재 앞에 엎드립니다.
그럼에도 우리는 주님의 자녀이며,
주님은 풍성하고 긍휼이 많으신 우리의 아버지이심을 확신하며
주님 앞에 나아갑니다.

우리는 주께 기도할 때 형제들을 깊이 사랑하는 마음을 품고,
우리 자신을 위해 구하는 복이 다른 이들에게도 주어지기를 간구합니다.
그 무엇보다도, 우리는 주님의 영광을 갈망합니다.
주의 이름이 거룩히 구별되게 하소서.
친히 요구하시는 그 영광을 우리와 온 창조 세계가
다함께 주께 올려드리기 원합니다.
주의 나라가 임하고, 우리 가운데 그 뜻이 이루어지게 하소서.
우리가 주의 나라를 알고 깨달으며, 추구하도록 도우소서.

또한 항상 지혜롭고 은혜로우신 주의 뜻이
하늘에서 이루어진 것처럼 이 땅에서도 이루어지게 하소서.
하늘의 천사들이 주께 순종하듯,
우리 인간들도 주께 겸손히 순종하는 법을 가르쳐 주소서.

주님, 우리가 이 세상에서 원대한 일들을 구하지 않게 하소서.
우리로 하여금 장래 일을 걱정하지 않게 하시고,
주의 풍성하신 손을 펼쳐 우리를 도우시기를 겸손히 간구하게 하소서.
오늘 우리에게 필요한 것들을 공급해 주시고,
나머지 일에도 주님이 도우시도록 의뢰하는 법을 가르쳐 주소서.

긍휼이 풍성하신 하나님 아버지,
우리는 많은 부분에서 불순종하며 감사할 줄 모르는 자녀들이었습니다.
주께 간구하오니,
우리의 죄를 용서해 주소서.
우리의 죄가 주의 책에 다 기록되어 있으며,
그 죄의 빚을 도저히 갚을 수 없음을 압니다.
그러나 우리가 다른 이들,
심지어 우리를 공격하고 해친 이들의 잘못까지 용서하듯이,
우리의 허물도 용서해 주소서.
우리가 기꺼이 다른 이들을 용서하오니,
주께서도 우리를 용서해 주시기를 구합니다.

주님, 우리가 인격의 순전함을 잃고,
우리 영혼이 위험에 빠질까 두렵습니다.
우리가 시험에 빠지지 않게 하소서.
하지만 그 시험을 피해갈 수 없다면,
악한 자가 승리하지 못하도록 주의 은혜로 악한 자의 권세에서
우리를 건져 내어 주소서.

우리는 주께서 자녀들을 위해 이 모든 일을 행하실 수 있음을 압니다.
또한 우주적인 하나님 나라와 전능하신 능력의 충만과
무한한 완전함의 영광이 모두 주님의 것이기에,
우리가 주께서 그렇게 행하시기를 겸손히 신뢰합니다.
모든 찬미가 주께 영원히 있사옵니다. 아멘.

그렇게 되기를 소원합니다.
주님만 홀로 영광을 받으시고,
우리의 기도를 들으시고 응답하시기를 진심으로 간절히 간구합니다.
아멘.

— 필립 도드리지

나를 이끌어 주님을 찾게 하소서

오, 주님, 내가 주의 이름을 부를 수 있도록 나에게 기도를 가르쳐 주소서.
주께 구할 수 있도록 내 마음을 준비시켜 주시고,
주의 자비하심으로 내 기도에 귀를 기울여 주소서.

전능하시고 영원하신 주 하나님,
주님은 하늘과 땅의 창조주이시며 보존하시는 주님이십니다.
내가 주의 은혜로우신 섭리 가운데 두렵고도 경이롭게 지어졌으며,
지금도 주님은 나를 돌보시며 인도하십니다.
주께서 그 놀라운 손길로 내 존재를 빚으셨으니,
주의 천상의 위엄 앞에서 나의 온 몸과 영혼을 낮추기 원합니다.

주님, 내가 주의 임재 앞에 나아갑니다.
나는 주님 앞에 나아가기에 전혀 합당하지 않은 자입니다.
내게는 주님을 찾고 부르거나, 주께 경배하며 영광을 돌리기 위한
지극히 작은 의무도 수행할 자격이 없음을 고백합니다.

주님, 내 마음이 심히 오염되고 부정하오니,
하나님의 아들 예수 그리스도로 인하여
나에게 은혜 베풀어 주시기를 간구합니다.
주의 약속과 진리, 자비하심으로 나를 긍휼히 여겨 주소서.

지금까지 한 말과 행한 일들을 통해
주님을 대적하여 지은
모든 죄와 악과 허물을 사하시고 용서해 주소서.
아멘.

— 로버트 파커

2. 주께 도움을 청하게 하소서

그리스도의 의가 없이는 아무 소망이 없습니다

주님, 나의 소망이 이 세상뿐이라면,
나는 세상에서 가장 비참한 자일 것입니다.
그리스도의 의가 없이는 내게 아무 소망이 없기 때문입니다.
내 삶은 평안하지 못하며, 영생의 소망도 결코 없을 것입니다.
주께서 이 소망을 허락하지 않으시면,
나는 가장 비참한 자일 것입니다.
나는 세상 즐거움 없이도 행복할 수 있으나,
이 소망 없이는 그 무엇으로도 행복할 수 없습니다.

주님, 이 세상에서 어떤 일을 겪게 하시고 무엇을 거두어 가시든지,
내게서 이 소망만은 거두지 마소서.
나는 욥과 나사로처럼
세상의 재물과 부 없이도 행복할 수 있으며,
그리스도와 그분의 제자들처럼
욕설과 비난을 듣더라도 행복할 수 있습니다.
바울과 실라처럼
감옥에 갇혀서도 행복하고 평안할 수 있습니다.
하지만, 그리스도의 의가 없이는 결코 행복할 수 없습니다.

내게 이 의가 없다면,

세상의 온갖 부와 명예, 지위도 비참할 뿐입니다.
내가 부유하여 아무 부족함이 없어도
여전히 눈 멀고 가난하고 가련하고 비참하여, 부끄러운 자일 것입니다.
이 땅에서 사람들이 탐낼 만한 모든 것을 가졌다 해도,
그리스도의 의가 없다면 무슨 소용이겠습니까?
세상 재물이 하나님의 진노와 함께 임한다면,
내게 무슨 유익이 있겠습니까?
내가 여전히 버림받은 자식이자 진노의 자녀로 남겨진다면,
세상 명예가 무슨 위로를 주겠습니까?
내가 영원한 고통을 향해 가는 길 위에 있다면,
세상 쾌락이 무슨 달콤함을 주겠습니까?
그리스도의 의가 없다면, 이런 위로와 즐거움들은
얼마나 비참한 것이겠습니까!

주님! 내가 이 세상에서 어떤 일을 겪게 하시며,
어떤 것을 취하시고 또 무엇을 거두어 가시든지,
그리스도만은 거두어 가지 마소서!
나로 그분의 의에 참여하는 것을 거절하지 마소서!
아멘.

— 데이비드 클락슨

기도를 명하시며 들으시는 주님

기도를 명하시며 들으시는 주님!
자기 백성의 기도를 도우시는 주님!

우리에게 은혜와 간구의 영을 부어 주소서.
그리하여 은혜의 보좌 앞에 수많은 무리가 나아와
주를 간절히 찾게 하소서.
대제사장 되시는 예수 그리스도를 통해,
우리로 주께 온전히 영광을 돌리게 하소서.
그분이 주께서 계신 하늘로 오르셔서
주의 보좌 오른편에 영원히 거하심을 믿습니다.
아멘.

— 너대니얼 빈센트

새롭게 하시는 은혜를 간구합니다

하나님!
우리를 새롭게 하시는 주의 은혜를 간구합니다.
우리가 주의 발등상 아래 엎드려 부르짖습니다.
"주님, 도우소서. 그렇지 않으면 내가 죽겠나이다!"
내 속에 정한 마음을 창조하시고, 정직한 영을 새롭게 하소서.
내 마음을 새롭게 하시고, 내 영혼 깊은 곳을 새롭게 하소서.

너무나 눈 멀고 헛되며 육적인 나의 옛 심령을 거두어가 주소서.
너무나 완고하고 강퍅하며, 반역하는 이 옛 의지를 거두어가 주소서.
너무나 치우치고 무감각하여 우둔한 나의 옛 양심을 거두어가 주소서.
주님을 기뻐하지도 않고, 주님의 뜻을 따르거나 복종하지도 않는
이 옛 마음을 거두어가 주소서.

주님, 옛것들은 다 사라지게 하시고, 모든 것을 새롭게 하소서.
주의 말씀으로 무로부터 세상을 창조하셨듯이,
나의 내면에서도 말씀으로 새롭게 창조하실 수 있나이다.

나를 멸하지 마소서. 말씀하소서.
그리하시면, 그 뜻이 이루어지겠나이다.
오직 한 말씀만 하옵소서.

그리하면 어둡고 비참한 혼돈과 부패에 매여 있는 이 영이,
새로운 피조물로 살아날 것입니다.

주님, 내게 새 마음을 주시고,
내 안에 새 영을 심어 주소서.
주께는 다윗의 열쇠가 있사오니,
주님이 닫으시면 열 자가 아무도 없고,
주님이 여시면 닫을 자가 아무도 없습니다.

주님, 당신을 향해 너무 오랫동안 닫혀 있던 이 마음을 열어 주시고,
당신과 나를 가로막고 있는 이 철옹성을 깨뜨려 주소서.

주님, 오랫동안 주님이 나를 소유하지 못하도록
막았던 죄와 세상을 몰아내 주소서.
강한 자를 결박하시고 쫓아내 주소서.
지금까지 다른 주인들이 나를 지배해 왔습니다.
그들이 나의 복되신 주님을 내게서 멀어지게 하여
나를 비참하게 만들었습니다.
이 침입자들을 내게서 내쫓으시고 나를 다스려 주소서.
영원히 내 주인이 되어 주소서.

주님, 주께서는 내 마음을 찾으십니다.
내 마음은 주의 것입니다.
비록 주님을 배역하고 다른 일에 마음을 쏟았지만,
내 마음은 주의 것입니다.
주님은 내 마음을 되찾기 위해 값비싼 대가를 치르셨습니다.

이제 내 안에 들어오셔서,
내 마음을 차지하여 주소서.

주께서 이 비참한 내 마음 문을 두드리십니다.
어찌하여 그토록 오래 밖에 서 계십니까?
들어오셔서, 주님 임재하시고 내게 복을 내리소서.
전능하신 능력으로 그 문을 깨뜨리고 들어오셔서,
다시는 주님과 나를 가로막지 못하게 하소서.
아멘.

— 데이비드 클락슨

그리스도 안에 있는 은혜를 갈망합니다

자비하신 주 하나님,
주님은 알파와 오메가이며 처음과 마지막이십니다.
주님은 아직 일어나지 않은 일들을 두고 "다 이루었다"고 말씀하시니,
주의 약속은 참으로 신실하고 참되십니다.

주께서는 누구든지 목마른 자에게 생명의 샘물을 값없이 주시겠다고,
주의 입에서 나온 자신의 말씀으로 약속하셨습니다.

오, 주님, 내가 목마릅니다. 내가 한 방울의 자비를 갈망합니다.
사슴이 시냇물을 찾기에 갈급함같이, 내 영혼이 주를 찾기에 갈급합니다.
오, 하나님, 내가 주의 긍휼을 찾기에 갈급합니다.
가련하여 떠는 나의 영혼이 피 흘리신 구주의 복되신 팔에 안길 수 있다면,
내게 온 세상의 영광과 부와 쾌락이 있다 해도,
내게 만만의 생명이 있다 해도,
그것 모두를 기꺼이 내려놓겠습니다.

오, 주님, 나의 심령이 피눈물이 되어 녹아내립니다.
내 가슴이 여러 갈래로 찢어집니다.
용들이 머무는 자리와 사망의 그늘에서
무겁고 슬픈 마음으로 눈을 들어 주님을 바라봅니다.

주님, 이전의 나의 허영과 죄에 대한 기억이
쓰라린 독처럼 내 영혼을 파고듭니다.
주님, 무시무시한 지옥의 화염과 주의 의로우신 진노하심,
내 깊은 양심의 가책이 마음을 바싹 마르고 황폐하게 하니,
나의 목마름은 사라질 줄 모릅니다.

나의 소망은 예수 그리스도의 용서와 은혜뿐입니다.
주께서는 복된 말씀을 통해 이렇게 외치셨습니다.
"너희 모든 목마른 자들아, 물로 나아오라."사 55:1
그 명절의 큰 날에, 주께서는 서서 이렇게 외치셨습니다.
"누구든지 목마르거든 내게로 와서 마시라."요 7:37
또한 주께서는 이렇게 말씀하셨습니다.
"의에 주리고 목마른 자들은 배부를 것임이요."마 5:6

주님, 내가 주를 향해 몹시 목이 마릅니다.
주님이 하신 그 말씀과 약속에 의지하여
주님 안에 있는 영적 생명을 갈망하오니,
그것이 내게 이루어지게 하소서.
내가 먼지 속에 엎드려 주님 발 앞에서 떨고 있습니다.
이제 약속하신 생명의 샘물을 내려 주소서.
이 물을 내가 마셔야 합니다.
그렇지 않으면 죽을 수밖에 없습니다.
아멘.

— 아이작 앰브로즈

내게 예수님을 주소서

주님, 주께서는 내게 세상의 분깃을 주셨으며,
다른 사람들 사이에서 신뢰와 평판을 얻게 하셨습니다.
하지만 내게 그리스도가 안 계시다면,
이 모든 것이 내게 무슨 소용이 있겠습니까?
내 영혼에 은혜를 베푸시는 분,
나의 전부가 되시는 이가 없다면 무슨 의미가 있겠습니까?

주께서는 주님과 나의 거리가 너무 멀어서, 중보자 없이는
내가 영원히 멸망한다는 것을 가르쳐 주셨습니다.
그러하오니, 내게서 다른 모든 것을 거두어 가시더라도
예수님만은 떠나지 않게 해주소서.
아멘.

— 제러마이어 버로스

주의 은혜로 나를 새롭게 하소서

오, 주님, 내 본성에는 아무런 은혜가 없습니다.

나의 마음을 정결케 할 힘이 없습니다.

주의 형상을 망가뜨린 내가,

그것을 바로잡을 능력이 없습니다.

사도와 같이

"내가 선을 행하려 해도 악이 나와 함께 있어,

자신의 소원대로 행할 길이 없다"롬 7:19고 탄식하며 고백합니다.

오, 주님, 내가 언제쯤 이 굴레를 벗어나서 하나님의 일을 행하고,

주께서 명하신 길을 힘써 달려갈 수 있겠습니까?

내 마음속에 주를 향한 소망과 기쁨과 사랑이 있다면 얼마나 좋겠습니까!

주님, 나는 주의 능력에 대해 배웠습니다.

주께서는 없는 것들을 있는 것처럼 불러내십니다.

아담 안에 영광스러운 은혜의 사역을 행하신 것처럼,

주께서 원하시면 내 안에서도 그 은혜로 역사하실 수 있습니다.

주님, 내가 주의 은혜와 진리를 배웠습니다.

주께서는 이 귀한 약속들을 자비롭게 베풀며 신실하게 지키시는 분이십니다.

주의 은혜는 측량할 수 없습니다.

주의 말씀은 일곱 번 단련한 은보다 더 순전합니다.

오, 주의 약속대로 이루어 주소서!
나를 주의 은혜로 채워 주소서!
아멘.

— 아이작 앰브로즈

내 이름이 그리스도의 마음에 새겨져 있을까요?

주님, 나는 가정에서 의무를 다하지 못했고,
주께 속한 교회에서도 동료 그리스도인들에게 의무를 다하지 못했습니다.
나는 약속했던 바를 지키지 못했으며,
내가 살아가는 세대의 사람들을 섬기지도,
시온을 세워 가는 일을 돕지도 못했습니다.

주님, 이제 내가 무슨 말을 할 수 있겠습니까?
내 이름이 그리스도의 마음에 새겨져 있을까요?
두려워 떠는 내 비천한 영혼이 확신을 얻을 수 있다면,
온 세상의 영광도, 온 세상과 생명이 전부 내 것이라도 다 내려놓겠습니다.
나의 목마름은 꺼지지 않습니다.
예수님을 향한 나의 갈망은 죽음처럼 강하며,
불붙은 숯과 뜨거운 불길처럼 뜨겁습니다.

주님, 주께서는 나와 영원히 혼인을 맺겠다고 하셨습니다.
내가 간절히 바라오니, 말씀대로 이루어 주소서!
나와 주님 사이의 언약이 깨어진다면 내 마음도 산산이 조각 날 것입니다.
주님, 내가 주님을 찾기에 갈급합니다.
내가 주님을 즐거워할수록,
무한하고 영원하며 변함없는 갈급함으로 주님을 사모하게 하소서.
아멘.

— 아이작 앰브로즈

내 안에 새 마음을 창조하소서

오, 그리스도시여,
내 안에 새 마음을 창조하시고 정직한 영을 새롭게 하소서.
그리하시면 내가 새 피조물로 주님을 섬기겠습니다.
이전과는 달라진 모습으로 새 삶을 살며,
새로운 언행과 몸가짐으로 주의 이름에 영광을 돌리겠습니다.
죄악 된 영혼들을 권면하여, 함께 주를 믿고 따르도록 인도하겠습니다.

오, 나의 구주여,
나를 지옥의 고통과 마귀의 권세에서 영원히 지켜 주소서.
내가 장차 이 세상을 떠날 때, 주의 천사들을 보내어 나를 인도하소서.
나사로의 영혼도 그들을 통해 주의 나라로 인도함을 받았습니다.
회개하는 강도에게 약속하셨던 복된 낙원으로 나를 이끌어 주소서.
그는 십자가에 달려 마지막 숨을 내쉴 때 주께 자비를 구했으며,
마침내 주의 나라로 받아들여졌습니다.

오, 그리스도시여,
주의 이름으로 이 일을 허락하소서.
지금부터 영원까지 주께 모든 영광과 존귀, 찬양과 주권을 올려드립니다.
아멘.

— 루이스 베일리

대제사장께 나아갑니다

우리의 대제사장 되신 주 예수님,
주님은 참으로 신실하십니다.
주께서는 진실로 내 영혼을 위해 대제사장의 사역을 행하십니다.
내가 죄를 짓되, 큰 죄를 지었습니다.
주님, 내 죄의 빚을 없애 주실 이가 오직 우리 대제사장뿐입니다.
주 예수님, 이제 내가 나의 대제사장 되신 주께 나아가오니,
나의 죄를 사하여 주소서.

내 양심이 나를 고발하고,
사탄이 나를 참소합니다.
모세도 나를 정죄합니다.
그러나 가련한 신자들을 향한 모든 참소를 물리쳐 주시는 이가
바로 우리 대제사장이심을 믿습니다.
그러하오니 주님,
이제 내가 위대한 대제사장이신 주께 나아갑니다.
모든 참소를 물리쳐 주소서.
내가 행한 일들을 돌아볼 때,
내가 실로 무감각하고 강퍅하며, 깊은 혼란에 빠진 자임을 깨닫습니다.
내가 아무리 애써도 내 행위가 온전해질 수 없음을 고백합니다.

그러나 주님,
우리가 행한 부정한 행위들을 제하신 후에
우리를 하나님 앞으로 데려가시는 일이
바로 우리의 위대하신 대제사장의 사역임을 믿습니다.
오, 주님, 이제 내가 대제사장이신 주 앞에 나아갑니다.
나의 기도를 하나님 아버지께 전하여 주소서.

주님, 내 과거를 돌아볼 때,
내가 실로 가련한 죄인이며 저주받은 자임을 깨닫습니다.
그럼에도 백성들에게 복 주시는 것이
우리 대제사장이신 주님의 사역입니다.

주님, 이제 내가 대제사장이신 주 앞에 나아갑니다.
내게 복을 내려 주소서!
주의 은혜로 생육하고 번성하라고 말씀해 주소서.
아멘.

— 윌리엄 브리지

곤고한 자를 위한 은혜

주님, 우리는 이 말씀을 압니다.
"주 여호와께서 학자들의 혀를 내게 주사
나로 곤고한 자를 말로 어떻게 도와줄 줄을 알게 하시고." 사 50:4
주님, 내가 그 곤고한 자들 가운데 하나입니다.
내가 끊임없는 시험과 내적인 갈등으로 곤고합니다.
그러하오니 주님,
이제 곤고하고 가련한 영혼,
상처 입은 영혼에게 말씀해 주소서.

주님, 나로 주를 섬기게 하소서.
그것이 내가 바라는 전부입니다.
주께서 기뻐하시는 때에, 주를 보게 하소서.
주님, 이제는 지쳤습니다.
여러 해 동안 내 자신을 돌아보며 계속 고뇌합니다.
하지만 이런 나의 의문은 끝이 없고
그러한 일은 아무 유익도 없었습니다.

나는 연약하고 비참한 피조물입니다.
예수 그리스도의 의를 감당할 수 없을 것 같아 두렵습니다.
하지만 주님은 이렇게 말씀하셨습니다.

"내가 나의 두 증인에게 권세를 주리니."계 11:3

내가 주의 증인들 중 하나임을 믿습니다.

주님, 내게 능력을 주소서.

나는 실로 비참한 자입니다.

내가 죄의 사악함을 잘 아오니,

나로 그리스도의 은혜와 충만하심을 보게 하소서.

내 자신의 죄악이 지극히 중함을 알기에,

내가 의를 바라고 주께 나아갑니다.

오, 주님,

내 영혼이 주의 풍성한 사랑의 바다 안에 머물도록 지켜 주소서.

— 윌리엄 브리지

주의 인도하심을 내가 기다립니다

주님, 내가 의를 애타게 구하지만,
찾지 못했습니다.
이것이 나의 영원한 관심이자 소망입니다.
내 삶이 어떻게 되든지,
나는 끝까지 불의를 거절할 것입니다.
내가 불의에 관여하지 않을 뿐더러
불의와 아무 상관이 없기를 기도합니다.
주의 자비 가운데서 이 기도가 내 마음에 영원히 거하기를 소망합니다.

주님, 내 안에 다른 이들을 불쌍히 여기는 한 방울의 자비라도 있다면,
주께는 무한한 자비의 바다가 있습니다.

오, 주님, 주님은 모든 이들의 은밀한 속마음을 아시며,
주의 뜻을 깨닫기 원하는 내 영혼의 갈망도 아십니다.

주께서 나를 도우시는 것은 무엇이든지,
내가 그릇되게 행하지 않도록,
그것을 기꺼이 사용하겠습니다.
주께서 더 깊은 마음을 알려 주기 원하시면,
내가 그 뜻에 기꺼이 순종하겠습니다.

내가 주의 뜻을 아는 것만으로도,
이 세상이 줄 수 있는 어떤 위안보다 더 큰 복으로 여기겠습니다.

주님, 그럼에도 내가 여전히 주님을 거스르는 죄를 짓습니다.
주님은 이것을 아십니다.
그러나 주님은 내가 낮아진 마음으로,
평온하게 다른 이들과 거하기 원한다는 것도 잘 아십니다.
늘 주께 순종하면서 온유하고 고요한 마음으로 살아가게 하소서.

주님의 더 깊은 마음을 보여주실 때까지,
내가 주님을 기다립니다.
주의 빛이, 주께서 원하시는 길로 걸어가도록
나의 마음을 비춰 주소서.

— 제러마이어 버로스

잠든 내 심령을 깨우소서

오, 상처 입고 멸시당하여 노여워하신 구주여,
내가 잠시라도 주의 위대하심과 선하심을 생각할 때,
내 마음이 얼마나 둔감한지를 깨닫고 놀랍니다.
내가 부끄러워 주님 앞에서 감히 얼굴을 들 수 없습니다.

내가 어리석게 행동하며, 큰 실수를 저질렀습니다.
그럼에도 나의 이 미련한 마음은 계속 주님을 외면하려 합니다.

주님은 모든 지각 있는 피조물의 사랑과 헌신을 받기에 합당하십니다.
각 사람의 마음은 주의 임재로 충만하고,
주님을 기쁘시게 하는 열망이 다른 모든 욕망들을 집어삼켜야 마땅합니다.

그러나 내 모든 생각 속에서 주님을 멀리했습니다.
놀랍게도 나의 본성의 목표이자 영광인 믿음에 소홀했습니다.

이것이 문제의 핵심입니다.
내가 이 상태로 머문다면 결국 멸망하고 말 것입니다.
그럼에도 나의 비뚤어진 본성 안에
이런 자각들을 꺼려하는 이상한 속마음이 있습니다.
잠시 제쳐두거나 심지어 묵살하려 합니다.

주님, 지금 내 마음은 당혹스럽고 분열되어 있습니다.
그러나 주께서 나를 지으셨기에,
무엇이 내게 최선인지도 주님이 잘 아십니다.

그러므로 이제 내가 주의 이름을 위하여 구하오니,
나를 인도하여 주소서.
지체하여 영영 늦을 때까지 내버려두지 마소서.

주님, 타오르는 죄의 불길 속에서 나를 건져 주소서.
이 치명적인 미혹을 깨뜨려 주소서.

주님이 나를 창조하지 않으셨으며,
나를 영원히 잊으시리라 생각하는 유혹에 내가 시달리고 있습니다.
지금 이 땅은 참된 소망을 알아보지 못하고 멸망할 수밖에 없는 곳입니다.

오, 하나님, 나로 주의 음성을 듣고 순종하게 하소서!
주의 은혜로 우둔한 내 심령을 일깨우시고,
내 깊은 반항심을 꺾어 주소서.
주의 아들로 인하여 이 비탄에 잠긴 부르짖음을 들어주소서.
그분은 나처럼 마음이 완악한 많은 자들을 가르치시고,
"능히 이 돌들로도 아브라함의 자손이 되게"마 3:9 할 수 있는 분이십니다.
아멘.

— 필립 도드리지

새 마음을 구하는 기도

주님, 내가 계속 주의 원수로 남아 있는 것보다,
나를 주의 친구로 삼으시는 것이 더 좋지 않겠는지요?
주님이 나사로를 무덤에서 일으키셨을 때보다,
한 영혼을 죄에서 건지실 때 더 큰 영광을 받으시지 않겠는지요?

주의 능력과 자비하심은 메마른 그루터기 같은 나를
풍성히 열매 맺는 나무로 바꾸어 주실 때, 더욱 드러날 것입니다.
그러하오니, 주의 자비하신 능력으로 나의 부끄러운 본성을 덮어 주소서.
내 독사 같은 본성을 비둘기 같은 본성으로 변화시켜 주소서.

주님! 처음 지음 받은 내 모습을 되찾게 해주소서.
그리하여 기쁨으로 주께 영광을 돌리게 하소서!
내 마음을 새롭게 창조하셔서,
그 새로워진 생명으로 주님을 영화롭게 하소서.
내 힘으로는 새 마음을 가질 수 없으나
주의 권능으로는 어려운 일이 아니며,
또한 주께서 약속하신 일임을 믿습니다.
아멘.

— 스티븐 차녹

주의 말씀으로 길을 가르쳐 주소서 1

복되신 하나님,
위대한 빛들의 아버지이시며,
온갖 좋은 은사와 온전한 선물을 주시는 주님을
겸손히 경배합니다.^{약 1:17}
내가 주께서 주시는 모든 복을 구합니다.
특별히 나를 주께로 이끌어 주시고,
주님을 영원히 즐거워하도록 준비시켜 주소서.
주께서는 각 사람의 심장을 살피시고
폐부를 시험하시는 하나님이심을 고백합니다.^{렘 17:10}

오, 하나님, 나를 살피사 내 마음을 감찰하시며,
나를 시험하사 내 뜻을 헤아려 주소서.
내게 무슨 악한 행위가 있는지 보시고,
나를 영원한 길로 인도하소서.^{시 139:23-24}
내 심령을 새롭게 하소서.^{엡 4:23}
내게 새 마음을 주시고, 새 영을 내 속에 두소서.^{겔 36:26}
나로 하여금 주의 거룩한 성품에 참여하게 하소서.^{벧후 1:4}
나를 부르신 주께서 거룩하시니,
내 모든 말과 행실도 거룩해지기를 소원합니다.^{벧전 1:15}

내 안에 그리스도 예수의 마음을 품게 하시고,^{빌 2:5}
주님이 행하시는 대로 나도 따라 행하게 하소서.^{요일 2:6}

사망과 같은 육신의 생각에서 나를 건지시고,
생명과 평안이 거기 있사오니
나로 하여금 영의 생각을 하게 하소서.^{롬 8:6}

이 세상 살아가는 동안 믿음으로 행하고
보는 것으로 행하지 않게 하소서.^{고후 5:7}
믿음으로 견고해져 하나님께 영광을 돌리게 하소서.^{롬 4:20}
주님의 은혜로 나를 가르치소서.
경건하지 않은 것과 이 세상의 정욕을 다 버리고,
신중함과 의로움과 경건함으로 살게 하소서.^{딛 2:11-12}
범사에 유익한 경건을 내 마음속에 허락하여 주소서.^{딤전 4:8}
주의 복되신 성령의 감화로 나를 가르치셔서,
온 마음과 목숨과 뜻과 힘을 다해 주님을 사랑하게 하소서.^{막 12:30}

주님, 죽은 자 가운데서 다시 살아난 자같이
내 자신을 주께 드리게 하시고,^{롬 6:13}
내가 드리는 영적 예배로,
나의 몸을 주님 받으실 거룩한 산 제물로 드리게 하소서.^{롬 12:1}
아멘.

— 필립 도드리지

주의 말씀으로 길을 가르쳐 주소서 2

하나님 아버지,
내가 주의 독생하신 아들이시며 영광의 광채시요,
그 본체의 형상이신 복되신 예수님을
가장 신실하고 사랑하는 마음으로 흠모하게 하소서. 히 1:3
내가 주님을 보지 못하였으나 사랑하게 하시고,
이제도 보지 못하나 믿게 하시며,
말할 수 없는 영광스러운 즐거움으로 기뻐하게 하소서. 벧전 1:8
내가 날마다 하나님의 아들을 믿는 믿음 안에서 살아가게 하소서. 갈 2:20

주님, 나를 성령으로 충만하게 하시고 엡 5:18
하나님의 영으로 인도함을 받게 하셔서 롬 8:14
내가 하나님의 자녀이며 영광의 상속자임을
다른 이들이 분명히 알게 하소서.
나로 하여금 무서워하는 종의 영을 받지 않게 하시고,
양자의 영을 받아 주께 "아빠 아버지"라고 부르게 하소서. 롬 8:15

주님, 내 안에 사랑과 능력과 절제하는 마음을 일으켜 주셔서, 딤후 1:7
나의 믿음에 덕을 더하게 하소서. 벧후 1:5
나로 강하고 담대하게 하시고, 수 1:7
부르신 사명에 그리스도인답게 행하게 하소서.

내가 썩을 양식을 위해 일하지 않게 하시고,

영생하도록 있는 양식을 위해 일하게 하소서.요 6:27

주님, 하나님 보시기에 온유하고 고요하며 귀한 심령으로,벧전 4:3

내가 주의 능하신 손아래

자신을 낮추고 겸손으로 옷 입게 하소서.벧전 5:5-6

내 마음이 청결하여 하나님을 보게 하시고,마 5:8

땅에 속한 본성은 무엇이든지 죽게 하소서.골 3:5

주님, 내게 있는 것들로 만족하게 하시고,히 13:5

어떤 형편에서든지 자족하는 법을 배우게 하소서.빌 4:11

인내를 이루어 나로 온전하게 하시고,

조금도 부족하지 않게 하소서.약 1:4

주님, 내 이웃을 내 몸같이 사랑하게 하시고,갈 5:14

남에게 대접을 받고자 하는 대로 남을 대접하게 하소서.마 7:12

아멘.

— 필립 도드리지

우리 자녀들을 위한 기도

주님, 우리의 연합된 기도에 평강으로 응답해 주소서.
우리 가정에 주의 영을 부으시고 우리 자녀들에게 복을 내려 주셔서,
그들이 주 앞에서 시냇가의 버드나무처럼 견고히 자라게 하소서.
부모에게는 위로를 주며,
교회에는 든든한 힘이 되고,
주 앞에서 명성과 칭찬을 얻게 하소서.
아멘.

— 필립 도드리지

주의 말씀으로 길을 가르쳐 주소서 3

주님, 내가 지극한 고통과 핍박 아래서도
온유함으로 옷 입게 하시고,^{골 3:12}
할 수 있다면 모든 사람과 화목하게 하소서.^{롬 12:18}
하늘에 계신 아버지의 자비로우심같이
나도 자비로운 자가 되게 하소서.^{눅 6:36}
내가 마음에 진실을 말하고^{시 15:2}
사랑으로 말하게 하시며,^{엡 4:15}
내가 주께로부터 극심한 심판을 받지 않기 위해
나도 다른 이들을 판단하지 않게 하소서.

주님, 내 안에 주께서 인정하시는 성품을 심어 주소서.
내 안에 정직한 영을 새롭게 하시고,^{시 51:10}
나로 참된 이스라엘 사람이 되게 하소서.^{요 1:47}
내가 유월절 희생 제물이신 그리스도를 먹고 마실 때,
누룩 없는 순전함과 진실함의 떡으로 절기를 지키게 하소서.^{고전 5:7-8}
나로 성실하고 흔들림 없이 항상 주의 일에 힘쓰게 하시고,
나의 수고가 주 안에서 헛되지 않음을 알게 하소서.^{고전 15:58}

주님, 나의 마음을 부드럽게 하소서.^{왕하 22:19}
주의 말씀과 섭리로 감동감화 받게 하시며,

주의 영광을 위한 마음을 품게 하시고,

주의 영이 베푸시는 모든 감동에 민감하게 하소서.

하나님, 나로 주를 위한 열심을 품게 하소서.민 25:13

지식과 사랑에 기초한 열심을 품게 하소서.고전 8:1

나를 깨우치셔서,

뱀의 지혜와 사자의 담대함, 비둘기의 순결로 주를 섬기게 하소서.마 10:16

주님, 이와 같이 하여 내가 주의 은혜로

나의 사랑하는 구속자의 빛나는 형상이 되게 하소서.

내가 구속자이신 그리스도께,

모든 자비의 아버지이신 주께,

성령님의 은혜로우신 역사를 통해 고백합니다.

내가 주를 내 아버지로, 예수님을 나의 구주로 부르게 하신

주의 거룩하신 성령께 영원히 영광을 돌리기 원합니다.

아멘.

— 필립 도드리지

내 영혼을 가꾸시는 주께 드리는 기도

오, 존귀하신 예수님,
나로 주의 정원에서 더 이상 열매 맺지 못한 채 머물지 않게 하소서!

주님, 주께서 말씀하신 대로 이루어 주소서.
내 마음의 땅을 두루 갈아엎으시고
주의 성령께서 감미로운 은혜를 부어 주시기 원합니다.
하늘의 이슬과 비, 햇빛이 은혜가 되어,
나로 하여금 하나님 앞에 풍성한 열매를 맺게 하실 줄 믿습니다.

주님, 나처럼 무익한 피조물이
다른 이들을 위해 간구하는 기도를 들어주실진대,
다가오는 새해에는 구속 받은 주의 모든 백성에게
동일한 복을 내려 주소서.
아직 믿음의 길을 알지 못한 내 가족들과
여전히 어둠 속에 있는 수많은 이들에게도 그 복을 내려 주소서.
올해가 그들에게 주의 은혜를 받을 해가 되게 하소서!
아멘.

— 로버트 호커

은혜 안에서 숨 쉬게 하소서

육신과 영의 복의 근원이신 주님!
내가 살아 있어 믿음으로 충만한 삶을 살게 하심을 감사드립니다.
내 안에 주의 생명의 숨결을 불어넣어 주소서.
이전에는 내가 죄 가운데서 죽어 있었으나,
이제는 살아 있는 영혼이 되었음을 고백합니다.
이는 주의 자녀들이 누리는 특별한 생명을 내게도 주셨기 때문입니다.

그러하오니, 나는 그저 살아 있기만을 바라지 않습니다.
내 주와 구주이신 예수 그리스도를 아는 지식과 은혜 안에서
더욱 자라가기를 소원합니다. 벧후 3:18
주께서 내 마음을 믿음의 형상으로 빚어 주소서.
나로 주의 은혜를 오해하지 않게 하시고,
은혜 안에서 육신의 잣대로 성장을 판단하지 않게 하소서.
나로 주의 사랑을 더 깊이 체험하게 하시고,
주의 지혜와 거룩한 뜻을 주저 없이 받들며
다른 이들을 잘 돌보게 하소서.
내 영혼을 굳세게 하소서.
인내와 겸손과 열심, 하늘에 속한 성품이 더욱 자라가기 원합니다.
주님을 기쁘시게 하는 자가 되기를 힘쓰게 하소서. 고후 5:9

사나 죽으나 내가 하는 모든 일이 주의 영광이 되게 하소서.

주님은 내가 의에 주리고 목말라 있음을 잘 아십니다.
주께서 원하시는 대로 나를 이끌어 주소서.
내 영혼에 주님의 형상을 새겨 주소서.
오, 거룩하신 아버지, 주의 영이 베푸시는 온유한 감화로,
주께서 보시기에 기쁘고 합당하게 여기시는 주님의 모습을 새겨 주소서.

나는 마땅히 있어야 할 곳에 이르지 못했으며,
완전함과는 거리가 멉니다.
그러나 사도의 위대한 본을 따라,
오직 뒤에 있는 것은 잊어버리고
앞에 있는 것을 잡으려고 달려갑니다.[빌 3:13]

주의 말씀과 성령으로 내 영혼을 먹여 주소서.
그때에 내가 썩어질 씨가 아니요 썩지 아니할 씨앗,
곧 살아 있고 항상 있는 하나님의 말씀으로 거듭날 것입니다.[벧전 1:23]
갓난아기처럼 순전한 말씀의 젖을 먹고 자라가게 하소서.[벧전 2:2]

나의 성숙을 모든 사람 앞에 나타나게 하시고,[딤전 4:15]
그리스도의 장성한 분량이 충만한 데까지 이르게 하소서.[엡 4:13]
이 땅에 있는 주의 궁정에서 번성하는 즐거움을 누린 후에,
위에 있는 낙원에서 주와 함께 거하게 될 줄 믿습니다!
지금부터 영원까지 영광을 받으시기에 합당하신 우리 주님,
구주 예수 그리스도의 이름으로 이 일들을 소망하며 간구합니다.
아멘.

— 필립 도드리지

우리의 삶을 밝히시는 은혜

오, 주님, 주의 성소에 있는 등잔 불꽃이 더 밝고 환하게 빛나게 하소서.

주의 손에 들린 화살을 우리의 양심 깊은 곳에 쏘아 보내소서.
주의 제사장들을 구원으로 옷 입히시고
주의 성도들이 기쁨으로 크게 외치게 하소서!
주의 성령으로 그들에게 기름 부어 주셔서,
아론의 머리에 기름을 붓던 때처럼
은혜의 향기가 주의 장막 곳곳에 퍼지게 하소서.

오, 주님, 우리를 영원한 길로 인도하소서.
우리의 위대한 주인이신 주님을 더욱 닮아가며
다른 이들에게 은혜를 베풀게 하소서.

주의 은혜로 우리 마음을 거룩하게 하소서.
우리의 삶이 좋은 열매 맺는 나무와 맑은 샘물 같게 하소서.
이것이 보화를 쌓는 길이며,
자유 가운데 거룩함과 긍휼이 흘러나오고
우리들에게 새로운 힘과 생명을 얻게 하는 길인 줄 믿습니다.

주님, 주의 은혜로 우리 영혼을 소생시켜 주소서.
그 무엇도 죽기까지 믿음의 길을 방해하지 못하게 하시고,

행여 그렇지 않을 때라면 주의 은혜로 약속하신
생명의 면류관을 거두어 가소서.

주님, 추수할 주의 밭으로 일꾼들을 보내 주시고,
그들에게 사역할 힘을 공급해 주소서.
하나님의 이름으로 보내심을 받은 저들의 거룩한 주인이신 예수님과
하늘에 계신 그분의 아버지이신 주를 멸시하는 자들이
얼마나 두려운 정죄 아래 놓여 있는지,
더 깊이 깨닫게 하소서.
예수님은 주의 이름으로 세상에 보내심을 받은 분이심을 고백합니다.

하나님, 우리를 무거운 죄책과 멸망에서 건져 주소서!
주의 나라와 권세가 우리에게 임하셨음을 믿습니다.
우리가 그 특권을 헛되이 여겨 지옥에 떨어지지 않게 하시고,
주 하나님의 은혜로 우리의 마음을 열어 주셔서
복음을 받아들이게 하소서.

우리가 주의 말씀을 신실하게 선포하는 이들에게 귀 기울이고,
예수의 이름으로 그들을 환영하게 하소서.
아멘.

— 필립 도드리지

우리 마음을 녹여 주소서

오, 주님, 우리 자녀와 청년들에게 주의 자비를 베푸소서.
그들을 활력 있게 하셔서 주의 진리 안에서 행하게 하시고,
우리가 베푼 모든 사랑 가운데
우리의 권면과 모범에 대한 기억이 남아 있지 않을 때라도
그들에게 복을 내려 주소서.

주님, 진실로 우리가 관대한 마음을 품기 원합니다.
낯선 이들이나 동료 신자들이 우리의 도움을 필요로 할 때에,
주의 뜻에 합당하게 행하게 하소서.
특별히 복음을 전하는 수고하는 이들에게
우리의 풍성한 사랑을 베풀게 하소서.

오, 주님, 주의 영을 보내셔서 우리 마음을 감화해 주소서.
주의 맹렬한 진노에도 깨어지지 않고 굳어 있는 우리의 마음을
녹여 주시고, 우리를 유혹하는 자들에게서 건져 주소서.
아멘.

— 필립 도드리지

우리에게 더욱 고결한 마음을 주소서

오, 주님, 우리의 연약함을 불쌍히 여기소서.
우리에게 더 깊은 분별력을 주셔서,
주의 말씀의 참된 뜻을 헤아리게 하소서.

주님, 우리가 순전한 마음으로 그 말씀을 받게 하소서.
그 말씀을 성실히 선포하며, 부지런히 가르치고 변증하는 열정을 주소서.

주님이 우리를 어떤 삶의 자리에 두시든지
어떤 어려움이 우리를 둘러싸든지
어떤 슬픔이 우리를 낙심하게 하든지,
우리가 주의 말씀을 전하며 주께서 맡기신 일들을 감당할 때
주님이 선포하시는 그 말씀을 기쁨으로 듣게 하소서.
"보라, 내가 속히 오리니 내가 나의 종들의 수고와 고난을 끝낼 것이며,
나의 은혜의 상급이 내게 있어
그들의 모든 믿음의 역사와 사랑의 수고에 상을 주리라." 계 22:12, 살전 1:3

주님, 끝까지 믿음으로
인내하는 백성들을 영접하기 위해 주께서 오시며,
지식과 거룩과 기쁨이 더욱 생생하고 고결한 방식으로
우리 영혼에 부어지게 될 것을 믿습니다.

장차 임할 복된 세상 속에 영원히 거하시기 위해
주께서 오신다는 말씀을 우리가 듣게 하소서.
아멘. 주 예수여, 속히 오시옵소서!

주님, 그 복된 시간이 우리와 주의 모든 교회에 속히 임하게 하소서.
그때까지 은혜를 베푸셔서, 우리로 주의 사랑을 생생하게 기억하며
주의 오심을 마음으로 고대하게 하소서.

우리가 이미 받은 복과 주님이 가르쳐 주신
기쁨을 기리며 행할 수 있도록, 우리를 소생시켜 주소서.
아멘, 아멘.

— 필립 도드리지

저 그리스도인들은 서로를 얼마나 사랑하는지

은혜로우신 임마누엘 하나님,
우리가 더 이상 사소한 교파나 교단의 차이들을 자랑하지 않도록,
주를 따르는 모든 이들에게 사랑의 영을 부어 주소서.
주의 영광스러운 깃발 아래 하나로 모여
우리가 그리스도인임을 드러내게 하소서!
주의 영광의 표지를 우리 어깨에 걸고, 머리에 왕관처럼 쓰게 하소서.

증오와 치욕과 박해의 영이
태양 앞에서 안개처럼 사라지게 하소서.
그리하여 예전처럼 어디서나 이런 말을 다시 들을 수 있게 하소서.
"보라, 저 그리스도인들은 서로를 얼마나 사랑하는지!"
아멘.

— 필립 도드리지

선한 싸움을 싸우게 하소서

지극히 존귀하신 주님,
우리가 이 세상 살아가는 동안 주님과의 관계를 잊지 않게 하소서.
비록 우리가 이 세상에서 버림받아도
예수께 속했음을 잊지 않게 하소서.
주님, "마른 땅에 냇물이요 곤비한 땅에 큰 바위 그늘"처럼,^{사 32:2}
우리의 모든 것 되시는 주께서
또한 우리의 피난처가 되어 주소서.

오, 예수의 말씀, 그 다정한 속삭임을 사모합니다.
주님의 말씀 없이는 우리가 살아갈 수 없습니다.
주님이 우리에게 말씀으로 복 주시지 아니하시면,
감히 주님을 보내드리지 않을 것입니다.
주님이 내 영혼에 다시 빛을 비추실 때까지,
이전에 누렸던 어떤 즐거움도 우리에게 유익을 주지 못합니다.
주 예수여, 오시옵소서.
나의 하나님, 나의 구주, 나의 분깃, 나의 전부이신 주님,
내가 주께로 달려갑니다!

주님, 내게는 날마다, 순간마다 주님이 필요합니다.
주님은 우리의 소망, 우리의 구주가 되시기 때문입니다!

주님 없이는 내가 아무것도 아니오니,
나로 주님 곁에 가까이 머물게 하소서.

존귀하신 예수님,
내가 주님 안에 거하고 있음을 깨닫게 하소서.
내가 주님과 하나로 연합했음을 믿습니다.
존귀하신 주님, 주의 능력으로 나를 강하게 하셔서,
내가 이 땅에서 믿음의 선한 싸움을 싸울 때
주께로 나아가는 길을 훼방하는 자들에게
"깃발을 세운 군대 같이 당당한"아 6:10 존재가 되게 하소서.

참으로 그렇습니다, 주님!
죄와 사탄과 이 세상이 힘을 합쳐 나를 대적하더라도,
하나님의 전신갑주를 취하고
내가 "믿음의 선한 싸움을 싸우고 영생을 취하며,
우리를 사랑하시는 이로 말미암아 넉넉히 이기게"딤전 6:12, 롬 8:37 하소서.
아멘!

— 로버트 호커

예수께 더 큰 은혜를 구합니다

예수, 나의 주여,
내게 자비를 베푸소서!
아침에 잠에서 깨었을 때,
가련하고 비참한 마음에 공허함과 궁핍에 시달렸습니다.
마치 주의 귀하신 이름을 들어본 적도,
주의 충만함으로 살아본 적도 없는 것처럼 느껴졌습니다.

여러 날 동안 먹은 음식만으로
내 몸이 건강을 유지할 수 없는 것처럼,
내가 어제의 주님 도우심만으로는 살 수 없다는 것을 주님이 잘 아십니다.
새로운 양식이 없어도 나는 주님의 것이고, 주님도 나의 주이심을 믿습니다.
내가 새로운 양식을 위해 주께 나아가오니,
주께서 나를 빈손으로 돌려보내지 마소서.

주님, 내가 궁핍함 중에도 기뻐하는 것은,
빈 그릇으로도 주의 충만한 은혜를 누릴 수 있음을 믿기 때문입니다.

복되신 예수님,
이 가련하고 굶주린 영혼을 불쌍히 여기소서.
나의 공허함과 궁핍함으로 주님을 찾으며,

그로 인해 주께서 은혜를 베풀어 주심을 기뻐하게 될 것입니다.

복되신 주님, 참으로 그렇습니다.
가난하고 비참할 뿐만 아니라
아무것도 아닌 존재가 되더라도 나는 만족합니다.
주의 사랑과 부요하심으로 은혜를 나타내셔서
주께서 영광을 받으실 수 있다면,
그리스도의 능력이 내게 머물 수 있도록
나의 연약함까지도 자랑하겠습니다.

주님, 차라리 주의 집 앞에 엎드린 거지가 되기 원합니다.
주의 빛나는 얼굴을 바라보며
그 손길로 베푸시는 은전을 누릴 수만 있다면,
그것으로도 충분합니다.
이는 내 심령이 가장 궁핍해진 바로 그때에,
예수의 은혜로 충만히 채워질 수 있기 때문입니다.
아멘.

— 로버트 호커

전투를 준비하게 하소서

귀하신 주 예수님,
날마다, 저녁과 밤에,
주님이 찾아오심으로 우리를 새롭게 하소서.
밤에 옷을 벗고 잠자리에 들거나 장차 죽음을 맞이하는 순간까지도,
이 귀한 말씀이 나의 노래가 되게 하소서.
"내가 평안히 눕고 자기도 하리니
나를 안전히 살게 하시는 이는 오직 여호와이시니이다." 시 4:8

주님, 나로 겟세마네 동산을 잊지 않게 하소서.
믿음으로 늘 그곳을 되새기며,
주께서 "마음이 매우 고민하여 죽게" 마 26:38 되신 그 모습을
믿음의 눈으로 바라보게 하소서.
주의 거룩하신 머리가 고난 중에 십자가 위에서,
마침내 영광 중에 빛나는 면류관을 쓰고 들려지는 모습 보게 하소서!

주님, 주의 성소에서 악을 행하는 모든 원수들로부터 나를 지켜 주소서.
주님의 영이 베푸시는 온유한 은혜 안에 머물기 원합니다.
그리하여 귀한 열매를 맺으며, 주의 거룩한 이름을 높이게 하소서.
내 심령이 레바논의 백향목처럼 번성하며 자라게 하소서.

귀하신 예수님,
내가 은혜로우신 주의 가르침을 이론으로 알 뿐
본성상 죄인임을 잘 압니다.
내가 삶에서 그 가르침을 실천하려 할 때마다 늘 실패합니다.

주님, 주의 능력이 아니고서는 이 거룩한 전쟁에서
단 하나의 적도 굴복시킬 수 없음을 잊지 않게 하소서.
오직 주의 의를 마음에 새기는 법을 가르쳐 주소서.

복되시고 의의 태양이신 주님,
내 영혼에 풍성한 은혜의 빛을 비추어 주소서.
주의 빛은 실로 따스하고 생명이 넘치며,
마침내 결실을 맺게 하는 빛임을 고백합니다.
나로 주의 거룩한 손길 아래서 번성하여,
"여호와의 정직하심과 나의 바위 되심과
그에게는 불의가 없음"시 92:15을 선포하게 하소서.
아멘.

— 로버트 호커

성령이여, 오소서

성령이여, 오소서.
주의 달고 값진 은총으로 내게 임하소서.
주여, 오셔서 내 죄를 일깨우시고 위로해 주소서.
나를 겸손히 낮추시고 인도하셔서,
세상을 향한 애착을 버리고 온전히 주 예수님을 사모하게 하소서.

오소서, 거룩하고 은혜로우시며 전능하신 성령이여,
주께서는 내 심령을 되살리고 새롭게 하시며,
내 구원의 하나님 되신 예수님을 영화롭게 하시는 이십니다.

성령님,
주께서 내 영혼에 심으신 은혜들이 자라나서
사랑과 소망과 믿음의 열매를 맺게 하소서.
내 영혼이 사랑하는 주의 인격과 영광을 소망하게 하소서.
그때, 내가 온 교회와 함께 이렇게 외치겠습니다.
"나의 사랑하는 자가 그 동산에 들어가서
그 아름다운 열매 먹기를 원하노라." 아 4:16
아멘!

— 로버트 호커

예수님처럼 말씀하시는 분은 없습니다

존귀하신 주 예수님,
내 영혼에 다가오는 주님의 사랑과 은혜,
자비와 은총을 어떻게 말로 다 표현할 수 있겠습니까?
주께서 처음 내 마음에 찾아오신 이후로
나는 더 이상 내 것이 아닙니다.
주님은 주와 함께한 나의 사랑을 천국으로 가져가셔서,
주께서 계신 하늘에 온 마음을 쏟게 하셨습니다.

그러므로 주님,
내가 매일, 매 시간마다 주의 음성을 들으며 이렇게 부르짖습니다.
"이분이 말하는 것처럼 말한 사람은 이때까지 없었나이다."요 7:46
주의 말씀은 내 지친 영혼에 온전한 위로를 줍니다.
내가 아무것도 아니라고 느껴질 때,
주의 충만한 은혜가 더욱 소중하게 다가옵니다.

주께서 "내 은혜가 네게 족하도다.
이는 내 능력이 약한 데서 온전하여짐이라"고후 12:9 하고 말씀하실 때에,
내 사방의 원수들이 아무것도 아닌 것처럼 느껴집니다.
주의 종인 사도가 그러했듯이,
나도 "크게 기뻐함으로 나의 여러 약한 것들에 대하여 자랑하리니

이는 그리스도의 능력이 내게 머물게 하려 함이라"고후 12:9 하고
고백할 것입니다.

존귀하신 주님,
내 모든 것이 되어 주소서.
나로 주의 음성을 듣게 하시고,
주의 얼굴을 보게 하소서.
이는 삶과 죽음, 시간과 영원 안에서,
주 예수의 음성만이 나의 영원한 위로가 되기 때문입니다.
그 누구도 예수님처럼 말씀하시는 분은 없습니다!
아멘.

— 로버트 호커

우리의 기도를 도우소서

주님, 많은 이들이 "누가 우리의 도움이 될까?" 하고 탄식합니다.
우리는 이렇게 기도합니다.
"주님, 우리에게 주의 얼굴을 보여주소서."
그때에 우리는 풍성한 결실을 거둔 농부보다
더 기쁜 마음을 품게 될 것입니다.

주님, 우리가 전심으로 주의 은총과 용납하심을 구합니다.
우리의 기도를 들으시고 주의 신실하심 가운데 응답해 주소서.
모든 일에 우리 가까이 계셔서 늘 함께하소서.
어린 까마귀들의 부르짖음도 들으시는 주님, 침묵하지 마소서.
그렇지 않으면, 우리가 무덤에 내려가는 자들과 같이 될 것입니다.
우리의 기도가 주님 앞에 거룩한 향이 되게 하시고,
주를 향해 뻗은 우리의 손이 주님 보시기에 합당하게 하소서.

복되신 은혜의 영께서 우리 마음을 감화하시며,
우리의 기도를 도와주시기를 간구합니다.
우리는 마땅히 기도할 바를 알지 못하니
주의 성령께서 우리의 연약함을 돌보시고,
친히 우리를 위해 기도해 주소서.

주님, 우리 마음속에 은혜와 간구의 영을 부어 주소서.

우리에게 양자의 영을 허락하셔서,

주를 향해 "아빠 아버지!"갈 4:6라고 부르짖게 하소서.

주의 빛과 진리를 보내 주소서.

그리하여 주의 거룩한 산과 장막으로 우리를 이끄소서.

주님, 우리의 넘치는 기쁨이 되시는 하나님께로 우리를 이끄소서.

주님, 우리의 입술을 열어 주시고,

그 입술로 주님을 찬양하게 하소서.

아멘.

— 매튜 헨리

내게는 보혜사 성령님이 필요합니다

복된 약속이여,
거룩하신 성령께서 주의 복된 약속을
날마다 내 영혼 안과 위에 이루어지게 하소서.

나로 주의 주권으로 베푸시는 세례 아래 거하게 하시고,
구속 받은 백성들의 마음과 생각 속에
감미롭게 역사하시는 성령의 기름 부으심을 경험하게 하소서.
이 기름 부으심은 예수께서 행하신 크신 일의 열매요 결과이며,
아버지 하나님의 약속입니다.

참으로 그렇습니다,
복되신 성령님, 당신의 인격과 사역과 권능을 알게 하소서!
성령께서 날마다 나의 위로자가 되어 주시기를 구합니다.
진리의 성령께서 나를 모든 진리 가운데로 인도해 주소서.

주 예수를 기억하게 하소서.
그분이 내게 계시하여 주신 모든 복을,
우둔한 내 마음을 다시 일깨우시는 성령님이 필요합니다.

성령님, 내게 예수의 은혜를 새롭게 증언해 주소서.
내 궁핍함을 주의 은혜로 충만케 하시는 성령님이 필요합니다.

성령님, 내 기도는 참으로 연약하고 무력합니다.
주께서 친히 보호하시고 도와주소서.

성령님, 내게 약속된 유업의 보증이 되어 주소서.
어두운 시기에도 낙심하거나 믿음을 잃지 않고
약속을 의지해서 믿음으로 전진하게 하소서.

주님, 내게는 주님이 필요합니다.
주님 아니고서는 아무것도 할 수 없습니다.
나의 가련한 영혼에 주의 안수하심이 없다면
믿음으로 행하지도, 주의 약속을 의지하여
은혜를 행하는 일도 할 수 없습니다.

성령님, 간구하오니,
오셔서, 주께서 베푸시는 은혜의 세례 아래 내가 거하게 하소서.
나의 아버지 하나님의 사랑을 내 마음에 가득 부어 주시고,
예수 그리스도의 임재를 인내하며 기다리게 하소서.
아멘.

— 로버트 호커

내게 은혜를 가르쳐 주소서

주님, 주께서는 가련한 인간과 은혜의 언약을 맺으셨습니다.
은혜의 언약은 예수 그리스도의 제사장직에 기초하고,
이 새 언약은 우리 모두가 하나님께 가르침 받을 것을 약속합니다.

주님, 나는 무지한 자입니다!
내게 그리스도의 사역을 가르치셔서,
구원에 이르는 지혜를 얻게 하소서.

주께서는 가련한 인간과 은혜의 언약을 맺으시고,
그 언약은 "나의 법을 그들의 속에 두며
그들의 마음에 기록"렘 31:33할 것이라고 말씀합니다.
예수 그리스도께서 당신의 피로 이 언약을 세우셨으니,
나도 그분이 속죄하신 백성 가운데 하나임을 믿습니다.
이제 내 마음속에 주의 법을 기록하시고,
나로 주의 뜻을 온전히 행하게 하소서.
아멘.

— 윌리엄 브리지

예수 안에서 우리를 기쁘게 받아 주소서

주님, 주께서는 "나를 가까이 하는 자 중에서 내 거룩함을 나타내겠고
온 백성 앞에서 내 영광을 나타내리라"레 10:3고 말씀하셨습니다.
우리로 주님을 경배하고,
주의 이름에 영광을 돌리게 하소서.
주께서 우리를 구원해 주시기를 간구합니다.
이는 만물이 주에게서 나오고, 주로 말미암고,
주에게로 돌아가기 때문입니다.

주님, 우리가 자신의 의를 고집하며
기도 가운데 주님 앞에 가까이 나아가지 않습니다.
우리의 죄 때문에 감히 주님 앞에 설 수 없사오니,
오직 그리스도의 의를 의지합니다.
그분만이 우리의 의가 되십니다.
오직 그리스도 예수를 통해 드리는 영적 희생 제사만이
주님 앞에 받으실 만한 것이 됩니다.
우리가 그리스도를 의지해서 구하지 않으면
어떤 응답도 기대할 수 없습니다.

그러하오니, 성도들의 기도에 거룩한 향을 더하시고,
주의 보좌 앞 금제단에 그것을 올려놓으시는

그리스도로 말미암아 우리를 받아 주소서.
우리의 대제사장이시며,
하늘로 올리우신 하나님의 아들 예수의 이름으로
감히 주님 앞에 나아갑니다.
예수님은 우리의 연약함을 깊이 동정하시며,
그분을 의지하여 하나님 앞에 나아오는 모든 이들을
온전히 구원하시는 분이십니다.
예수님은 지금도 살아 계셔서 영원히 우리를 위해 중보하십니다.

오, 하나님,
우리의 방패이시며 주의 기름 부음을 받으신
예수의 얼굴을 바라봅니다.
주께서는 하늘의 음성을 통해
그분을 몹시 기뻐하심을 친히 선포하셨습니다.
주님, 이제는 예수 안에서 우리를 기쁘게 받아 주소서.
아멘.

— 매튜 헨리

내 이성이 주의 진리를 받들기 원합니다

주님, 여기 범죄를 멀리하고
깨끗한 마음을 간직하려 애쓰는 마음이 있습니다.
주께서 약속하신 은혜와 성령으로 내 심령을 채워 주소서.

내 마음은 순전하고 거룩하신 하나님이 거하실 만큼 정결치 못합니다.
그럴지라도 내 마음을 받으시고, 내 안에 거하시겠는지요.
내 마음속에는 여전히 감추어진 부패가 가득하오니,
그것들을 모두 제거해 주소서.
주님, 명백한 죄로부터 주의 종을 보호하시고
은밀한 허물 가운데서 나를 깨끗게 하소서.

주님, 나는 심히 눈 멀고 무지하여 미리 다 헤아리지 못합니다.
내게 유익할 것이라 여겼던 일이 올가미와 저주로 드러납니다.

지혜가 한없으신 주님은 모든 일을 다 아십니다.
내 모든 선택을 주께 의탁하오니,
주의 섭리가 내 삶을 어떻게 이끄시든지
형통할 때도 감사, 낙심할 때도 주께 감사하게 하소서.

주님, 주의 말씀으로 많은 비밀을 가르쳐 주셨건만
연약하고 우둔한 내 이성으로는 그 뜻을 다 헤아릴 수 없습니다.

언제나 주의 발아래 앉아서
주의 말씀 의지하여 세상을 바라보게 하소서.
진리이신 주님은 우리를 속이지 않으시며,
속임을 당하시지도 않으십니다.
그러므로 주님이 무엇을 말씀하시든지,
불신하기보다는 믿을 이유가 무한히 더 많음을 깨닫습니다.

주께서 말씀하시므로
내가 그 말씀을 온전히 받듭니다.
나의 오만하고 경솔한 이성의 판단이
믿음으로 교훈받고 훈련받게 하소서.
아멘.

— 에제키엘 홉킨스

조지 윗필드의 일기에 담긴 기도들

오, 내 안에 자리 잡은 죄로부터 언제 자유케 될 수 있겠습니까?
주님, 나를 이 사망의 몸에서 건져 주소서!
주님 기쁘신 뜻대로 나를 다스리소서.
내가 이제껏 주의 인자하심을 헛되이 대했으니,
주께서 모든 것을 거두어 가셔도 아무 할 말이 없습니다.
하나님, 죄인인 나를 긍휼히 여기소서.

주님, 내가 무엇이기에 날마다 하늘의 만나로 먹이시는지요?
주님, 내 영혼을 채워 주소서.
기쁜 입술로 주님을 찬양하게 하소서.
나에게까지 미치는 주님의 무한한 선하심을 찬미합니다.
나를 그대로 버려두지 마시고 주의 자비로 정결케 하셔서,
더 많은 열매를 맺게 하소서.
그릇된 길로 갈 때 징계하시고
주의 완전한 길로 인도하소서.

존귀하신 주님,
주의 자비로 나를 붙드셔서,
다시는 주를 불신하지 않게 하소서!
오, 나는 믿음이 적은 자입니다.

주님, 주의 판단은 깊은 바다와 같습니다.
주의 행하심은 측량할 수 없습니다.
오, 성도들의 왕이신 주님은 실로 의롭고 거룩하십니다!

밤이 찾아올 때, 자리에서 일어나 주께 감사하게 하소서.
온 종일, 주의 인자하심과 온유한 자비를 찬양하기 원합니다.
하늘에 계신 아버지의 뜻을 행하는 것이
나의 잠이요 양식이요 음료가 되게 하소서.

바람을 손 안에 모으시며 손바닥으로 바닷물을 헤아리시는 주님,
이전에 베푸신 자비로 우리의 감사를 받으소서.
우리의 발걸음을 거룩하게 하시고,
마땅히 가야 할 곳으로 속히 인도하소서.
주의 기뻐하시는 때에 기뻐하시는 곳으로 나를 보내소서.

내 마음의 눈을 들어 주를 보게 하시고,
주께 속한 백성의 마음속에 주의 능력을 전하게 하소서.
날마다 구원받는 이들이 주의 교회에 더하게 하소서.
그들의 이름이 주의 책에 기록되어 있으니,
그 이름들이 내 마음에도 새겨지게 하소서.
이제 우리의 눈과 마음으로 주의 구원을 보고 느낍니다.
주의 종들이 평안히 가게 하소서.
주 예수여, 속히 오소서.
아멘, 아멘.

— 조지 윗필드

구하면 받을 것이요

주께서 말씀하셨습니다.
"너희가 무엇이든지 아버지께 구하는 것을 내 이름으로 주시리라.
지금까지는 너희가 내 이름으로 아무 것도 구하지 아니하였으나 구하라.
그리하면 받으리니 너희 기쁨이 충만하리라." 요 16:23-24

이 말씀이 내게 용기를 줍니다.
이제 내가 주의 풍성한 은혜와 자비, 용서와 평안을 구하며 주께 나옵니다.
예수여, 내가 오직 주님만을 간절히 찾습니다.
내 곁에 계셔서,
주의 은사들과 충만한 은혜와 복을 내려 주소서.

주님, 내 마음을 넓히셔서,
주의 크신 은혜를 온전히 누리게 하소서.
그리하시면, 내가 참으로 복된 자가 될 것입니다.
아멘.

— 로버트 호커

3. 의심에서 건져 주소서

여전히 주저하는 자의 기도

의로우시고 거룩하신 하늘과 땅의 주권자시여,
나의 호흡이 주의 손에 있습니다.
내 삶의 길도 주의 손에 있습니다.
내가 주께 영광 돌리기에 한없이 부족하여
주의 뜻대로 행하지 못했음을 고백합니다.
그러나 주께서 내 호흡을 끊지 않으시고
산 자들의 땅에서 끌어내지도 않으셨으니,
주의 오래 참으심과 선하심을 찬양합니다.

내가 주의 인내로 인하여 감사를 드립니다.
벌써 오래 전에 지옥에 떨어졌어야 할 자인데도
주님은 나를 너그러이 대해 주셨습니다.
그곳에서는 수많은 죄인들이 마지막 심판의 때를 기다리며
자신의 어리석음을 탄식하고 있으니,
그 탄식은 장차 영원히 지속될 것입니다.

하나님, 내 마음이 참으로 어리석고 무익하여
그들과 동일한 멸망에 들어갈까 두렵습니다.
내가 믿음의 길을 진지하게 숙고하지 않으면
머잖아 완전한 실패자가 되고 말 것입니다.

그럼에도 나의 어리석은 마음은 믿음의 멍에에서 멀리 떨어져 있습니다.
나른한 몸을 뻗고 침상에 누운 채 좀 더 자자고 속삭입니다.
부패한 마음이 더 나은 결단과 확신을 거스릅니다.

주님, 내 자신에게서 나를 구하소서.
나를 죄의 속임수에서 구해 주소서!
주를 저버리는 이 타락한 본성에서 나를 건져 주시고,
이제껏 읽어 온 주의 말씀에 내 마음을 고정하게 하소서!

내가 인생의 불확실과 구원의 날에 관한 경고를 들어오면서,
몇몇 작은 목표들을 이루었으며
주의 뜻을 향해 작은 발걸음을 떼기도 했습니다.
하지만 믿음 주변을 서성거렸을 뿐입니다.
이제껏 내가 품어 온 결심들은
그저 바람 앞의 연기처럼 사라지고 안개처럼 흩어져 버렸습니다.

주님, 이제는 심각성을 절실히 깨닫게 하소서.
내 마음속에 어느 때보다 강한 확신을 주시기 원합니다.
나를 깨우치셔서,
그것들을 내 마음에 새기게 하소서.
내가 어리석게도 다시 주의 길을 벗어나려 한다면,
주의 성령께서 내 마음속에 깊은 두려움을 심어 주소서.
주의 강한 방편들을 들어 쓰셔서
이 치명적인 무감각에서 나를 깨워 주소서.
나를 고통 중에 던져서라도,

그렇게 해주소서.

주님, 이제껏 경험했던 것보다 더 깊고 지속적인
믿음의 감화를 허락해 주소서.
아멘.

— 필립 도드리지

나의 믿음이 자라게 하소서

주 예수여, 나를 돌아보소서.
내 마음속에 주를 향한 간절한 영을 부어 주시고,
사도들이 "주님, 나의 믿음이 자라게 하소서!" 하고 기도했던 것처럼
나도 간절한 영혼의 부르짖음으로 주께 간구하게 하소서.
아멘!

— 로버트 호커

그리스도께 모든 것을 걸게 하소서

오, 주님, 내가 어리석어 진리와 거짓을 올바로 분별할 수 없습니다.
그 가르침들을 내 생각대로 받아들이거나
정죄하도록 내버려두지 마소서.
그것이 하나님께로부터 나온 것이라면
멸시하지 않고 깊이 존중하게 하시고,
그것이 마귀에게서 나온 것이라면
단호히 거부하게 하소서.

주님, 이 문제들과 씨름할 때
내 영혼을 오직 주의 발 앞에 의탁합니다.
내가 겸손히 구하오니,
나로 하여금 거짓에 속지 않게 하소서.

주님, 사탄은 하나님의 자비하심과 그리스도의 보혈이
내 영혼을 구원하기에 충분치 않다고 속삭입니다.
그러나 주께서 내 영혼을 구원하실 수 있으며,
그리하실 것을 내가 믿을 때, 주님이 영광 받으실 것입니다.
내게 그 믿음이 없으면, 사탄이 그 영광을 가로챌 것입니다.
주님, 주께서는 그렇게 하실 수 있는 분임을 온전히 믿으며
주께 영광을 돌려드립니다.

주님, 내 영원한 운명을 그리스도께 맡기고 계속 전진하기 원합니다.

이 세상에서 위로를 얻지 못하더라도, 뒤로 물러서지 않게 하소서.

눈이 가려져 주의 임재가 느껴지지 않을 때라도,

영원을 향해 사다리를 박차고 뛰어내리기 원합니다.

그 아래 깊은 곳으로 끝없이 가라앉든지 무사히 헤엄쳐 나오든지,

조금도 주저하지 않게 하소서.

천상에 이르든지 지옥에 떨어지든지, 망설이지 않겠습니다.

주 예수께서 나를 붙들어 주시면,

그것으로 충분합니다.

그리 아니하실지라도,

내가 주의 이름을 위해 모든 것을 걸기 원합니다.

아멘.

— 존 번연

내게 믿는 마음을 주소서

주님, 내가 참으로 오랫동안 하늘의 부르심을 거스르며,
주의 거룩한 뜻에 저항해 왔습니다.
하지만 이제 내가 그것을 깨닫는 한, 주의 뜻을 온전히 따르기 원합니다.

주님, 내가 주의 뜻을 헤아릴 길은 오직 주의 말씀밖에 없습니다.
그 말씀 안에서만 주의 뜻이 분명히 드러납니다.
내가 믿고 따라야 할 것은 주께서 주신 그 명령뿐입니다.
주님, 내 마음 속에 주의 뜻이 이루어지게 하소서.
이 믿음의 법이 내 마음 깊은 곳에 새겨지게 하소서.
주께서 이 일을 뜻하지 않으셨다면,
내가 감히 그 일을 구하지도, 바라지도 못했을 것입니다.
하지만 그것이 주의 뜻임을 믿사오니,
주의 뜻이 하늘에서처럼 땅에서도 이루어지게 하소서.
주의 뜻이 이루어지지 않는다면, 다른 무엇이 이루어질 수 있겠습니까?
주의 뜻이 아니라면, 내가 다른 무엇을 구할 수 있겠습니까?

또한 어떤 일이 주의 뜻을 이루는 데 쓰이지 않는다면,
우리가 무슨 유익을 얻겠습니까?
내가 주께 재물이나 장수, 나 자신을 위한 큰일을 구한다면,
그것은 주의 뜻이 아니라 내 뜻을 구하는 일이 될 것입니다.

그러하오니, 내가 믿고 따라야 할 것은 오직 주의 뜻뿐입니다.

주님, 내 뜻이 아닌 주의 뜻이 이루어지게 하소서.

내게 믿는 마음을 주셔서, 주의 명령을 온전히 순종할 수 있게 하소서.

주께서 그 일을 원하시고 그것이 주께 영광이라고 선언하셨으니,

내게 믿는 마음을 주셔서 주님을 기쁘시게 하소서.

주님, 내가 주의 집에 거하기 원하오니,

나를 주의 가장 미천한 종으로라도 삼아 주소서.

내게 어떤 역할이나 자격을 베푸시든지,

주님과 관계가 단절되지 않는 것만으로도 감사히 여기겠습니다.

나를 주의 소유로 삼아 주시는 것만으로 충분합니다.

오직 내게 믿는 마음을 주소서.

믿음 없이는 주께 속할 수가 없습니다.

주님, 주께서는 내 마음과 양심 속에 얼마간의 빛을 주셨습니다.

그 빛이 어두움 속에서 사라지지 않게 하소서.

그 빛이 점점 더 밝아져, 마침내 완전한 날에 이르게 하소서.

주께서 보내신 분별의 영이 내 영혼을 일깨웁니다.

그 영이 내 안에서 게으름의 영이 되지 않게 하소서.

그 불꽃이 꺼지지 않게 하소서.

주님이 행하시는 일은 모두 완전합니다.

내 안에서 시작하신 일도 온전히 이루어 주소서.

아멘.

— 데이비드 클락슨

내게 믿음을 주소서

주님, 내게 믿음을 주소서.
그렇지 않으면 내가 죽고 말 것입니다.
친구나 재물, 명예나 즐거움 없이도 살아갈 수 있지만
믿음 없이는 살 수 없습니다.
불신앙에는 오직 죽음밖에 없습니다.

주님, 다른 모든 것을 거두어 가더라도 믿음만은 간직하게 하소서.
믿음 없이 나는 길을 잃은 패배자, 죽음과 소멸에 갇힌 자가 됩니다.
그런 상태로 사느니, 차라리 태어나지 않은 편이 더 나았을 것입니다.
내가 이 끔찍한 상태로 살아간다면,
주의 진노가 나를 무겁게 짓누를 것입니다.
영원히 그러할 것입니다.
내가 주님을 믿지 않는다면
결코 생명을 보지 못할 것입니다.
믿음 없이는 아무 소망도 없습니다.
믿기 전까지는 비참하고 절망적인 삶을 이어갈 뿐입니다.
주님이 허락하지 않으시면, 내 스스로 주를 믿고 따를 힘이 없습니다.

주님, 내게 믿음을 주소서.
그렇지 않으면, 내가 죽습니다.

주의 생명에서 제외되는 것은 실로 비참한 일,
내가 살아 있으나 죽은 자와 같을 것입니다!
주께서 믿음을 주시지 않으면, 나는 그 생명을 볼 수도 없습니다.
주의 진노 아래 놓이는 것은 얼마나 비참한 일인지요!
주의 끝없는 진노 아래 처한 자들의 비참함을 결코 피하지 못할 것입니다!
주의 진노가 모든 일 가운데서 드러나는데,
이 땅의 향락에서 어떤 기쁨을 얻을 수 있겠습니까?
주의 진노가 계속하여 나를 무겁게 짓누르는데,
삶이 내게 무슨 위로가 되겠습니까?

주님, 나의 간구를 들으소서!
내 영혼을 이 진흙탕과 수렁에서,
물도 없고 위로도 없으며 생기도 없고 안식도 없는
이 불신앙의 구덩이에서 건져 주소서.
주님은 곤고한 피조물들의 비참함을 기뻐하지 않으십니다.
주님은 내가 비참하게 되는 것을 기뻐하지 않으시고,
내가 살기를 원하십니다.

주님, 내게 믿음을 주소서.
그렇지 않으면, 내가 결코 생명을 보지 못할 것입니다.
내게 믿음을 주소서.
그렇지 않으면, 내가 영원히 비참하게 될 것입니다.

— 데이비드 클락슨

믿음이 한 단계에서 다음 단계로

복되신 하나님, 주님 앞에 나의 연약함을 고백합니다.
내게는 영적인 선을 행할 힘이 심히 부족합니다.
주님은 이미 많은 일들을 통해 그 사실을 깨우쳐 주셨습니다.
하지만 어리석게도 스스로를 신뢰하며,
다시 내 연약한 힘을 믿고 앞으로 나아가려 합니다.

주님, 이제 내 마음을 감화하셔서 은혜의 첫 열매를 맺게 하소서.
자신에 대한 믿음을 겸손히 내려놓고 오직 주님을 의지하게 하소서.

오, 주님, 풍성한 복을 부어 주시려는 주의 약속을 내가 기뻐합니다.
온유하신 주께서 나를 불러 주셨으니, 어려움에 처할 때마다
은혜를 구하며 주의 보좌 앞에 담대히 나아갑니다.

주님, 내가 주의 은혜를 구실로 방탕한 삶에 빠지기를 원치 않습니다.
자신의 연약함을 핑계 삼아
게으르고 나태하게 살아가는 것도 바라지 않습니다.
주께서는 이미 내게 있는 것보다 더 많은 능력을 주셨습니다.

주님, 주께서 베푸신 은혜를 부지런히 사용하기 원합니다.
그렇지 않으면, 이 간구들이 주를 향한 모독과 조롱에 불과하여,
내게 주셨던 은혜들을 다시 거두어 가실까 두렵습니다.

그러하오니, 내가 스스로 굳게 결단하고
그 결심 이룰 수 있도록 은혜를 베풀어 주소서.
주님과 이웃을 향해 올바른 마음을 품게 하소서.
주님이 나와 늘 함께 계시는 것과
내 영혼의 모든 비밀을 주님이 알고 계심을 기억하게 하소서.
나로 하여금 죄의 조짐들을 경계하게 하시고,
사탄이 악한 계교를 부릴 여지를 얻지 못하게 하소서.
내 마음을 주의 성령으로 충만하게 하시고,
그곳에 주님 거하여 주소서.

주님, 내 삶 속에 찾아오셔서 나와 동행해 주소서.
내 몸을 성령의 전으로 삼아 주시기를 구합니다.
내 안에서 주님을 향한 믿음과 사랑,
열심과 거룩함이 자라가게 하소서.
예수 그리스도의 도우심으로 하나님 앞에서 온전해질 때까지,
믿음이 한 단계에서 다음 단계로 성장하게 하소서.
오직 그분 안에 나의 의와 능력이 있음을 고백합니다.
아멘.

— 필립 도드리지

4. 슬픔과 고난의 때에 나를 도와주소서

내가 병들었을 때

주님, 온 세상이 깊은 잠에 빠져 나의 행복을 방해하지 못할 때,
주께서는 감미로운 노래로 내 영혼을 새롭게 하십니다.
주께서 베푸신 구속의 화음의 노래들이 내게 얼마나 큰 은혜를 주는지요.
나는 그 노랫말을 천천히 되새기곤 합니다.
예수께서 나를 사랑하셔서,
나를 위해 친히 자신을 내어 주셨습니다!

주님, 내가 밤에 자주 주님 때문에 깨어나
주의 은혜의 인도하심을 따라 주의 임재를 깨달으니,
주님을 더욱 갈망하게 됩니다.

존귀하신 구속자시여,
내게 자주 찾아오셔서 주님 은혜의 말씀을 허락해 주소서.
주의 지혜롭고 자비하신 섭리 가운데서 내가 질병과 고난,
시련을 겪게 될 때도 주께서 내 곁에 함께 계셔 주소서.
내 마음속에 주님을 향한 아름다운 기억들이 떠나지 않게 하소서.
그리하시면, 온갖 슬픔 속에서도
주의 위로가 내 영혼을 새롭게 할 것입니다.

— 로버트 호커

죽어가는 아버지를 위한 기도

주님, 내가 의심과 불안 가운데 주께 나아갑니다.
주님은 영원히 살아 계셔서,
우리의 삶과 죽음을 결정하시는 분이심을 내가 잘 압니다.
우리를 무덤으로 끌어내리시다가도
"돌아오라!" 하고 선포하실 수 있는 분도 오직 주님이십니다.
아직 기도할 여지가 내게 남아 있을진대
주의 종, 내 아버지를 위한 기도를 들어주소서.
주께서 아버지의 생명을 긍휼히 여기셔서,
다시 기력을 되찾게 해주소서.

그러나 이미 기도의 때가 지났다면,
주의 뜻을 지혜롭게 받아들이게 하소서.
우리가 주의 이름을 찬양하며 눈물로 주를 찬미합니다.
우리가 사랑하는 이를 잃는 것을 슬퍼할지라도
소망 없는 자들처럼 애곡하지 않으며 또한 기뻐합니다.
우리에게 사는 것이 그리스도요
죽는 것도 유익하기 때문입니다.^{빌 1:21}
아멘.

— 필립 도드리지

고난의 때에 드리는 기도

은혜로우신 주님,
고난의 학교에서 겸손하고 끈기 있게 순종을 배우는 것보다
우리를 주님과 더 깊이 화해하도록 이끄는 것은 없습니다.
예수께서 영원한 하나님의 아들이시면서
친히 인간의 몸을 입으시고
온갖 고난을 통해 순종을 배우신 일을 생각할 때,
우리가 더욱 온전한 순종으로 나아갑니다.

존귀하신 예수님,
주의 사랑과 은혜에 찬양과 영광을 올려드립니다.
주님이 베푸신 사랑의 깃발 아래에서만
우리가 모든 것을 넉넉히 이길 수 있습니다.
복되신 주님, 주의 충만으로 내게 임하소서.
내가 오직 주님만을 갈망합니다.
내 영혼이 지난밤에 주님을 간절히 찾으며,
지금도 이른 새벽에 주님을 찾습니다.

주님이 임하실 것을 내가 확실히 아오니,
그때에 주님은 진실로 행함과 진리 가운데 생명나무가 되십니다.
지금 내 영혼은 주님을 만나기 위해 활짝 열려 있습니다.

그러하오니 주님,
내게 주의 인격과 영광과 은혜와 사랑을 나타내시고,
내 온 마음을 주의 손길로 채워 주소서.

주님, 주의 임재를 기다리는 동안 주의 은혜를 바라보며,
내 자신의 무가치함을 깨닫습니다.
주의 임재 앞에서 나의 영혼이 온전히 녹아지기를 기도합니다.
주의 이 말씀은 내게 얼마나 큰 힘을 주는지요!
"자녀들은 혈과 육에 속하였으매
그도 또한 같은 모양으로 혈과 육을 함께 지니셨느니라." 히 2:14

그러므로 내 가련한 심령이 괴로움에 눌리고
사탄이 폭풍우를 일으키고 세상이 눈살을 찌푸리며 대적할 때
힘겨운 질병에 시달리며 극심한 고난의 폭풍우가 나를 덮쳐올 때도,
예수께서 나를 기억하신다는 것이 얼마나 큰 위로가 되는지요.
주님은 항상 우리를 돌보시는 분이십니다!

주님, 내가 주님을 바라보고 언제나 기억하도록 도와주소서.
오, 주의 복된 말씀을 기억하게 하소서.
"그들의 모든 환난에 동참하사
자기 앞의 사자로 하여금 그들을 구원하시며
그의 사랑과 그의 자비로 그들을 구원하시고
옛적 모든 날에 그들을 드시며 안으셨으나." 사 63:9
아멘.

— 로버트 호커

주의 자비는 사라졌는가

주님, 주께서는 내 헛된 본성을 거슬러
나를 선한 길로 인도하셨습니다.
처음에 바랐던 것보다 더 선한 길로 주께서 나를 이끌어 주셨습니다.

주님은 내 영혼이 굳어져 죽은 상태에 있던 일을 아십니다.
내가 "주의 자비가 사라졌다"고 탄식하던 그때도,
주께서는 예수 그리스도가 내 안에 계심을 깨우쳐 주셨습니다.
아멘.

— 윌리엄 브리지

주님은 지극한 슬픔을 겪으셨습니다

주님, 주와 같은 슬픔을 겪으신 이가 없고,
주와 같은 사랑을 베푸신 이도 없습니다.
존귀하신 구주여, 주께서 이 땅에 내려오셔서
우리를 위해 눈물로 탄식하며 기도하는 것으로 충분치 않아,
피 흘리고 목숨까지 버리셨습니다.

주님은 사람들의 미움과 비난,
모욕과 괴롭힘을 받으신 것으로 충분하지 않으셨는지요?
어찌하여 채찍질 당하여 상처 입으시고 십자가에 못박히셔야 했는지요?
주님은 사람들의 잔인함을 견디는 것만으로 충분치 않으셔서,
하나님의 맹렬한 진노까지 경험하신 것인지요?

주께서는 한 차례의 죽음을 통해서도
우리를 향한 완전한 사랑을 보여주셨습니다.
우리를 위해 보혈을 흘리면서 목숨을 버리셨던 그때,
그 사랑이 생생히 드러났기 때문입니다.
하지만 주께서는 두 번의 죽음을 맛보셔야 했습니다.
육신에 속한 첫째 사망뿐 아니라
영의 둘째 사망까지도 감수하셨던 것입니다.
주께서는 몸과 영혼의 죽음이 주는 고통을 모두 겪으셨습니다.

오, 지극히 크신 그리스도의 사랑이여!
그 사랑에 하늘과 땅도 깊은 놀라움에 사로잡혔습니다.
어떤 말로 그 사랑을 표현할 수 있겠습니까?
누가 그 사랑을 다 헤아릴 수 있겠습니까?
사람과 천사들의 말과 생각으로는 그 사랑을 도저히 담아 낼 수 없습니다.

오, 그리스도의 사랑은 얼마나 높고 깊은지요!
그 사랑은 얼마나 넓고 큰 것인지요!
온 창조 세계는 그 사랑 앞에서 어찌할 바를 모릅니다.
우리의 생각도 그 사랑에 삼켜집니다.

모든 피조물이 그 영광을 높이고,
그리스도의 사랑을 찬양하고 경배하며
흠모하는 것이 그들의 과업이 될 것입니다.
아멘.

— 데이비드 클락슨

5. 유혹을 이기게 하소서

세상에서 건져 주시기를 구하는 기도

복되신 하나님,
세상의 온갖 유혹과 위험들 속에서, 또한
대적하는 자들에게서 나를 구해 주소서.시 59:1
주의 눈이 항상 나를 돌보아 선을 베풀어 주시기를,렘 24:6
겸손히 기도하며 주를 바라보게 하소서.

세상의 게으름이 덮쳐올 때 헛된 꿈에서 나를 깨워 주소서.
영원하며 보이지 않는 주님의 세계,
내 앞에 놓여 있는 그 세계를 생생히 바라보게 하소서!
주님이 주신 시간을 선용하는 일의 중요성을 깨닫게 하소서.
이는 영원을 준비하기 위해 주어진 것임을 믿습니다.
죄인들이 나를 유혹할 때, 그들의 말을 듣지 않게 하소서.잠 1:10
주님과의 친밀한 교제를 통해
주를 떠난 자들과의 사귐을 더욱 멀리하게 하소서.
그들은 내 영혼을 주께로부터 떼어 놓으려는 자들입니다.

나로 주를 경외하는 이들을 높이게 하소서.시 15:4
또한 지혜롭고 거룩한 이들과 함께하면서,
나의 지혜와 거룩함이 날마다 자라나게 하소서.잠 13:20

오, 주님, 내 영혼을 소생시키시고
나를 통해 다른 이들의 영혼을 소생시켜 주소서.

나로 다른 이들의 심령 속에 거룩한 사랑의 불꽃에 불을 붙이고
생기를 불어넣는 복된 도구가 되게 하소서!
그 불길이 각 사람의 마음에서 마음으로 퍼져가게 하소서!

주님, 이 세상의 쾌락을 사랑하는 것으로부터 나를 지켜 주소서.
육신의 일에 마음을 쏟는 것은 곧 사망의 길임을 기억하게 하소서. 롬 8:6

주의 성령으로 내 영혼을 정결케 하소서.
다른 이들이 좇는 부정한 쾌락을 물리치게 하시고,
주님이 허락하시는 즐거움을 지혜롭게 사용하도록 도와주소서.
내 영혼이 거룩한 생각의 날개를 펼쳐서,
보이지 않는 영광의 자리로 날아오르게 하소서.

주의 은혜를 힘입어
주님 앞에 있는 천사들을 기쁘게 할 수 있기를 원합니다.
그들은 우리를 위해 마련된 귀한 목적을 망각하게 하는
세상의 유혹들을 물리칠 때 기뻐하는 이들입니다.

하나님이 주신 내 삶의 자리를 알고
주께서 내게 맡기신 일을 끝까지 잘 감당하도록 도우소서.
시간과 생각을 빼앗아서 "필요한 단 한 가지"를 잊게 하는,
이 세상 근심에서 나를 건져 주소서.

재물을 향한 세상의 욕망을 절제하게 하소서.

재물이 얼마나 덧없고 헛된지를 늘 되새기기 원합니다.
다른 이들이 이 땅 위에 보물을 쌓아 두는 동안,
나는 주님을 향해 부요한 자가 되게 하소서.^{눅 12:21}
내 삶이 바쁘다는 이유로,
주님과의 교제를 위해 꼭 필요한 일들을 소홀히 여기지 않게 하소서.
영원한 나라의 일을 소홀히 할 정도로
현재의 걱정 근심에 열중하는 일이 없게 하소서!

주님, 이 세상을 살아갈 때 마음의 소망을 오직 하늘에 두게 하소서.
세월이 지날수록 그곳을 향한 갈망이 점점 커져가기를 원합니다.
그리하여, 마침내 이 세상 모든 것이 시야에서 사라지고
밝고 환한 눈으로 하늘의 빛나는 영광을 바라보는
복된 순간이 임하게 하소서.
내 눈으로는 그 눈부신 광경을 감당할 수 없지만
그때에는 기뻐하게 될 줄 믿습니다.
아멘.

— 필립 도드리지

영혼의 소생을 위한 기도

영원하시며 불변하시는 주 하나님,
주의 완전하심과 영광은 결코 변함이 없습니다.
하나님의 아들이신 예수께서도
"어제나 오늘이나 영원토록 동일"히 13:8하십니다.
주의 영원한 세계가 가까워질수록 그 세계를 더 깊이 묵상해야 하건만,
나의 가련한 육신이 변해가는 것처럼,
내 마음의 생각과 애정, 의지도 계속 변해 갑니다.

주님, 이런 변화는 어디서 비롯된 것인지요?
내 영혼이 주께로부터 멀어졌다고 느끼는 이유는 무엇인지요?
나는 왜 이전처럼 순수한 마음으로 주님 앞에 나아갈 수 없을까요?
주님 섬기기를 꺼리게 되는 이유는 무엇일까요?
한때는 그것이 나의 가장 큰 기쁨이었으나
이제는 무거운 짐으로 다가옵니다.

내가 이전에 누리던 복은 어디에 있습니까?
그때는 하늘에 계신 나의 아버지 안에 있는 기쁨이 너무나 분명했으니
낯선 이들도 그것을 알아차리곤 했습니다.
내 마음은 주님을 향한 사랑과 주님을 섬기려는 열심으로 넘쳤기에,
그 마음을 드러내지 않는 것이 더 어려울 정도였습니다.

주님, 나는 어디서 실족한 것일까요?
주님은 여전히 나를 보고 계시지만
나는 이전과 같지 않습니다.
내 마음이 얼마나 차갑게 식고 무관심해졌는지를 깨달을 때면
얼굴이 붉어질 정도입니다.
주께서 은밀한 중에 나를 보실 때,
내가 주님을 섬긴다고 하면서도
정작 세상의 사소한 일들에 빠져 즐거워하는 나를 보십니다.

이제는 내가 억지로 끌려온 사람처럼 주의 임재 앞에 나아가곤 합니다.
내가 주님 앞에 있을 때도
나의 심령은 너무도 공허합니다.
주님이 나의 하나님이실진대
주께 무슨 기도를 드려야 할지 모를 정도입니다.
주님과 함께 보내는 시간보다 더 소중한 것이 없는데도 말입니다.

심지어 내가 주께 아뢸 때에도
나의 기도는 차갑고 형식적일 뿐입니다.
오, 하나님, 내가 이전에 품었던 열심,
주님을 간절히 찾았던 그 마음은 어떻게 된 것일까요?

주님 안에서 누렸던 놀라운 안식, 주님과 함께 있어 기뻐하던 그 마음,
주님 곁을 떠나지 않겠다는 굳은 결심은 어떻게 된 것인지요?
나는 지금 그 은혜의 자리로부터 멀리 떠나 있습니다.
짧은 경건의 시간—주께서 그것을 경건이라고 불러 주신다면—이

끝나면, 나는 오랫동안 주님을 잊곤 합니다.

주의 사랑에 거의 감동을 받지 못하고
주님을 섬기는 일에도 별 관심이 없기에,
낯선 이들이 나와 오랫동안 대화를 나누고도
내가 주님을 알고 있는지 모르고,
심지어 나를 주님에 대해 들어 본 적 없는 사람으로 여기기도 합니다!

주님은 여전히 주의 날에 나를 주의 집으로 불러 주십니다.
그러나 나의 예배에는 진심이 담겨 있지 않습니다.
나는 그저 주께 내 몸만 드릴 뿐,
내 마음과 생각은 다른 일들에 몰두해 있습니다.
내 입술로는 주께 나아와 주를 높이지만,
내 마음은 주께로부터 멀리 떨어져 있습니다.^{사 29:13}
주께서는 성찬의 자리로 부르시지만,
내 마음은 차갑게 얼어붙어서, 십자가 아래에서도 녹지 않습니다.
내 마음은 예수의 피에서도 아무런 능력을 느끼지 못합니다.

나는 실로 주의 것이라고 불릴 가치가 없는 비참한 존재입니다.
주의 자녀들 중에 속할 자격이 없으며,
주의 가족 가운데 가장 미천한 자리까지도 합당하지 않습니다.
나는 마땅히 쫓겨나고 버림받으며,
완전히 멸망당하기에 합당한 존재입니다.
이것이 내가 이전에 주께 약속한 헌신이며,
주님은 마땅히 그것을 기대하실 많은 이유들이 있었습니다.

주님은 날마다 나를 돌보아 주시고
주의 아들께서 나를 위해 생명을 버리셨으며,
주의 성령께서 내주해 주셨습니다.
주님은 나의 수많은 죄를 용서하시고,
내가 종종 놓쳤던, 받을 자격 없는 영원한 영광의 소망을
베풀어 주셨습니다.
하지만 나는 그에 걸맞게 응답하지 못했습니다.

주님, 내 마음이 너무 부끄러워
감히 주 앞에 서거나 무릎을 꿇을 수도 없습니다.
간구하오니,
나를 불쌍히 여기시고 도우소서.
내 영혼이 주 앞에 먼지와 재 가운데 있습니다.
주의 말씀대로 나를 살리소서. 시119:25

이제 더 이상 시간을 낭비하지 않게 하소서.
내가 벼랑 끝에 서 있습니다!
내게 은혜를 베푸셔서,
주의 증거들을 향해 신속히 돌이키게 하시고
주의 계명들을 지키게 하소서. 시119:59-60
주님, 내 마음을 살피시고 시험하소서.
내 영혼에 퍼진 이 질병의 근원을 헤아리시고 나를 고쳐 주소서.

주님, 나의 죄를 드러내시고, 그 끔찍함을 보게 하소서.
그 빛 가운데 내게 예수님을 보여주셔서,

그분을 바라보고 깊이 애통하며
그분을 더욱 사랑하게 하소서.슥 12:10

주님, 나를 이 깊은 무력감에서 깨워 주시고,
그리스도 안에서 영적인 생명을 풍성히 누리게 하소서.
내 영혼이 그분 안에서 소생하기 원합니다.
잃어버린 믿음의 토대가 회복되고,
더욱 넓어지게 하소서!

주의 성령을 보내 주셔서
내 몸을 주께 속한 성전으로 삼으소서.고전 3:16
성령께서 나를 인도하셔서
주께 합당한 거룩한 예배를 드리게 하소서.롬 12:1
주님, 향기가 끊임없이 피어오르게 하소서!
거룩한 희생 제사의 불길이 변함없이 타오르게 하소서.레 6:13
그 그릇들 어느 것도 부정하거나 금지된 것을 사용함으로써
더럽혀지지 않게 하소서.
아멘.

— 필립 도드리지

주님, 나를 살피소서

오소서, 복되신 성령님,
모든 은혜와 위로의 창시자시여.
내 죄의 추악함을 드러내 보이시고
그 죄를 늘 미워하게 하소서.
복되신 성령님,
하나님의 위엄과 자비를 드러내셔서,
그 앞에서 내 마음이 놀라 녹아내리게 하소서.
오, 복되신 성령님,
죄와 의, 회개에 대하여 나를 일깨워 주소서.

주님, 내가 스스로를 해하였으나 나의 도움은 오직 하나님,
나를 긍휼히 여기시고 도우시는 그리스도로 말미암아
하나님 안에 있음을 고백합니다.
내게 구원을 베푸시는 그리스도의 능력을 보여주소서!
두 팔을 벌린 채 옆구리에 피 흘리시며
십자가에 달리신 그 모습 바라봅니다.
믿음의 눈을 들어, 나를 향한 그분의 깊은 사랑을 깨닫게 하소서.

주님, 내 마음이 그리스도의 사랑에 굴복하며
그분과 함께 십자가에 못 박히기 원합니다.

죄와 세상에 대하여 죽고,
예수 그리스도로 말미암아 하나님께 대하여 살게 하소서.
오직 그리스도의 사랑과 능력을 신뢰하게 하소서.

내 심령을 그리스도께 온전히 의탁하기 원합니다.
그리스도의 형상을 닮아가고 그리스도의 계명을 지키며,
그리스도만을 섬기게 하소서.
이 세상과 영원에 잇닿아서
나로 능력 있는 복음의 기념비가 되게 하시고,
그리스도의 승리, 은혜의 전리품으로 남게 하소서.

오, 복되신 하나님,
내 영혼 속에 숨어 있는 은밀한 죄가 있다면
내가 진심으로 버리지 못한 죄를 보여주소서.
그것을 내 마음에서 뽑아내어 주소서.
죄의 실상을 드러내시고,
그 죄를 내 마음속에서 철저히 끊어내 주소서.
그 죄의 뿌리가 너무 깊어 처절한 고통을 겪지 않게 하소서.

그러하오니 주님,
은혜로우시고 엄위하신 손길로 그 죄를 끊어내 주소서.
부족한 내 믿음을 온전하게 해주소서.
주의 선하시고 기뻐하시는 뜻이
내 안에서 온전히 이루어지기를 원합니다.

하늘에 계신 아버지여,

성령의 모든 은혜로 나를 풍성하게 하소서.
나로 주의 사랑하시는 아들의 완전한 형상을 닮게 하소서.
그분의 이름으로 내게 임하셔서
내 영혼이 당신의 영광을 위해 자랄 수 있도록
주의 은혜로운 임재를 나타내 주소서.
아멘.

— 필립 도드리지

방황하는 내 심령을 주의 집으로 불러 주소서

주의 백성을 다스리시는 주님,
저녁마다, 지난 시절 일깨우는 종소리가 내 귓가에 울리게 하소서.
그리하여, 방황하는 내 심령이 주의 집으로 돌아오게 하소서.

주님, 분주하고 고단한 하루 일과가 끝날 때
주의 은혜를 베풀어 주소서.
세상의 무리 뒤로 하고 주 예수를 향하여 믿음과 사랑의 거룩한 산에 올라,
주님을 묵상하며 기도하게 하소서.
아멘.

— 로버트 호커

유혹에서 건져 주소서

주님, 내가 유혹에 사로잡혔습니다.
주께서 용서하지 아니하시면
나는 정죄받을 수밖에 없습니다.
주님이 유혹을 물리쳐 주시지 아니하시면
그것의 노예가 될 것입니다.
나를 주의 사랑의 품으로 인도해 주소서.
주의 변함없는 강건한 팔로 붙들어 주소서.
나를 원수의 손에서 건지시는 것도,
원수에게 넘기시는 것도 주의 능력 안에 있습니다.

이제는 나 자신도, 다른 누구도 신뢰하지 않습니다.
오직 주의 손에 내 삶의 전부를 맡깁니다.
내가 주님을 의지합니다.
주님, 진실로 주의 참된 포로가 되기를 원합니다.
내가 주의 자비를 거슬러 반역하기보다,
차라리 주께서 행하시는 공의의 손에 죽음을 맞는 편을 택하겠습니다.

주님, 내가 여기 있사오니,
내 존재와 소유를 주님 앞에 다 내려놓습니다.
내 안에서 주의 뜻이 온전히 이루어지게 하소서.

주의 뜻대로 나를 빚어 주소서.
주님이 사랑으로 품으신 뜻대로 내 영혼을 다듬어 주소서.
주께 내 자신을 온전히 드리지 않으면,
나의 모든 섬김과 봉사는 주님을 기쁘시게 할 수 없습니다.
주님이 친히 내 안에 임하지 않으시면,
주님이 베푸시는 어떤 선물도 나를 만족시킬 수 없습니다.
아멘.

— 윌리엄 거널

주를 거슬러 죄를 짓지 않게 하소서

주님, 내가 어떤 고난을 겪더라도 죄에 굴복하지 않게 하소서.
내가 어찌 그토록 사악한 일을 행할 수 있겠습니까?
어떻게 주를 향한 의무를 저버리고 죄를 범할 수 있겠습니까?

주님, 내가 주를 거슬러 죄를 짓지 않게 하소서.
주님은 선하십니다.
주님은 진실로 선하시고 인자하시며, 은혜로우십니다.
주님은 거룩하신 분입니다.

그런 주께 내가 어찌 반역하거나 죄를 지을 수 있겠습니까?
주님, 감히 그리하지 않겠습니다.
그것은 내게도 매우 해로운 일입니다.
주께 죄를 짓는 일은 내 영혼을 망치는 일입니다.
죄와 죽음, 죄와 지옥은 서로 깊이 이어져 있기 때문입니다.

주님, 비록 내 영혼이 해를 입지 않을지라도 주께 죄를 짓지 않겠습니다.
주님은 선하시며, 지금까지 나를 선대해 주셨습니다.
주님은 내 하나님, 내 아버지이십니다.
나를 향한 주님 마음에는 따뜻한 사랑과 배려,
긍휼과 인자하심이 가득합니다.

내 존재와 모든 소유, 내 깊은 갈망, 내 생명과 호흡까지도
주님의 풍성한 선물임을 고백합니다.

주님, 나를 지으시고 돌보아 주신 주님을 거슬러 반역하지 않게 하소서.
내 자녀와 동료, 친구들에게 선을 악으로 갚지 않게 하소서.
내 아버지이신 하나님께도 그리하지 않게 하소서!

주님, 두려운 악행을 범하지 않게 하소서.
내가 주께 범죄하지 않도록
주를 두려워하는 마음 내게 주소서.
아멘.

— 리처드 얼라인

나를 보호하소서

복되신 하나님!
내가 주의 전능하신 손길 아래로 피합니다.
내가 여러 어려움과 위험에 둘러싸여 있습니다.
주의 전능하신 팔을 뻗어 건져 주소서.
내가 주의 보호 아래로 피합니다.
주의 날개 그늘을 내 피난처로 삼게 하소서.
주의 은혜로 내 심령을 충만케 하시고,
내 연약함 가운데 주의 능력이 온전히 드러나게 하소서.

주님, 감히 내가 "주님을 버리지도, 부인하지도 않겠습니다"라고
단언할 수 없으나,
"주님, 내가 그리하지 않기를 결심합니다.
주께 범죄하느니,
차라리 죽는 편이 나을 것입니다"라고 주께 고백하기 원합니다.
내 마음의 부패한 본성을 뿌리 뽑아 주소서.
유혹이 닥쳐올 때 내 본성으로 그릇된 생각에 빠지기 쉬우니,
주님, 나를 원수의 손길에서 건져 주소서!

주님, 내 믿음을 강하게 하시고
내 소망을 북돋아 주소서!

내 마음을 감화하셔서,
하늘을 향한 여정을 가로막는 어떤 일들도 물리치게 하소서.
나로 세상과 음부의 공격에 담대히 맞서게 하소서.
죄인들의 유혹을 단호히 거절하게 하소서.
그들의 온갖 모욕을 무시하게 하소서.
그들이 나를 위협해도 두려워하지 않게 하소서!
내게 거룩한 열심을 주셔서,
다른 이들의 죄를 일깨우고
주께로 인도하는 일에 전념하게 하소서.

어떤 이들이 믿음의 길을 비방할 때
주의 뜻을 옹호하는 것 부끄러워하지 않게 하소서.
시편 기자와 함께 이렇게 고백하기 원합니다.
"내게 즐겁고 기쁜 소리를 들려 주시사
내가 범죄자에게 주의 도를 가르치리니
죄인들이 주께 돌아오리이다." 시 51:8, 13

주님, 죄로 인해 나의 두려움은 계속되지만,
그 책임은 오직 내게 있음을 고백합니다.
주님 앞에서 나의 어리석음을 탓하게 하소서.
주님, 나를 늘 지켜 주소서.
내가 어떤 나이 어떤 삶의 자리에 놓이든지,
주님 없이 믿음의 싸움을 이어갈 수 있다고 생각지 않게 하소서.
내 믿음이 참으로 어린아이와 같이 연약합니다.
하여, 주님도 나를 도우실 수 없다고 여기지 않게 하소서.

주님이 어디로 인도하시든지, 기꺼이 따르게 하소서.
나를 어떤 삶의 자리로 이끄시든지,
그곳에서 신실하게 살아가게 하소서.
내 구원을 가로막는 원수들과 맞서 거룩한 싸움 싸우게 하소서.
내게 주신 자리를 버리고 도망치기보다,
차라리 싸우다가 죽는 편을 택하게 하소서.

주님이 나의 영광스러운 구속자이시며
구원의 창시자이심을 믿습니다.
주께서 내 안에서 믿음을 일으키고 또 온전케 하심도 믿습니다.
베드로처럼 주를 부인할 위험에 처할 때
엄하지만 인자하신 눈길로 나를 돌아보아 주소서.
내가 믿음의 길에서 실족하지 않게 하시고,
행여 넘어지더라도 속히 일어나서
다시 주께로 돌아와 내 의무를 다하게 하소서.

주님, 내가 범한 실수들로 인하여 교훈을 얻게 하소서.
이전보다 겸손히 자신을 낮추어서,
부지런하고 신중하게 주님 주신 일들 행하기 원합니다.
아멘.

— 필립 도드리지

죄와 씨름할 때 나를 도우소서

나의 주, 나의 하나님,
내가 전심으로 주를 섬기기 원합니다.
주님을 나의 영원한 기업으로 삼았사오니,
내가 주께서 베푸시는 구원의 손길을 기다립니다.
주의 포로 된 자의 탄식을 들으시고
곤경에서 건져 주소서.
마음 깊은 곳에서 주를 의지합니다.
죄가 더 이상 나의 죽어질 육신을 다스리지 못하게 하소서.
더 이상 불법의 세력과 함께 거하기를 바라지 않습니다.
그러하오니, 얽어맨 사슬과 수갑을 풀어 주시고
나를 감옥에서 해방해 주소서.

주님, 내 심령을 살피시고 헤아려 주소서.
내 마음의 생각들을 감찰하소서.
내 안에 어떤 악한 일들이 있지는 않은지요?
내가 죄의 지배에 기꺼이 굴복하지는 않는지요?
내 마음속에 불의한 생각을 품고 있지는 않은지요?
지금 내 마음이 주님과 싸우고 있습니다.
내 마음이 주님을 거슬러 반역하고 있습니다.

내가 계속해서 그런 상태에 머물러 있기를 원치 않습니다.
그것이 내게 무슨 기쁜 일이 되겠습니까?
오히려 깊은 괴로움뿐입니다.

주님은 내 마음속 죄악을 스스로 제거할 힘이 없음을 잘 아십니다.
나는 마땅히 해야 할 일들을 감당하지 못하고,
순전한 마음으로 기도하며 주의 말씀에 귀 기울이지도 못합니다.
내 생각과 말도, 내 삶의 모습도 주님 앞에 합당치 못합니다.
내가 어디로 가든지 죄가 나와 함께합니다.
내가 머무는 곳에는 죄도 함께 머뭅니다.
가만히 앉아 있을 때도 거기 죄가 있습니다.
내가 피해 달아날 때도 죄가 나를 따라옵니다.
내가 쉴 수도, 일을 할 수도, 아무것도 할 수 없습니다.
죄가 나를 늘 따라다니기 때문입니다.

그럼에도 주님은 거룩히 여김을 받으시옵소서.
내가 죄에 맞서 싸웁니다.
죄가 나를 자주 넘어뜨리지만,
내가 계속 죄와 맞서 씨름합니다.
죄가 나에게 아첨의 말을 해도
그것을 신뢰하지 않습니다.
죄가 내 욕구를 채운다 해도
그것을 사랑하지 않습니다.

주님, 내 마음은 주의 곁에 있습니다.

늘 주님을 따르기 원합니다.
마침내 주께서 행하실 속량을 바라보며,
신음하면서도 죄와 맞서 싸우게 하소서.
내가 죽기까지 이 싸움을 포기하지 않을 것입니다.
주님, 내가 죄와 싸우며
죽기까지 소망하며 기도할 것입니다.

주님, 나를 구해 주소서.
나의 하나님, 부디 지체하지 마소서.
아멘.

— 리처드 얼라인

유혹을 이겨 낼 힘을 주소서

오, 주님,
유혹을 물리치는 것이 내 의무임을 고백하지만,
내게는 이 큰 대적을 이겨 낼 힘이 없습니다.
주님은 극심한 유혹에서 나를 도우시겠다고 약속하셨습니다.
그러하오니, 이제 주께 나를 맡기며 나아갑니다.
아멘.

— 윌리엄 브리지

6. 주의 사랑 안에서 안식하게 하소서

약하고 자격 없는 자에게 자신을 낮추시는 하나님

우리가 누구이며, 우리 아버지의 집이 무엇이기에,
우리를 여기까지 인도해 주셨는지요?
오, 주 하나님, 주의 종들인 우리가 무슨 말을 할 수 있겠습니까?
우리는 침묵 가운데 깊은 경이감에 사로잡혀 잠잠할 뿐입니다.
주님을 찬양하는 한 마디의 말조차 입 밖에 낼 자격이 없는 우리들입니다.
이 기이하고 지극한 사랑은 무엇을 뜻하는지요?
온 하늘과 땅을 다스리시는 주께서 친히 자신을 낮추시고,
티끌 같은 우리와 언약을 맺으셨습니다.
주의 얼굴에 침을 뱉던 우리를 그 품에 안아 주셨습니다.
우리는 주께 속한 종들의 발을 씻을 자격도 없는 자들입니다.
그럼에도 주의 자녀와 상속자 되어,
복된 자유와 특권을 누리는 것은 얼마나 과분한 일이겠습니까!
그러나 주님 자신을 위하여,
주님 마음의 뜻 가운데 이 모든 큰 일을 행하셨습니다.
우리의 아버지이신 주께서는 그 일을 선하게 여기셨습니다.
오, 하나님, 주님은 참으로 위대하신 분이십니다.
아무도 주와 같은 분은 없으며, 주님 밖에 다른 신도 없습니다.
아멘.

— 조지프 얼라인

자신의 백성과 혼인하신 하나님

이 세상에 주의 백성과 같은 나라가 어디 있습니까?
하나님께서는 친히 우리를 주의 백성으로 구속하시기 위해
이 땅에 오셨습니다.
주님은 우리가 영원히 주께 속한 백성임을 확증하셨으며,
친히 우리 하나님이 되어 주셨습니다.
온 하늘과 땅이 이 큰 일 앞에서 깊이 경탄하며 놀랄 뿐입니다!
하나님의 장막이 우리 곁에 있으며, 주께서 우리와 함께 거하시고,
우리는 주의 백성이 되었습니다.
주님이 친히 우리와 함께 계셔서, 우리 하나님이 되셨습니다.

주님, 우리가 깊은 경이와 찬탄에 빠집니다.
이는 주님과 우리 사이의 무한한 간극이 메워졌기 때문입니다.
주께서 우리 죄인들을 받아 주셨으므로
우리가 주님과 화목하게 되었습니다.
주님은 우리와 화평의 언약을 맺으셨고,
이제 온 하늘과 온 땅이 이 언약을 확증합니다.

오, 지극히 복된 결말이여!
하늘의 별들이 먼지와 함께 거할 수 있겠습니까?
서로 아득히 떨어진 곳에 있는 기둥들이 한데 묶일 수 있겠습니까?

오, 천사들이여, 기뻐하라!

오, 스랍들이여, 크게 외치라!

오, 신랑의 친구들이여, 혼인의 축가를 준비하라.

보라, 여기 기이하고도 놀라운 일이 있도다.

주 여호와께서 가망 없는 우리 죄인들과

영원한 혼인 관계를 맺겠다 약속하시고,

그 혼인을 온 세상 앞에 선포하셨습니다.

주님은 우리와 하나가 되셨으며,

우리도 주님과 하나가 되었습니다.

주님은 위에 있는 하늘과 아래 있는 땅의 귀한 것들을

우리에게 후히 베푸시고,

그 어떤 것도 우리에게서 거두지 않으셨습니다.

오, 주님, 당신은 참으로 하나님이시며, 주의 말씀이 참됨을 믿습니다.

하나님은 이 선하심을 주의 종들에게 약속하시고

모든 은혜를 아낌없이 베푸셔서,

우리가 주께 구할 것이 전혀 없게 하셨습니다.

주의 종들을 향한 주의 말씀을 영원히 확증해 주소서.

주께서 하신 말씀대로 이루어 주소서.

"만군의 주님, 그분은 이스라엘의 하나님이시로다" 하고 선포할 때에,

주의 이름이 영원히 높임을 받으소서.

아멘, 할렐루야!

— 조지프 얼라인

아름다우신 예수님

복되신 주님,
우리가 주의 아름다우심 가운데서 충만한 은혜와 진리, 의를 바라봅니다.
주의 은혜와 진리와 의가 비참한 죄인들의 필요를 채워 주고,
주의 피가 우리를 정결케 합니다.
주의 은혜가 우리를 위로하며,
주의 풍성한 손길로 말미암아 우리의 궁핍이 채워집니다.
우리가 바라는 모든 것, 생명과 빛, 기쁨과 용서, 자비와 평안,
이생의 복과 장래의 영광 모두가 주 안에 있습니다.

왕이신 주님,
주께서 이 모든 은혜로 내게 임하실 때에,
주의 아름다우심을 깊이 깨닫습니다.
그러므로 내가 시편 기자와 함께 이렇게 부르짖습니다.
"나의 힘이신 여호와여, 내가 주를 사랑하나이다.
여호와는 나의 능력과 찬송이시요 또 나의 구원이 되셨도다." 시 18:1; 118:14
또한 내가 왕이신 주의 아름다우심을 헤아릴 때에,
주의 깊은 사랑을 깨닫습니다.
복되신 주님, 주께서는 실로 아름다우시니,
이는 주께서 가련한 우리 죄인들을 사랑하셔서

친히 자신을 내어 주셨기 때문입니다.

우리가 먼저 주님을 사랑하지 않았습니다.
주님이 먼저 우리를 사랑하셨기에,
우리도 주님을 사랑하게 되었습니다.
주의 사랑이 우리 마음을 사랑으로 가득 채우시고
주의 성령으로 우리 마음을 움직이셔서,
주님을 아름답게 바라보게 하셨습니다.
그리하여 우리는 주님을 사랑하게 되었습니다.
주님, 날마다 주를 향한 우리의 사랑이 더욱 커져 갑니다.
주를 바라볼 때마다, 주의 아름다우심을 생생히 느낍니다.
주께서 내 가련한 심령에 임하실 때면,
주의 아름다우심이 더욱 깊이 드러납니다.

나의 하나님이시요 나의 왕이신 예수님,
주의 모습을 뵈올 때마다, 주의 은혜와 사랑이 내 영혼 깊이 다가옵니다.
그러므로 새로운 열심을 품고 주를 더욱 사랑하게 됩니다.
복되시고 거룩하시며 사랑스러우신 주님,
이제 내 삶에 찾아와 주소서.
주의 아름다우심을 깊이 경험하기 원합니다.
날마다 내 영혼이 주의 사랑으로 충만하게 하소서.
지금 이곳에서 주님을 바라보며 주의 은혜 안에서 살아가게 하시고,
장차 임할 그날, 하늘에 계신 주의 보좌 앞에서,
주의 빛나는 영광을 누리며 영원히 살게 하소서.

— 로버트 호커

새 신자들을 돌보시는 목자이신 주님

양떼의 큰 목자이신 주님,
주님은 주의 작은 양들을 어찌 이토록 다정하게 돌보시는지요?
어린 신자들이 주님을 처음 만났을 때, 복된 생기와 활력을 얻습니다.
주께서 양들을 모아 주의 품으로 데려가십니다.
그 모습을 볼 때,
우리의 필요를 채우시는 주의 사랑과 긍휼을 깊이 깨닫습니다.
주님, 그렇습니다.
내 영혼을 회복시키시니, 내가 주의 이름을 찬양합니다.
친히 내 영혼을 소생시키시고 주의 크신 이름을 널리 드러내시니,
내가 주의 이름을 찬양합니다.
주께서 우리의 연약을 꾸짖지 아니하시고
아낌없이 은혜를 베풀어 주십니다.
"내 영혼을 소생시키시고
자기 이름을 위하여 의의 길로 인도하시는도다." 시 23:3
귀하신 예수님, 나를 이 복된 길로 인도하셔서,
다윗과 함께 이같이 고백하게 하소서.
"하나님이여, 내 마음이 확정되었고 내 마음이 확정되었사오니
내가 노래하고 내가 찬송하리이다." 시 57:7
아멘!

— 로버트 호커

우리에게 겸손히 다가오시는 하나님

귀하신 주 예수님,
주님은 우리에게 큰 사랑과 은혜를 베푸셨습니다.
우리가 더욱 주님을 사랑하기 원합니다.
주님은 겸손히 자신을 낮추시고,
죄 많고 비참한 우리를 주의 백성으로 불러 주셨습니다.
우리를 깊이 사랑하시되,
우리가 겪은 모든 일을 마치 주님 자신이 겪은 것처럼 여겨 주셨습니다.

주님, 내 가련한 마음속에 그 사랑의 모습을 비추어 주셔서,
나의 구주이신 주님을 온전히 사랑하게 하소서.
주를 변함없이 사랑하는 법을 배우게 하소서.
주님이 나를 사랑하셨으므로
당신의 생명을 거룩한 제물로 하나님께 드리셨습니다.

귀하신 주님,
주께서 행하신 사랑의 증표들로 내 심령을 일깨워 주소서.
주님은 변함없는 은혜와 호의로 내 삶 속에 찾아오셔서
깊은 사랑을 부어 주십니다.
주님은 내 죄를 용서하시고
내 영을 새롭게 하십니다.

주께서 아침에 나를 참으시고 한낮에 먹이시며,

오후와 저녁, 깊은 밤에도 은총을 베푸십니다.

이 모든 일이 주께서 정해 두신 놀라운 구원의 경륜 안에 있으니,

내 영혼에 행하신 일들과 주의 이름이 참으로 경이롭습니다.

예수님,

주께서는 손을 내밀어 나병환자의 몸을 만지셨습니다!

귀하신 주님,

내게도 그렇게 해주소서.

비록 내 영혼이 더럽고 부정하여도

주의 손을 내밀어 만져 주소서.

주의 거룩하신 성령을 보내주소서.

주님, 오셔서 내 안에 거하시고, 나를 다스리시고 통치해 주소서.

거룩하신 예수님,

주께서 나의 하나님이 되어 주시기를 구합니다.

나를 영원히 주의 것으로 삼아 주소서.

존귀하신 주 예수님,

주께서 항상 내 편이 되어 주신다는 약속을 굳게 믿고,

나도 주님의 편에 서기 원합니다.

오! 겸손히 사랑을 베푸시는 하나님,

나를 주의 것으로 삼아 주소서!

"우리가 살아도 주를 위하여 살고 죽어도 주를 위하여 죽나니

그러므로 사나 죽으나 우리가 주의 것이로다." 롬 14:8

— 로버트 호커

영광의 노래를 부르게 하소서

크고 영화로우시며 영원한 구속자이신 예수님,
주님은 우리의 대제사장이시면서 제단이 되시고,
우리를 위한 제물이시면서 그 제물을 드리는 분이십니다.
주의 단 한 번 제사를 통해 하나님의 진노의 불길이 가라앉고,
거룩한 사랑과 평안의 불이 타오르게 되었습니다.
주님은 주께 속한 온 백성의 마음속에 그 불을 밝혀 주셨습니다.

하나님의 어린양이신 주님,
주님은 장차 임할 진노에서 우리를 건져 주셨습니다!
주님이 십자가에서 피 흘리심으로 우리가 하나님과 화목을 이루었습니다.
주의 피로 말미암아 우리의 죄를 향한 하나님의 의로운 진노의 불이
사그라졌습니다.
주님은 사탄의 모든 불화살을 물리치시고
우리의 맹렬한 적개심과 정욕, 불타오르는 욕망도 정복하셨습니다.
내가 주께 무슨 말을 더 하겠습니까?
우리의 의가 되시는 주님에 대해 내가 무엇을 선포해야 하겠습니까?

주님, 내 입을 열어 주를 향한 찬미의 노래 부르게 하시고,
다시는 죄와 사탄, 죽음의 세력을 따르지 않게 하소서.
그것들이 한 순간이라도 하늘의 노래를 방해하지 못하게 하소서.

오히려 주의 이름이 내 영혼 안에 충만하게 하셔서
숨을 거둘 때에도 주의 이름을 찬미하게 하소서.
마침내 영원의 나라에서 눈을 뜰 때,
여전히 주의 이름을 찬양하는 나를 발견하게 하소서.
"우리를 사랑하사 그의 피로 우리 죄에서 우리를 해방하시고
그의 아버지 하나님을 위하여 우리를 나라와 제사장으로 삼으신 그에게
영광과 능력이 세세토록 있기를 원하노라. 아멘." 계 1:5-6

— 로버트 호커

하나님의 은혜를 즐거워하게 하소서

주 예수님,
내가 이 세상의 모든 재물과 향락보다
주님과 주의 은혜를 간절히 구합니다.

주님, 주께서 하늘에서 내려오신 것은
주의 은혜 때문이었음을 잊지 않게 하소서.
주님은 그 은혜를 위해 가련한 죄인들을 위해 죽으시고
다시 살아나셨으며,
자신의 피로 우리의 모든 죄를 씻어 주셨습니다.
주께서 지금 베푸시는 은혜도
우리가 장차 누릴 구속의 영광도
모두 주의 깊은 은혜의 샘에서 흘러나온 것임을 고백합니다.

귀하신 주님,
날마다 새롭게 주의 은혜를 베풀어 주소서.
따스한 은혜의 손길로 내 삶에 임하셔서,
내가 다른 어떤 것을 말하거나 생각지 않게 하소서.

주님, 이 땅에서 주의 은혜와 사랑을 누리면서 살아가게 하소서.
날마다 주를 깊이 사랑하고 찬미하기 원합니다.

이 땅의 삶이 다한 후에 나를 하늘로 이끄시고,
자비의 원천이신 주의 곁에 거하게 하소서.
그때에, 하나님과 어린양을 찬양하는 중에
영원한 복락이 임하게 될 것입니다.
우리가 그곳에서
"가시떨기나무 가운데에 계시던 이의 은혜"신 33:16를
충만히 누리게 하소서.

— 로버트 호커

아버지께서 모든 일을 계획하셨습니다

전능하신 아버지 하나님,
하나님은 특별한 자비를 베푸셔서
주의 아들과 함께 모든 것을 우리에게 허락하시고,
우리를 지극하고 영원한 사랑의 대상으로 삼으셨습니다.
주께서는 영원 전부터 복음의 위대한 구원을 계획하시고,
명령하시고, 약속하시고, 실행하셨습니다.
하나님께서 그리스도를 이 놀라운 구속의 머리로 삼으시고
교회를 그분의 몸으로 선택하였습니다.
지금까지 주님은 그 위대한 계획을 다 이루어 오셨습니다.
주께서 구원에 필요한 일을 모두 행하시고 완성하시니,
이 땅의 삶에서는 은혜를, 그 너머에서는 주의 영광을 누리게 되었습니다.

복되고 거룩하시며 긍휼이 많으신 주 하나님!
예수의 이름을 의지하여 구하오니,
그 약속이 날마다 내 심령 속에서 이루어지게 하소서.
그리스도 안에서 나를 세우시고 인도하시며 강하게 하셔서,
마침내 주의 영원한 나라에서 영광의 빛 아래 예수님을 대면하여
영원히 거하게 될 때까지, 그분과 항상 동행하게 하소서.

— 로버트 호커

오직 예수님을 찾게 하소서

주님, 주께서는 슬픔에 잠긴 마리아에게 이렇게 물으셨습니다.
"여자여, 어찌하여 울며 누구를 찾느냐" 요 20:15
우리의 심령도 마리아와 같이 대답하기 원합니다.
"오직 예수님을 찾습니다." 주께서 그때 "마리아야!" 하고 부르셨듯이.
우리의 이름도 불러 주소서.
그러면 우리가 온 마음을 다해
"선생님이시여! 당신은 나의 주시며, 나의 하나님이십니다!" 요 20:28 하고
대답하겠습니다.

그렇습니다.
주님은 그 누구보다 지극히 아름다우시고 존귀하신 분이십니다.
그러하오니, 내 아버지 집과 친척들을 뒤로 하고 주님 따르기 원합니다.
내 아버지의 집은 나를 속박하는 곳,
이는 내 삶이 죄와 불법 가운데서 빚어졌기 때문입니다.
나는 모든 이들과 같이 진노의 자녀이며,
본질상 허물과 죄 가운데 죽은 자입니다.

복되신 예수님, 주께서 장차 임할 진노에서 나를 건져 주셨습니다.
성령으로 나를 일깨우사
새롭고 영적인 삶을 살게 하신 분도 주님이십니다.

주님은 자신의 종들을 보내셔서 나를 주께로 부르시고,
나를 주의 영원한 신부가 되게 해주셨습니다.
어떤 이들이 나를 찾아와서
"정말 이분을 따를 생각인가요?" 하고 묻는다면,
내 영혼은 그 질문이 끝나기도 전에 사도처럼 이렇게 대답하겠습니다.
"내가 다른 누구에게로 갈 수 있겠습니까?"
심지어 천사들도 나를 위해 증언할 것입니다.
하늘에서든 땅에서든, 내게는 오직 주님밖에 없습니다.
참으로 그렇습니다.
존귀하신 구속자이신 주님밖에 없습니다!
내가 늘 주님과 동행하고 주님을 따르며,
주님과 함께 살고 주님을 붙잡으며, 주와 함께 죽기 원합니다.
죽음의 권세도 주님과 나 사이를 끊을 수 없습니다.

오, 교회를 향한 주의 귀한 말씀을 내 영혼에 들려주소서.
"너는 내 백성이라." 호 2:23
그때에 내가 주의 은혜로운 음성에 이렇게 고백하겠습니다.
"주는 내 하나님이십니다." 호 2:23
아멘.

— 로버트 호커

성령님의 복되신 사역

오, 복되신 성령님,
성령께서 내게 말로 다할 수 없는 큰 자비를 베푸셨음을 고백합니다.
주님, 은혜로우시며 인자하시고
긍휼이 풍성하신 보혜사 성령님을 묵상하게 하소서.
성령님은 참으로 우리를 위로하시는 보혜사이십니다.
성령께서 예수의 제자 된 우리의 영혼과 육체로 겪는 고통 중에,
자비와 긍휼을 베풀어 주심을 믿습니다.

성령께서 인자한 손길로 우리의 죄를 드러내시며,
예수의 보혈로 그 죄들을 말끔히 씻어 주십니다.
성령께서 우리 심령에 찾아오셔서,
새 힘과 용기를 주시고, 교훈으로 우리를 가르치시고,
모든 진리 가운데로 이끌어 주십니다.
때로 성령님은 강력한 은혜로 역사하셔서,
우리가 육신의 행실을 죽이고 새로운 삶을 살게 하십니다.

오, 성령님은 거룩하고 복되시며 전능하신 보혜사이십니다.
언제나 우리 심령에 임하여 주소서.
오셔서 영원히 나와 함께 거하여 주소서.
예수의 이름으로 임하셔서,

그분의 귀한 진리들을 가르치시고 일깨워 주소서.

그리하여 성부와 성자께서 성령님을 보내셨음을 온전히 깨닫게 하소서.

성령님의 복되신 사역을 통해

아버지 하나님과 아들 예수 그리스도와 함께

감미로운 교제의 즐거움을 누리게 하소서.

우리의 보혜사이신 성령님의 감화로

그 일들이 이루어지게 하소서.

아멘.

— 로버트 호커

7. 내가 믿나이다, 나의 믿음 없음을 도와주소서

하나님의 약속들을 굳게 붙듭니다

오, 나의 하나님 아버지,
내가 감사함으로 주의 은혜를 받들며,
담대한 마음으로 주님을 굳게 붙듭니다.

오, 왕이신 나의 하나님,
내 영혼과 그 속의 모든 것을 주께 올려드립니다.
오, 나의 영광이신 주님,
온종일 주를 자랑하게 하소서.
오, 나의 반석이신 주님,
내 모든 신뢰와 소망이 오직 주께 있음을 고백합니다.

내 삶을 인도하시며 나의 힘이 되시는 주님,
나의 기쁨과 생명, 즐거움이 되시는 주님,
주님은 나를 소생시키시고
삶의 기쁨이 되어 주십니다.
내가 주의 그늘 아래서 노래하며
주의 거룩하신 이름에 영광을 돌려드립니다.
주의 나라와 영광과 승리가 내게 주어졌으며,
거룩하신 삼위 하나님도 모두 나의 하나님이심을 고백합니다.
증거가 여기 있으니, 기록된 주의 말씀이 그 일들을 영원히 보증합니다.

오, 나의 하나님,

내 무가치함으로 인하여 손으로 입을 가립니다.

죄와 수치도 모두 나의 것임을 고백합니다.

죄와 수치가 너무도 깊어,

내 힘으로는 도저히 덮을 수가 없습니다.

오직 주님만 그렇게 하실 수 있습니다.

주님은 내 벌거벗은 몸을 덮어 주셨습니다.

주님은 과거의 내 죄들을 더 이상 기억지 않으시고,

한없는 사죄의 은총을 약속하셨습니다.

주님이 덮어 주신 허물을 다시 파헤치는 것이 옳겠는지요?

내 불신앙이 낳은 유령들을 두려워하는 것이 옳겠는지요?

주님이 베푸신 용서를 받아들이고,

주님을 나의 소유되신 분으로 고백하는 것이 주제넘은 일이겠습니까?

주님은 내게 그 일들을 약속해 주셨습니다.

내가 주의 허락 없이는 어떤 자격이나 특권도 내세우지 않겠습니다.

주께서 친히 그 길을 보여주시지 않았다면,

내가 주께 속했고 주의 가족이 되었다고 믿는 일을

지독한 교만으로 여겼을 것입니다.

오, 나의 하나님,

주님이 지금까지 내 영혼 가운데서 일해 오셨음을 믿습니다.

내 삶 속에 새겨진 지문과 은혜의 발자취를 바라봅니다.

이것은 분명 주께서 역사하신 흔적들입니다.

오, 주님, 나는 주의 종입니다.

진실로 나는 주의 종입니다.
그러므로 내 영혼이 고백합니다.
"주는 나의 하나님이십니다!"

내가 주의 것임을 믿고 또 믿습니다.
주께서 다른 이의 소유물에 당신의 흔적을 남기시겠습니까?
주께서 자신의 작품을 부인하시겠습니까?
내 이름이 하늘에 기록되어 있음을 믿습니다.
주께서 주의 이름을 내 마음속에 새기셨으니,
내 이름도 주의 마음속에 새겨져 있음을 믿습니다.

오, 주님, 나의 참된 복과 유업이 오직 주께 있사오니,
주께서 나를 택하신 줄 굳게 믿습니다.
주께서 먼저 나를 사랑하시지 않았다면,
나도 주님을 사랑할 수 없었을 것이기 때문입니다.
아멘.

— 조지프 얼라인

내 모든 짐을 예수께 맡깁니다

지극히 복되신 하나님 아버지,
내가 예수님 안에서 또한 예수님을 통하여,
주를 높이고 찬양하며 사랑하기 원합니다.
지금 내 영혼이 예수의 인격과 사역을 통해
깊은 유익과 즐거움을 누리고 있음을 고백합니다.
그분을 영원히 복되게 하신 이는,
지극히 인자하시며 전능하신 아버지 하나님이심을 기억하게 하소서.
하나님의 크신 영광이 주의 구원 안에서 이루어졌습니다.
하나님의 아들의 크신 영광도 주의 구원 안에서 성취되었습니다.

그렇습니다, 복되신 예수님,
죄와 슬픔, 시련과 유혹을 모두 주께 맡깁니다.
주께서 친히 당신께 속한 온 백성의 짐을 짊어지셨습니다.
 여호와 하나님께서 우리의 모든 죄를 주께 담당시키셨기 때문입니다.
주님이 우리의 모든 죄를 짊어지셨을 뿐 아니라
우리의 모든 슬픔까지 감당하셨음을 고백합니다.
주님은 구속하신 백성들을 붙드시며,
우리의 온갖 고난과 시험, 시련과 역경을 친히 감당하시는 분이십니다.
주의 통치가 그 어깨에 메어져 있으며,

주께서 친히 교회를 돌보심을 믿습니다.

이제 내 모든 염려를 주께 의탁합니다.
주님은 이렇게 말씀하셨습니다.
"네 짐을 여호와께 맡기라. 그가 너를 붙드시고
의인의 요동함을 영원히 허락지 아니하시리로다." 시 55:22
그러므로 여러 일로 근심하지 않게 하소서.

주님, 내게 은혜를 베푸셔서 모든 두려움을 내려놓게 하시고
모든 것을 주께 의탁하게 하소서.
내가 넘어질 때 나의 영혼을 붙드시고 연약할 때 돌보시며,
모든 원수들의 손에서 나를 지켜 주시고,
이 땅에서 주의 은혜를 누리며 살아가게 하소서.
마침내 주님 계신 영광의 나라 이를 때에,
주를 뵈옵고, 그곳에서 영원히 주와 함께 거하게 하소서.
아멘.

— 로버트 호커

주님이 나를 위로해 주소서

사랑하는 주님,
주의 과일과 음료로 나를 위로해 주소서.
내게는 오직 그것으로 충분합니다.
주의 약속을 내 분깃으로 삼게 하소서.
내 영혼이 주의 돌보심 아래 거하기 원합니다.
그리하면 내 육신을 위해 무엇을 베푸시든, 기꺼이 만족하겠습니다.

주님, 주님과 함께 식탁을 나누게 하소서.
그리하면 어떤 음식이든 즐겁게 먹겠습니다.
주의 식탁에 앉을 수만 있다면, 음식의 많고 적음은 상관없습니다.
"나도 이 세상 만물도 다 너의 것"이라 말씀하시는
주의 음성을 듣게 하소서.
주께서 허락하신 것으로 만족하겠습니다.
주께서 베푸신 기업이라면,
나와 내 자녀들을 위해 다른 것을 구하지 않겠습니다.
그때에 내 마음은 고요하고 평안할 것입니다.
주님이 늘 곁에 계시니 아무것도 염려하지 않을 것입니다.
아멘.

― 리처드 얼라인

내게 새 마음을 주소서

나의 주님,
주께서 거하시는 곳으로 나를 인도하소서.
날마다 주의 얼굴을 마주하며 살고,
주의 미소를 온 마음으로 느끼기 원합니다.
나로 주님을 사랑하게 하소서.
나를 사랑하신다는 주의 말씀을 듣기 원합니다.
나를 기억하시고 불쌍히 여겨 주소서.
내 모습 이대로 나를 받으시고, 돌보아 주소서.
또한 내 삶의 형편을 잘 아시니,
거할 집과 살아갈 일터를 마련해 주소서.

주님, 내게 새 마음을 주소서.
나의 마음이 심히 지쳤습니다.
주님도 내 사악한 마음을 안타깝게 여기실 줄 압니다.
이 마음을 살피시고 더욱 온전한 마음을 주셔서,
주님과 함께 깊은 평안을 누리게 하소서.

주님, 주의 감미로운 기름을 내게 부어 주소서.
주의 옷자락에서 흐르는 향기로 내 영혼을 새롭게 하소서.
나로 하여금 그 향기를 맛보아 알게 하소서.

내 영혼이 주님을 보게 하소서.
주의 인자하심을 깊이 맛보기 원합니다.
아멘.

— 리처드 얼라인

선한 일들을 약속하신 주님

주님은 참 하나님이시며,
주의 말씀도 참되십니다.
주님은 종들인 우리에게 선한 일들을 약속하셨습니다.
주님은 지금까지 모든 은혜를 아낌없이 베풀어 주셨으니,
우리에게 부족한 것이 전혀 없음을 믿습니다.

주님, 이제 우리를 향한 주의 말씀을 영원히 확정해 주소서.
주께서 약속하신대로 이루어 주셔서,
주의 이름이 세세토록 높임 받으시기를 원합니다.
"만군의 여호와, 그분은 이스라엘의 하나님이시로다."
아멘, 할렐루야!

― 리처드 얼라인

예수께로 나아갑니다

귀하고 복되신 주 예수님,
이른 아침과 한낮, 저녁에 주께 부르짖을 때에
그 기도가 옛 교회의 고백이 되게 하소서.
내가 주의 은혜로 일깨움을 받아 간구할 때에
주의 크신 자비로 응답해 주소서.
"왕이 나를 그의 방으로 이끌어 들이시니 너는 나를 인도하라.
우리가 너를 따라 달려가리라.
우리가 너로 말미암아 기뻐하며 즐거워하니
네 사랑이 포도주보다 더 진함이라."^{아 1:4}
아멘.

— 로버트 호커

다가올 영광을 기다립니다

주님, 나를 영광의 나라로 인도하실 날이 머지않았음을 믿습니다.
그곳에서 거룩한 천사들과 영화롭게 된 성도들이
함께 다닐 때를 고대합니다.
내 귀에는 이미 새벽별들의 노랫소리,
하나님의 모든 아들들의 기쁨에 찬 외침이 들려오는 듯합니다.
오, 어서 그곳에 들어갈 수 있다면 얼마나 좋겠습니까!
하지만 주께서 기다리라 말씀하셨으니
내 삶이 다하는 날까지 인내로 기다리겠습니다.

주님, 나는 주의 말씀만으로 충분합니다.
주의 말씀은 이미 성취된 것과 같기 때문입니다.
성령님은 내 앞에 참 생명과 영광이 기다리고 있음을 보여주셨으며,
장차 이 육신의 삶에서 놓이는 날,
마침내 내가 낙원에 이르게 될 것을 믿습니다.

아멘, 그날을 진실로 고대하며 열망합니다.

— 리처드 얼라인

주님, 충만함으로 임하소서

주님, 주께서는 내게 그리스도를 보내 주셨으니,
나의 모든 필요도 채워 주실 것을 믿고 의지합니다.
주께서 나를 샘의 근원으로 인도하셨으니,
시냇가도 주실 줄 믿습니다.

내가 죄 용서를 구하고
죄와 맞서 싸울 능력을 구하며
거룩을 구할 때,
그 모든 것을 이미 그리스도를 통해
내게 은사로 주시지 아니하셨는지요?
주께서 그리스도를 보내 주셨으니,
속죄의 은총과 죄에 맞설 능력, 거룩에 이르는 길이
모두 그분을 통해 내게 주어졌습니다.
그리스도가 나의 소유라면,
나의 죄 용서를 완전케 하시는 그리스도의 보혈도 내 것이 아닌지요?
그 죄를 다스리시는 주의 성령님 역시 내 소유가 아닌지요?
주께서 그리스도를 내게 보내 주셨으므로,
내 죄를 용서해 주시는 분의 피와
내 죄악 된 본성을 다스리시는 성령의 사역 또한 내 것임을 믿습니다.

이 모든 은혜가 나의 소유일진대
주께서 베푸신 그 손길을 거두시겠는지요?
주께서 그 모든 능력을 주셨을진대
죄책이 나를 짓누르거나,
내 안에 죄가 살고 정욕이 나를 지배할 수 있겠는지요?

주님, 내게 임하여 주소서.
이전에는 "내게서 떠나소서" 주께 간청하였으나,
주께서 내게 "떠나라"고 하시지만 않으면
다시는 그렇게 간청하지 않겠습니다.
내 비참함이 "주님, 오소서" 간구하고,
내 궁핍함이 "주님, 오소서" 하고,
내 죄책과 죄들도 "주님, 오소서" 하고 외칩니다.
내 영혼이 "주님, 오소서" 하고 외칩니다.
그러하오니 주님, 속히 오셔서 내 죄를 사하시고
오셔서 내 영혼을 돌이키시며,
오셔서 진리를 가르쳐 주소서.
오셔서 거룩하게 하시고,
오셔서 나를 구원하여 주소서.
속히 오소서, 주 예수여.
아멘.

― 조지프 얼라인

새 하늘을 바라봅니다

주님, 먼지와 재에 불과한 내가 주께 구하는 것을 노여워하지 마소서.
주께서 내게 큰 소망을 주셨으니
장차 행하실 위대한 일들을 소망합니다.
주님, 내게 믿음이 없었다면 주의 말씀이 헛되었고,
주의 진리는 성취되지 못했을 것입니다.
하지만 주의 말씀을 통해
주를 향한 나의 불신과 의심을 뉘우치게 되었습니다.

주님은 겸손한 확신을 품은 이들을 사랑하시며,
주를 신뢰하는 것을 무엇보다 기뻐하십니다.
주님이 주신 약속이 실로 광대하므로
내 소망이 아무리 크다 해도
그 약속의 터를 조금도 벗어나지 않을 것입니다.
마지막 때에는 지금 기대하는 것보다
무한히 더 큰 일들을 누리게 될 것입니다.

나의 하나님,
그리스도께서 내가 건축하는 삶의 모퉁잇돌이 되셨으니,
바람과 홍수도 견뎌 낼 것입니다.
오, 주님, 내가 무엇을 기다리겠습니까?

내 소망은 오직 주께 있습니다.
나로 주의 임재를 온전히 즐거워하며, 내 삶 속에 주를 모시게 하소서.
내 눈의 기쁨이 되시는 주님, 내가 주의 사랑스러운 얼굴을 뵈오며
주의 감미로운 음성을 듣기 원합니다.

주님, 오직 주께서 약속하신 일들을 구합니다.
주님은 장차 내가 주님과 친히 얼굴을 맞대고
이야기하게 될 것을 약속하셨습니다.
그때에야 주를 아는 내 지식이 온전해지고,
빛 가운데 계시는 주를 보게 될 것입니다.
의의 태양이신 주의 영광을 바라보는 중에도
내 연약한 눈이 상하지 않게 하실 것을 믿습니다.
그때에 나의 믿음이 온전해지고, 마침내 나의 소망이 이루어질 것입니다.
주를 향한 내 사랑이 보름달처럼 환하게 빛나며,
다시는 기울지도 쇠하지도 않게 될 것입니다.

나의 소망이신 하나님,
내가 주의 약속대로 새 몸과 새 영혼, 새 하늘과 새 땅을 바라봅니다.
마침내 내 영혼이 주님과 온전히 함께할 그날을 고대합니다.
그때에 내 영혼은 주를 향한 사랑과 열망으로 충만해지고,
주를 향해 영원히 힘차게 달려갈 것입니다.
그때에 주께서 내게 영원한 기쁨과 영광을 베푸시니,
주께 사랑과 찬미를 영원히 드리게 될 것입니다.
아멘.

— 리처드 얼라인

주님, 우리의 눈을 열어 주소서

예수 그리스도의 선한 영이신 성령께서 우리 마음의 눈을 열어 주소서.
그리하여 주의 크신 일을 보게 하시고,
온전히 받아들이게 하소서.
성령께서 우리 마음을 설득하실 때
주의 진리를 사랑하고 그 진리를 받아들이게 하시고,
우리 삶의 발걸음이 자비와 진리의 길을 걷게 하셔서,
마침내 구원에 이르게 하소서.
아멘.

― 윌리엄 에임스

성령님, 내 안에 거하소서

주님, 주께서 내게 임하시면 내가 모든 것 소유한 것과 같고,
내게 주의 성령을 보내 주시면
내가 모든 선한 것을 소유한 것과 같습니다.
성령님, 오셔서 나의 영혼 안에 거하소서.
성령께서 머무시는 곳마다 참된 영광을 덧입게 될 줄 믿습니다.
성령께서 내 안에 임하시면,
그분 안에서 내가 온전히 영광스럽게 될 것입니다.

주님, 그리스도께서 항상 자기 백성을 위해 기도하십니다.
그러하오니, 그분의 중보 기도의 효력을 생생히 누리게 하소서.
나를 위해 기도하시는 그분의 마음을 온전히 느끼기 원합니다.
주의 기도를 통해 내 마음속에 영적인 불길이 일어나게 하소서.

주님, 내 영혼에 온기를 허락해 주소서.
주의 다정한 입맞춤으로 주님과 교통하게 하시고,
주의 성령이 내게 임하여서 주의 돌보심을 경험하게 하소서.
나의 죄를 사하시고 인치셔서, 주의 은혜를 확증하시며
주 예수의 날에 내 영혼을 구원하소서.
아멘.

— 아이작 앰브로즈

성령께 의지하는 기도

주님, 나로 성령님의 감화와 영광스러운 임재를
날마다 풍성히 누리게 하소서.
나로 새 언약의 능력 있는 사역자,
문자가 아닌 영에 속한 사역자가 되게 하소서.

주님, 성령님의 능력이 내 안에서
마르지 않는 샘물처럼 흘러넘치게 하소서.
주께 속한 사역을 신실하며 한결같게, 변함없는 태도로 감당하게 하소서.
내가 날마다 성령님의 내적인 가르침을 좇아 마음에서 마음으로,
양심에서 양심으로, 경험에서 경험으로 말할 수 있는 삶을 살게 하소서.
나로 하여금 환히 타오르고 빛나는 빛이 되게 하소서.

주의 영원하신 팔로 나를 붙드셔서,
이 땅에서 살아가는 동안
주의 영광과 주께 속한 백성의 유익을 위해 쓰임 받기 원합니다.
어떤 낙심이 밀려와도, 주님 주신 사역을 포기하지 않게 하소서.
마침내 이 땅의 사역을 끝마칠 때에,
후회와 탄식 대신 기쁨으로, 주 앞에 내 삶의 열매들을 드리게 하소서.
아멘.

— 토머스 브룩스

나의 도움이 오직 하나님께만 있습니다

주님, 내게는 주의 은혜와 자비를 누릴 자격이 전혀 없습니다.
내게 있는 모든 것이 오히려
주님을 노엽게 하거나 주의 자비를 시험할 만한 것들뿐입니다.
나의 죄와 무가치함으로 믿음과 자비에서 제외된다면,
나는 슬픔과 절망 속에 영원히 갇혀 있게 될 것입니다.
주께서는 가장 무가치한 자들에게 값없이 자비를 베푸심으로
주님 자신의 영광을 드러내십니다.

주님, 내가 바로 그런 자입니다.
주께 믿음과 자비를 구한 이들 가운데 가장 무가치한 자입니다.
내가 무가치할수록
그런 나를 멸망에서 건지신 주의 자비가 더욱 영광스럽게 빛납니다.
주께서 내게 믿음을 허락하실 때
주의 은혜가 온 세상 앞에 더욱 크게 드러납니다.

주님, 나 같은 죄인에게도 주의 영화로운 자비를 베풀어 주소서.
주님, 나를 불쌍히 여기사 멸망하지 않게 하시고,
내게 자비를 베푸사 주의 하나님 되심을 보여주소서.
사람과 천사들도, 하늘과 땅도 이룰 수 없는 일을 내게 행하셔서,
주의 영광을 널리 드러내소서.

그들은 내가 멸망하는 것을 보면서
"주님이 당신을 돕지 않는데
우리가 어떻게 당신을 도울 수 있겠는가?" 하고 말합니다.
이처럼 내 삶이 망가졌으나
오직 나의 도움은 하나님 안에 있음을 고백합니다.

내 상태가 절망적일수록
나를 도우시는 주의 영광이 더욱 빛날 것임을 믿습니다.
먼 산들로부터 구원이 임하기를 바라는 것은 헛되니,
기도나 의식, 예배,
다른 무엇을 통해서라도 구원을 기대하지만
그것 역시 헛된 일임을 고백합니다.
오직 주님만이 나를 믿음의 길로 인도하실 수 있습니다.

주님, 나를 도우소서.
다른 어떤 도움도 헛될 뿐입니다.
아멘.

— 데이비드 클락슨

소망을 품게 하소서

복되신 주 예수님,
내 영혼이 확고하고 변함없는 믿음을 갖게 하소서.
의심도 변덕도 허용하지 않는 믿음을 갖게 하소서.

주님, 내가 온 마음으로 주님을 붙들게 하소서.
내가 성령의 가르치심을 통해 하나님 아버지의 손길과
그가 행하신 모든 일과 구원의 성취를 보게 됩니다.

그러하오니,
내가 주님을 굳게 의지하고 서서 온전한 믿음 가운데 살고, 죽게 하소서.
아버지 하나님이 기뻐하시는 것을 나도 기뻐하게 하시고,
하나님의 영광의 소망 중에 항상 기뻐하게 하소서.

— 로버트 호커

주의 약속의 말씀으로 나를 붙드소서

내가 주의 신실하심을 굳게 믿고 의지합니다.
주께서 내 하나님이라고 말씀하셨는데,
내가 어찌 주님을 대적하고 두려워하겠습니까?
주께서 내 아버지가 되심을 약속하셨는데,
내가 어찌 주님을 낯설게 여겨 멀리 떠날 수 있겠습니까?

주님, 내가 주의 약속들을 믿습니다.
내 마음의 두려움을 가라앉혀 주소서.
주께서 나를 자녀 삼으시고, 내게 권세 주셨음을 믿습니다.
이제는 주의 자녀 된 확신을 품게 하시고,
날마다 주의 약속들로 인해 나를 소생시켜 주소서.
그 약속의 지팡이를 의지해 요단강을 건너게 하소서.

주의 약속들을 내 삶의 충실한 동반자와 위로자로 삼게 하소서.
길을 걸을 때도 그 약속의 인도를 받기 원합니다.
잠들 때도 그 약속들의 보호 아래 거하며,
잠에서 깰 때도 그 약속들과 동행하게 하소서.
주께 속한 백성들의 마음과 생각 속에
주의 약속들을 영원히 간직하게 하시고,
우리의 마음이 주님을 위해 준비되게 하소서.

내 마음을 주의 언약궤로 삼으시고,
주님과 내 영혼 사이에 오고 간 거룩한 기록들을
영원히 간직하게 하소서.
아멘.

— 리처드 얼라인

영광의 왕이신 주님을 기다립니다

복되신 주님,
내 영혼이 타오르는 불꽃처럼 주를 향해 올라갑니다.
주께서 속히 오신다고 하셨으니,
"아멘, 그렇습니다.
주 예수여, 오시옵소서!"
주님, 오시옵소서!
마침내 이 세상의 무거운 짐과 슬픔을 벗어버릴 그날을 소망합니다.
주님, 오시옵소서!
내가 주님 앞으로 올라가 주의 궁정에서 주를 뵙기 원합니다.

이 빛으로 죽음을 바라볼 때, 죽음 역시 변화될 것을 믿습니다.
영광과 은혜의 왕이 가까이 계시니,
나는 더 이상 공포의 왕인 사망을 두려워하지 않습니다.
주님 오시는 발걸음이 점점 더 가까워지는 소리를 기뻐하며 듣습니다.
주께서 원하실 때 언제든지 그 휘장을 걷어 주소서.

주님, 내가 갇힌 감옥의 빗장을 열어 주소서.
내 갈급한 영혼이 주를 향해 달려가서,
그 발 앞에 엎드리게 될 날을 갈망합니다.
내가 아직 주님을 직접 뵙지 못했으나

주를 깊이 사랑하고 있음을 고백합니다.
내 마음속에는 말할 수 없는 영광스러운 기쁨으로 가득합니다.
주님, 내게 생명의 길을 보이시고,
기쁨이 충만한 곳으로 나를 인도해 주소서.

주께서 나를 주의 신실한 종들과 함께 거하게 하실 줄 믿습니다.
지금 그들의 몸은 땅 속에 묻혀 자고 있으나
그들의 영혼은 주님과 함께 생명을 누리고 있음을 믿습니다.
그중 많은 이들은 주의 사역에서 내 소중한 벗이었습니다.
그들은 그리스도 안에서 형제자매가 되었으며,
나와 함께 고난을 견디며 주의 나라를 섬겼습니다.

복되신 구주여,
주께서 그들을 얼마나 영광스럽고 복되게 하셨는지
나로 하여금 보게 하소서.
주께서 이 세상을 떠난 그들에게 얼마나 복된 생명을 주셨는지
깨닫게 하소서.
그들이 주의 곁에서 얼마나 고귀한 삶을 누리고 있는지
알게 하소서.
내가 그들을 향한 주의 선하심을 바라보면서,
주님을 더욱 깊이 찬미하게 하소서.
나도 주님을 향한 그들의 찬양과 섬김에 동참하게 하소서.
지금 그들이 주의 임재 앞에서 노래하듯이,
나도 사랑과 감사의 노래를 주께 올려드리게 하소서.

복되신 구속자시여,

이 고귀하고 영광스러운 소망이 이루어질 날을 고대합니다.

이후에 그들과 함께 하늘에 머무는 동안에도

장차 주님이 이 세상에 재림하실 날을 간절히 바라보게 하소서.

그곳에서 나는 주의 참되심이 온전히 입증되고

주께서 거두신 승리가 온 세상 앞에 널리 드러나며,

땅에 묻힌 주의 종들의 몸이 다시 살아나는 것을 고대합니다.

그날에 최후의 원수인 사망이

주의 승리 안에 삼켜지는 것을 보게 될 것입니다.

주께서 나를 위해 예비하신 더 큰 영광을 기다리며,

장차 주의 온 백성들이 누리게 될 완전한 복락을 바라봅니다.

주의 은혜로 구원받은 모든 성도들이 이렇게 부르짖습니다.

"오소서. 주 예수여, 속히 오시옵소서!"

마침내 그들의 고백이 천국의 노래와 함께 온 세상에 울려 퍼질 것입니다.

주님, 내가 감사하며 드리는 경배와 찬양을 받아 주소서.

주님은 내 마음에 영광스러운 소망을 심어 주셨습니다.

주께서는 내게 큰 기쁨을 베푸시고, 내 영혼을 이곳까지 인도하셨습니다.

그렇지 않았다면,

지금 나는 이 세상의 지극히 하찮은 일들에 매여 살면서

주님이 행하실 장래의 일들을 두려움에 떨면서 바라보았을 것입니다.

주님, 죽음으로 이 땅의 삶이 다할 때까지 늘 내 곁에 함께하소서.

장차 임할 주의 구원을 고대하며 이 땅을 살아가는 동안,

주의 길을 따르도록 나를 도와주소서.

나를 강건케 하시며 내 믿음을 굳세게 하시고,
나의 등불이 주님을 위해 끊임없이 타오르게 하소서.

내 귀를 열어 주셔서,
이 세상에 다시 오실 주의 놀라운 음성을 기다리게 하소서.
그때에, 내 영혼이 빛나는 기쁨으로 달려가 주님 영접하기 원합니다.
이 연약한 몸이 견딜 수 없는 영광의 광채를 맞이할 수 있도록
나를 준비시켜 주소서.
이 땅에서 죽음을 맞을 때도 강건케 하셔서,
연약한 육신으로 감당할 수 없는 영광의 광채를 즐거이 맞게 하소서.
아멘.

— 필립 도드리지

새벽별이신 주님을 바라봅니다

주님, 우리의 영혼을 주의 전능하신 손에 의탁합니다.
우리를 거룩하게 하시며,
생명과 능력을 베푸시는 성령의 감화 아래 거하게 하소서.
우리가 곁길로 빠지지 않도록 우리를 영생으로 인도하시는
주의 자비를 소망합니다.
그때에,
고통의 두려움이나 쾌락의 유혹,
거짓 가르침이 우리를 흔들어 놓지 못할 것입니다.
성경의 빛과 진리로 인도함을 받아,
주의 거룩한 산으로 나아가게 될 것입니다.
우리가 어둡고 위험한 길을 걷고 있지만
마침내 영원한 날의 아침이 밝아올 때를 소망합니다.
그때에,
우리가 영원한 새벽별이신 주님의 빛 아래
거하게 될 것을 믿습니다.
아멘.

― 필립 도드리지

고난의 때에도 하나님을 신뢰하게 하소서

오, 주님!
우리가 어떤 위험을 겪든지 기꺼이 감내하겠습니다.
그 일이 마침내 복된 결말에 이를 것을 믿기 때문입니다.
그리하여, 주의 기이한 계획 안에 담긴
지혜와 인애하심이 드러나게 하소서.
이 고난의 여정을 걷는 중에도
그리스도 안에 있는 형제자매들의 격려와 돌봄으로
주의 손길 발견하게 하시고,
바울과 같이 감사함으로
불확실한 미래에도 주께서 동행해 주실 것을
겸손히 확신하며 용기를 얻게 하소서.

주님, 어려움 당할 때도
주변 사람들의 도움과 격려를 통해 주의 능력과 선하심을 나타내소서.
모든 것이 우리의 기대를 저버릴 때도 우리를 붙들어 주시며,
더욱 영광스러운 방식으로 주의 충만하신 능력을 보여주소서.
아멘.

― 필립 도드리지

필요를 채우시는 예수님

하나님의 어린양이신 주님!
지금도 주님은 하늘에서 온전한 찬미를 받고 계십니다.
주님은 이 땅의 교회가 겪는 온갖 필요들을
헤아리시며 공급해 주시는 일을 한 순간도 멈추지 않으십니다!
주께서 내게 먹을 음식이 있느냐고 물으시면 이렇게 대답하겠습니다.
"주님은 생명의 떡, 곧 하나님의 떡이시며,
하늘로서 내려와 세상에 생명을 주는 살아 있는 떡이십니다!"
귀하신 예수님!
이제부터 영원까지 나의 양식, 나의 생명, 나의 소망, 나의 충만,
나의 기쁨, 나의 영원한 분깃이 되어 주소서.
아멘.

― 로버트 호커

영광의 왕이신 주님, 내 안에 임하소서

영들의 아버지이신 주님,

주의 손에 내 마음을 취하소서.

나의 마음은 실로 강퍅하며 너무도 연약합니다.

나는 이미 포기했으나,

주님은 나를 포기하지 않으십니다.

주께서 능력의 말씀을 선포하시면, 내 영혼이 온전케 될 줄 믿습니다.

다윗의 열쇠를 가지신 주님,

주께서 마음의 문을 여시면 아무도 닫을 자가 없습니다.

영광의 왕이신 주님,

내 마음의 문을 열고 임하여 주소서.

내 영혼을 주님의 포로 삼아 주소서.

내가 죄에서 돌이켜 자기를 부인하며

주께서 주신 생명을 온전히 받아들일 때까지,

유혹하는 자들에게서 나를 보호해 주소서.

아멘.

— 조지프 얼라인

사망의 문을 깨뜨려 주소서

복되신 예수님, 속히 오시옵소서!
사랑하는 주님, 한없는 영광으로 내 삶에 임하여 주소서.
전능하신 주께서 사망의 문을 깨뜨리시고,
모든 이들이 주의 주권과 능력을 온전히 깨닫게 하소서!

주님, 삼손이 감옥의 문을 부수어 어깨에 메고 걸었듯이,
주의 백성들이 묻힌 무덤의 문을 부수어 주소서.
주께서 속량하신 모든 백성들을
영광의 본향인 하늘로 인도하여 주시고
주님 계신 그곳에 저들도 거하게 하소서.
사망의 문을 깨뜨리시는 전능하신 주님을 찬양합니다!
주 예수님은 전능하시도다.
그분께서 만물을 다스리시는도다.
아멘!

— 로버트 호커

당신이 예수님이시기 때문입니다

존귀하신 예수님!
내가 주의 목전에서 어떻게 은혜를 입었습니까?
오직 주께서 예수님이시며, 영원히 예수님이시기 때문입니다.
주님, 내 자신의 비천과 말할 수 없는 주의 영광을 기억하며
땅의 티끌에 엎드려 경배합니다.
날마다 눈을 뜨고 또 잠들 때에, 달마다 시작과 끝날에,
확실하고 견고한 내 영혼의 닻이 되신 주를 바라보게 하소서.
주님은 구속 받은 모든 백성에게 허락하신 은혜를
내게도 베푸셨습니다.
주님은 가난한 자들의 산성이시요
환난과 궁핍을 만난 자들의 요새이시며,
폭풍우와 한낮의 햇빛을 피할 그늘이 되어 주십니다.
아멘.

— 로버트 호커

나의 피난처이신 예수님

존귀하신 예수님, 주님은 나의 피난처이십니다.
내게 은혜를 베푸셔서 주를 바라보게 하소서.
주께서는 영원 전부터 구속 받은 모든 백성이
주의 의를 힘입어 평안과 구원을 누리게 하셨습니다.
주님! 그 무엇이 우리를 살아 있게 하고,
우리 생명의 불꽃이 꺼지지 않도록 보호할 수 있겠습니까?
우리 영혼을 부르시고 소생시켜 주소서.
우리의 생명이 유지되는 것은
오직 우리의 삶이 그리스도와 함께 하나님 안에 감추어져 있기 때문입니다.

복되신 예수님, 그렇습니다.
주께서 말씀하신 것처럼
주님이 독수리 날개로 여기까지 나를 인도해 주셨습니다.
주님은 작은 자들 중 어느 누구도
멸망하도록 내버려두지 않으십니다.
주께서는 "너희를 범하는 자는
그의 눈동자를 범하는 것이라"슥 2:8 고 말씀하셨습니다.
우리가 주의 날개 그늘 아래 있으니,
우리를 해치려는 자는 먼저 주님을 물리쳐야 할 것입니다.

그러하오니 주님,
내게 은혜를 베푸셔서 주의 크신 복을 누리게 하소서.
주께서는 독수리의 힘과 지혜로 나를 보호하시며
암탉의 따스한 사랑으로 품어 주시되,
나를 주의 날개 아래로 인도하십니다.
주의 사랑과 은혜로 나를 돌보아 주소서.
온전히 주께 속한 백성이 되기 원합니다.
이 땅에서 믿음으로 살다가
장차 주의 영광 아래서 영원히 살 것을 소망합니다.
아멘.

— 로버트 호커

내 친구이신 예수님

주 예수님!
주께서는 당신을 나의 마음과 팔에 품으라고 당부하셨습니다.
예수님, 주님을 내 마음속 깊이 간직하기 원합니다.
절대로 내 팔에서 떠나지 마소서.
내 속에 주의 임재를 느끼며,
내 입술로 주의 이름을 증언하기 원합니다.
우리의 가슴과 팔에 찍힌 인장이 잘 보이는 것처럼
나도 주님을 늘 내 앞에 모시고서,
내가 누구의 소유이며 누구를 사랑하는지 온 세상에 알리겠습니다.

주님, 주께서 가시는 곳에 내가 가고,
주께서 머무시는 곳에 내가 머물겠습니다.
주께서 나를 친히 값으로 사셨으니, 내 삶은 더 이상 나의 것이 아닙니다.
주께 속한 내 몸과 영혼으로 하나님께 영광을 돌리게 하소서.

오, 귀하신 주님,
주님은 내게 크신 사랑을 베푸셨건만,
나는 그 은혜에 온전히 감사하지 못했습니다.
나를 불쌍히 여기시고 허물을 용서하소서.
다시 사랑을 베풀어 주심도 오직 주께 속한 것이오니,

내게 은혜를 베푸셔서

주님을 나의 소유로 삼게 하소서.

주님은 여전히 교회를 향해

"너희를 친구라 하였노니"요 15:15 하고 말씀하십니다.

이제 나도 온 세상 앞에서 이처럼 선포하기 원합니다.

"예루살렘 딸들아, 이는 내 사랑하는 자요 나의 친구로다."아 5:16

아멘.

— 로버트 호커

하늘의 영광을 바라보게 하소서

귀하신 주님, 내가 주의 영광을 생각하지 않은 채
이 땅의 화려한 일들을 보는 일이 없게 하소서.
그 행사들이 아무리 흥미롭다 할지라도
그저 잠시 있다 사라지는 것임을 알게 하소서.
주께서 구속하신 백성들이 영원히 누리게 될
그 영광을 볼 수 있도록 속히 일깨워 주소서!

귀하신 예수님, 주님은 실로 고귀하신 분이십니다.
주의 십자가와 왕관이 지극히 아름답고 흠모할 만하니,
주께서 행하신 모든 은혜로운 일들과 승리와
주의 긍휼과 자비하심도 그러합니다.
주님 안에 있는 모든 것이 사랑스럽습니다.
주께서 그 모든 일들을 주의 백성들에게 나타내셨습니다.
주께서 우리의 기업을 정해 주시고,
친히 우리의 삶을 다스리고 통치하십니다.
주께서는 우리의 주님이시요 참된 의가 되십니다.
아멘.

— 로버트 호커

내 마음을 넓히사 주님 거하여 주소서

주 예수님, 가련한 죄인들에게 아버지 하나님의 이름을 선포하시며,
친히 그들 안에 거하심을 믿습니다.
주님, 내가 그런 죄인이오니,
내게도 아버지 하나님의 이름을 선포해 주소서.
내가 그분의 이름을 깨닫기 원합니다.

주님, 내 심령이 영적 궁핍에 처했으니
주께서 거하실 자리조차 충분하지 않습니다.
오, 주께서 임하실 수 있도록 내 영혼을 넓혀 주소서!
아버지 하나님의 이름을 내게 선포해 주소서.
그리하여 성부께서 주를 사랑하신 그 사랑이 내 안에 거하고,
나도 주님 안에 거하게 하소서.
아멘.

— 윌리엄 브리지

하나님은 하실 수 있고 또한 하실 것입니다

존귀하신 주님,
때때로 내 믿음이 얼마나 연약한지 깨닫고 부끄러움을 느낍니다.
내가 주의 복음의 말씀에서
"믿음으로 나라들을 이기기도 하며
의를 행하기도 하며
약속을 받기도 하며
사자들의 입을 막기도"히 11:33 했던
믿음의 영웅들의 행적을 접할 때마다,
믿음 없는 내 자신이 한없이 부끄러워집니다.

주님, 여호수아가 태양과 달을 명하여 멈춰 서게 한 일과
베드로가 주께 의지하여 다비다를 죽음에서 다시 살린 일을 기억합니다.
그러나 나는 원수의 손에 멸망할지도 모른다는
깊은 두려움에 사로잡히곤 합니다.
주님, 믿음으로 말미암은 은혜로 내 영혼을 강건케 하사,
다시는 주의 신실하심을 의심하지 않게 하소서.

복되신 예수님,
가련하고 우둔한 내 심령에 은혜를 내려 주셔서,
때때로 밀려오는 불안과 의심, 두려움을 떨쳐버리게 하소서.

지난 날 내 삶의 모든 여정에서
주님이 온갖 어려움과 위험을 통과하게 도우셨음을 깨닫게 하소서.
나의 연약함 가운데서 주의 능력이 온전히 드러나는 것을 보게 하소서.
주님이 우리를 도우시면 삶의 역경과 두려움이 다 무엇이겠습니까?
어떤 역경이 닥쳐오더라도, 그 일을 통해 주의 영광이 드러나고
나의 믿음이 더욱 굳건해질 것을 믿습니다.

그러하오니 주님,
어렵고 힘든 일이 아무 문제가 되지 않습니다.
그 상황들을 바라보기보다 주님을 바라보게 하소서.
하나님께서 내게 약속하신 것으로 충분합니다.
하나님은 하실 수 있고 또한 그렇게 하실 줄 믿습니다.
주께서 그 일을 어떻게 이루실지 다 알지 못하지만,
신실하신 주님이 약속하셨으니 그것으로 충분합니다.
그렇습니다, 주님!
전혀 의심하지 않겠습니다.
주의 손이 약하지 않으며,
주께서 하신 모든 말씀이 반드시 이루어질 것을 알기 때문입니다.
"너희를 부르시는 이는 미쁘시니 그가 또한 이루시리라." 살전 5:24
아멘.

— 로버트 호커

주의 능력으로 산들이 낮아지게 하소서

귀하신 예수님,
내가 주를 섬길 때 주의 말씀대로 감당해야 할 대가를 헤아려 보고,
온전한 계획을 세우기 원합니다.
오직 주의 능력으로, 주를 높이기 위해
그 일들을 감당하게 하소서.

주님, 성경에서 도비야와 산발랏이 느헤미야의 사역을 방해했듯이,
내가 어떤 반대에 부딪힐지라도 성경의 복된 위로와 격려로
스가랴 선지자와 같이 이같이 선포하게 하소서.
"큰 산아, 네가 무엇이냐. 네가 스룹바벨 앞에서 평지가 되리라.
그가 머릿돌을 내놓을 때에 무리가 외치기를
은총, 은총이 그에게 있을지어다 하리라." 슥 4:7
아멘.

— 로버트 호커

모든 것 되시는 예수님

귀하고 복되신 주님,
주님은 우리의 영원한 기업이시요 분깃이십니다.
영광과 은혜의 전능하신 아버지 하나님,
주의 택하심과 온갖 은사들을 통해
주의 영원하고 무한하신 자비가 확증되었으니,
그것이 내게는 더욱 감미롭고 거룩합니다.
거룩하시고 복되신 성령님,
주께서는 이 땅의 삶에서 내 가련한 영혼에 은혜를 베푸시며
장차 영원한 영광 가운데 살도록 인도하십니다.

주님은 크고 영화로우시며,
어디에나 계신 하나님이십니다.
장차 복되신 주 예수 앞에 모든 이들이 무릎을 꿇을 것입니다.
주님은 창조와 구속, 섭리와 은혜, 영광 가운데 만유의 주재가 되셨습니다.
주님은 주께 속한 교회와 백성들의
마음속에서 만유 가운데 만유가 되십니다.

주님은 우리의 모든 기쁨과 복락과 유업이며, 특권이십니다.
주님은 주의 말씀과 규례와 은혜의 방편 안에서 모든 것이 되십니다.
주님은 성경의 전부요 본질이십니다.

우리가 성경의 약속들을 살펴볼 때
주님은 거룩한 말씀의 첫째 약속이자
이후에 오는 모든 약속의 전부이십니다.
주님은 친히 "예"와 "아멘"이 되십니다.
우리가 성경의 율법을 살펴볼 때
주님은 "모든 믿는 자에게 의를 이루기 위하여 율법의 마침이 되시는"롬 10:4
분이십니다.
또한 우리가 성경의 희생 제사들을 살펴볼 때
주님은 "거룩하게 된 자들을 한 번의 제사로
영원히 온전하게 하신"히 10:14 분이십니다.
우리가 성경의 예언들을 살펴볼 때도
"그에 대하여 모든 선지자도 증언하되 그를 믿는 사람들이
다 그의 이름을 힘입어 죄 사함을 받는다"행 10:43 말씀하십니다.

복되신 예수님!
주님이 만유의 주재이심을 믿습니다.
이 땅의 삶에서 내게 필요한 전부가 되어 주소서.
장차 임할 영원한 나라에서도,
내 모든 것이 되어 주시기를 간절히 구합니다.
아멘.

— 로버트 호커

의심에서 건져 주소서

주님, 도마의 모습처럼 지독한 불신앙의 수치 가운데서
나도 "나의 주, 나의 하나님"요 20:28이라고 고백하기 원합니다.
주님 자신의 불신앙이 실로 두려운 죄임을 깨닫고
깊은 부끄러움을 느낍니다.
도마의 부르짖음처럼 나도 주를 향해
"나의 주, 나의 하나님!"이라고 고백하게 하소서.
주님, 주께서 여전히 우리를 돌보시며 다스리심을 믿습니다.
내가 수없이 주님을 잊고 다른 길로 갈지라도,
주의 능력으로 나를 붙드시고 끝까지 인도하실 것을 내가 확실히 믿습니다.
주께서 이미 완성하신 구속의 사역을 통해
그 모든 복과 은혜를 주의 백성에게 친히 베풀어 주심을 믿습니다.
주께서 먼저 그의 피로 모든 복을 값 주고 사셨으며,
이제 주의 성령을 통해 그 은혜를 우리에게 허락하심을 믿습니다.
귀하신 예수님, 주께서 영원히 나와 함께 계시며,
나도 곧 주의 곁에 거하게 될 것을 믿습니다.
내가 그 영원한 세계에서 주님을 닮은 모습으로 눈 뜰 때,
마침내 참된 만족을 얻게 될 줄 믿습니다.
아멘.

― 로버트 호커

영생의 말씀을 주소서

아버지 하나님,
주님은 우리에게 늘 감사로 기도하며
모든 신자들을 위한 기도를 그치지 말 것을 분부하셨습니다.
주님은 우리에게 계속 기도할 것과
모든 일에 기도와 간구로 우리의 소원을 주께 아뢸 것을 명하셨습니다.
주님은 우리에게 간절히 구하고 찾으며 두드릴 것을 당부하셨습니다.
그리하면 우리가 구하던 것을 받고, 찾던 것을 발견하며,
두드리던 문이 마침내 열릴 것이라고 약속하셨습니다.

하나님은 우리를 위해 큰 대제사장이신 예수님을 보내 주셨습니다.
이제 우리가 그분의 이름을 힘입어 은혜의 보좌 앞에 담대히 나아가오니,
환난 중에 도우실 자비와 은혜를 구합니다.
주님은 사악한 자들의 제사를 미워하시며,
정직한 이들의 기도를 기뻐하신다고 하셨습니다.
주께서 올곧은 이들의 찬미로 영광 받으시며,
그들이 드리는 감사의 제사가 주 앞에 기쁨이 될 줄 믿습니다.

주님, 주께서 우리의 기도를 들으십니다.
그러므로 주 앞에 담대히 나아갑니다.
주께서 우리에게 주의 얼굴 구할 것을 명하셨습니다.

그러므로 이렇게 고백합니다.

"우리가 주를 간절히 찾고 구하나이다!"

주께 속한 우리가 어찌 주님을 찾지 않을 수 있겠습니까?

만일 주께로 나아가지 않으면,

우리가 다른 누구에게로 갈 수 있겠습니까?

오직 주께만 영생의 말씀이 있습니다.

아멘.

— 매튜 헨리

자비 위에 자비를 더하소서

주님, 주의 아들이신 예수 그리스도의 얼굴 안에서
우리가 주의 모습을 더욱 바라보게 하소서.
우리에게 큰 은혜를 베푸셔서,
그 은혜의 씨앗이 우리의 부패한 본성 가운데 온전히 자리 잡게 하소서.
우리 자신의 죄와 연약함을 일깨우셔서,
우리를 더욱 겸손하게 하소서.

성령께서 우리의 죄 때문에 깊이 근심하시니,
그로 인해 우리가 얼마나 그릇된 상태에 있는지 깨닫습니다.
주께서 우리를 은혜의 언약 가운데로 인도하셨으니,
우리를 결코 버리지 않으실 줄 믿습니다.

주님, 사탄이 주의 영광스러운 자비를 희미하게 만들고
늘 우리를 낙심시키려 합니다.
우리에게 더 큰 자비를 내려 주소서.
주님은 주를 믿고 따르는 이들에게 큰 은혜를 베푸십니다.
우리가 그 은혜를 헛되이 여기거나
행여 그리스도 안에서 주시는 위로를 잃어버리지 않게 하소서.

주님, 성령의 능력으로 우리 심령을 깊이 감화시켜 주소서.

그리하여 주께서 베푸시는 은혜의 사역이
우리의 삶 속에서 이미 시작되었음을 알게 하소서.
성령의 사역을 통해, 우리가 마침내 누리게 될
최종 승리의 보증을 얻기 원합니다.
그때에, 주께서 영원히 만유의 주가 되셔서
모든 것을 다스리실 줄 믿습니다.
아멘.

— 리처드 십스

우리 영혼이 주를 갈망합니다

주 하나님, 우리가 주 앞에서 이처럼 고백합니다.
"우리가 누구이기에 여기까지 인도하여 주께로 나아오게 하셨습니까?
우리가 누구이기에 그리스도를 통해
한 성령 안에서 아버지이신 주께 나아갈 수 있게 하셨습니까?
우리가 무엇이기에 주께서 이처럼 깊이 생각해 주십니까?"
티끌과 재에 불과한 우리가 영광의 왕이신 주께 이같이 아뢰더라도,
부디 노하지 마소서.
실로 우리는 주의 자비와 주의 종들에게 보여주신
진리를 누릴 자격이 없는 자들입니다.

주님, 떡을 가져다가 우리 같은 자들에게 던져 주시는 것이
옳지 않음을 고백합니다.
하지만 개들도 자기 주인의 식탁에서 떨어지는
부스러기를 먹을 수 있음을 믿습니다.
또한 주님은 주의 이름을 부르는 모든 자들에게
풍성한 자비를 베푸시는 분이심을 믿습니다.
하늘을 향해 우리가 바랄 이가 주밖에 누가 있겠습니까?
우리가 오직 주님만을 바라봅니다.
주님 같은 분이 아무도 없음을 고백합니다.

우리 마음과 육신이 쇠약해질 때
우리의 영원한 반석과 분깃이 되어 주소서.
주님은 장차 임할 세상에서 우리의 영원한 기업이 되시며,
또한 이 세상에서 우리가 마실 잔의 소득이 되십니다.
주님은 우리에게 당신의 선하신 유업을 베푸셨습니다.

우리가 늦은 밤에 주를 사모하며
이른 새벽부터 주를 간절히 찾습니다.
사슴이 시냇물을 찾아 헤매듯이
우리가 주의 임재를 갈망합니다.
우리 영혼이 살아 계신 하나님을 향해 목말라 있습니다.

주님, 낮에는 자비와 긍휼을 베푸시는 주께 감사하고
밤에는 주를 찬송하게 하소서.
우리가 의에 주리고 목마른 마음으로 주 앞에 나아가게 하소서.
주께서 굶주린 이들에게 선을 행하시며,
스스로 부유한 체하는 자들은 빈손으로 돌려보내심을 믿습니다.

주님, 우리가 이 메마르고 황폐한 땅에서 주를 사모하여 갈망합니다.
주의 성소에서 주님을 뵈옵듯이,
이곳에서도 주의 권능과 영광 보기를 원합니다.
그때에 우리 심령이 참된 만족을 얻으며,
기쁜 입술로 주를 찬송하게 될 줄 믿습니다.
실로 주의 인자하심은 생명보다 더 낫습니다.

하나님, 우리가 오직 주님만 의지하오니,

우리 심령이 부끄러움을 당하지 않게 하소서.
우리 영혼이 실로 구원의 근원이신 주님만 바라봅니다.
오직 하나님만이 우리의 반석이시며,
우리의 구원이십니다.
우리의 영광과 능력, 우리의 피난처가
오직 하나님께만 있음을 고백합니다.
그러므로 오직 하나님만을 바라봅니다.

주님, 우리의 소망이 끊기고 누구도 의지할 수 없을 때에,
우리가 주께 부르짖습니다.
주께서 우리의 피난처가 되시며,
산 자들의 땅에서 우리의 참된 분깃이 되십니다.
세상 사람들은 말과 병거의 힘을 의지하나
우리는 우리 주 하나님의 이름만 바라며,
영원히 주의 자비를 의지합니다.
우리가 오직 주를 사모하여 주의 말씀을 붙들고 의지하오니,
주의 종들에게 주신 말씀을 기억해 주소서.
아멘.

― 매튜 헨리

8. 주일과 성찬을 준비하게 하소서

안식일의 기도

오, 주님, 거룩하고 복된 안식일에 주의 이름을 높이며
이 아침에 주의 인애하심을 선포하오니,
이보다 더 좋은 일이 없음을 고백합니다.
우리가 이 날을 구별하여 주를 섬기며 찬미하는 것이
주의 뜻이요 명령이십니다.
주께서 능력의 말씀으로 이 세상을 창조하신 일과
주의 아들이 죽으심으로 우리를 구속하신 일을 기억하며
깊은 감사를 드립니다.

주님, 이 날에 우리가 주의 위대하심과 크신 능력을 선포합니다.
영광과 승리가 주께 있으니, 오직 주께 찬양을 올려드립니다.
온 하늘과 땅이 주의 것이고 이 세상 나라가 주께 속했으며,
주님이 친히 만유의 주재가 되심을 믿습니다.
부와 영예도 주께로부터 임하며,
주께서 만물을 다스리시고 은혜를 베풀어 주십니다.
주의 손에 모든 힘과 권능이 있습니다.

주님, 주의 풍성한 자비로
이 복된 안식일 아침을 맞이하게 하심을 감사드립니다.
이 날, 죄 많은 내 영혼이 거룩해지고

엄위로우신 주님과 화목을 이루는 날 되게 하시고,
은혜를 베푸셔서, 주께로 나아가 온전히 회개하는 날 되게 하소서.
주의 선하심에 의지하며 구하오니,
이 날에 내 죄가 모두 용서받았음을 확증해 주소서.

주께서 친히 손가락으로 기록해 주신 안식일 계명을 기억하게 하소서.
이 날에 주께서 행하신 영광스러운 창조와 구속의 사역을 묵상하며,
거룩한 계명들을 분별하고 지키는 법을 배우게 하소서.
이 날에 신자들이 한곳에 모여 주께 기도와 찬미의 제사를 드리며,
설교를 통해 우리에게 주시는 성령의 음성을 듣습니다.
내 죄가 주님과 나 사이를 먹구름처럼 가로막아서
내 기도가 주께로 닿지 못하는 일이 없게 하시고,
주의 말씀을 통해 베푸시는 은혜가
내 심령에 임하지 못하는 일이 없게 하소서.

나의 뜻과 생각대로가 아니라,
오직 주의 영광과 존영을 위해 자신을 드리는 것이
나의 가장 큰 기쁨 되게 하소서.
죄악 된 삶이 끝나고 일상의 수고가 그칠 때,
주의 은총으로 영원한 안식이 시작되는 것을 잊지 않게 하소서.
그때에, 모든 성도와 천사들과 함께 영원히 주를 찬양하고 경배하며,
주의 나라에서 말할 수 없는 영광과 기쁨을 누리게 될 줄 믿습니다.
아멘.

— 루이스 베일리

영원한 나라를 사모합니다

귀하신 주 예수님,
주의 백성들이 기도하는 곳으로 나를 이끌어 주소서.
주와 함께 거하게 하시려, 우리를 부르시는 주의 음성을 듣기 원합니다.
어디로 가든지 어린양이신 주를 따르게 하소서.
주의 손길을 좇아, 주의 백성들이 모이는 곳으로 나아가기 원합니다.
나의 왕이시요 나의 하나님이신 주께서 성소에 임하실 때를
간절히 사모합니다.

주님, 목마른 사슴이 시냇물을 찾듯이, 내 영혼이 주를 찾기에 갈급합니다.
주의 백성들이 함께 모여 기도할 때에,
성령의 능력과 은혜로 내 영혼을 일깨워 주소서.
그리하여 하늘에서 영원한 안식을 누리는
영광스러운 성도들의 모임을 미리 맛보도록
내 영혼에 불을 붙여 주소서.
장차 그곳에 올라가서 주 하나님과 어린양을
영원히 찬양하게 될 날을 간절히 고대합니다.
그때에, 내 영혼에 말할 수 없는 기쁨과 영광이 넘치게 될 줄 믿습니다.
아멘.

— 로버트 호커

설교 전의 기도

주님, 이제 내가 주의 임재 앞으로 나아갑니다.

주께서 주시는 하늘의 음성을 듣고,

주께서 내리시는 신령한 이슬과 비를 맛보기 원합니다.

그 영적인 감화가 헛되이 주께로 돌아가지 않고,

우리 마음속에서 알찬 곡식 혹은 잡초로 자라나면서

마침내, 우리 삶이 은총 또는 심판에 이르게 될 것입니다.

오, 주님, 내 마음은 주의 말씀을 깊이 사랑하며 배울 준비가 되어 있습니다.

주의 율례는 참된 조언자이니, 내가 그 말씀의 다스림 받기 원합니다.

주의 율례는 참된 의사이니, 내가 그 말씀의 치료를 받기 원합니다.

주의 율례는 참된 스승이니, 내가 그 가르침에 온전히 순종하기 원합니다.

그러나 주의 은혜와 하늘의 부르심이 없으면,

한낱 인간인 내가 어떻게 주를 섬기리라 다짐할 수 있겠습니까?

주의 은혜와 부르심이 없으면,

강단의 설교자가 내게 어떤 유익을 끼칠 수 있겠습니까?

그러하오니 주님,

내게 주의 성령의 감화를 베풀어 주셔서,

주께서 원하시는 일들이 내 안에 이루어지도록 역사하여 주소서.

아멘.

— 에드워드 레이놀즈

설교 후의 기도

복되신 하나님,
모든 자비의 아버지이시며, 우리에게 은총을 베푸시는 주를 찬양합니다.
주께서 친히 우리를 택하시고 부르셨으며,
또한 우리를 의롭다 하시고 구별하여 영화롭게 하셨습니다.
주님은 우리를 위해 이 땅에 나셨으며,
우리를 위해 살고 죽으셨습니다.
주께서는 우리에게 이생의 복과 장차 임할 모든 복을 베풀어 주셨습니다.

주님, 주의 복락이 풍성한 열매처럼 우리에게 임합니다.
그 복락은 강한 강물처럼 모든 곳에서 우리에게 밀어닥칩니다.
주님, 주께서 생명의 떡으로 말씀을 우리에게 먹이시니,
우리가 천사들의 음식인 그 말씀을 먹습니다.
그 말씀에 복을 더하셔서,
우리가 말씀을 먹음으로 더욱 강건하게 자라가게 하소서.
우리의 순종이 마침내 주께서 베푸신 사랑에 합당한 데에 이르러서
수고한 열매를 맺기 원합니다.
이는 주께서 우리를 위해 모든 일을 아낌없이 행하셨기 때문입니다.

사랑하는 아버지 하나님,
구주이신 주의 독생하신 아들께 의지하여 구하오니,

이 은혜를 우리에게 베풀어 주소서.
성부와 성자와 성령 하나님,
세 위격인 동시에 한분이신 영화로우신 하나님께
모든 영광과 존귀와 찬양이 영원히 있기를 소원합니다.
아멘.

— 조지 허버트

설교를 준비하는 자의 기도

복되신 하나님,
주님이 내게 이성적인 심령을 주셨습니다.
주님 의지하오니,
내게 주신 모든 능력들이 강건케 되게 하소서.
내 스스로는 온전하지 못하나,
주님만이 나의 온전함이 되심을 고백합니다.

주님! 내가 말씀 준비에 임할 때
주의 은혜로우신 도움이 절실히 필요합니다.
간구하오니, 내 앞에 놓인 이 일에 온전히 집중하게 하소서.
헛되고 무익한 생각들에 시달리지 않게 하시고,
말씀을 바르게 분별하고 제대로 정리하며 표현하는 데
마음을 쏟게 하소서.

내 마음이 주의 거룩한 사랑으로 불붙게 하소서.
그리하여 내 심령에 담긴 주의 말씀이
설교를 듣는 이들의 마음속에 깊이 파고 들게 해주소서.
말씀을 전하는 목적이 자신의 말재주를 뽐내는 데 있지 않음을
기억하게 하소서.
내가 불멸의 귀한 심령들을 위해 영의 양식을 준비하고 있으며,

하늘에서 내려온 구주의 보혈로 확증된 거룩한 복음을 전하고 있음을
기억하게 하소서.

주님, 이 설교로 인해 말씀을 듣는 신자들의 삶에
큰 유익이 되도록 인도하소서.
말씀을 준비하는 내게 새 힘을 더하셔서,
이 일이 가장 기쁘고 즐거운 삶의 사역이 되게 하소서.
내가 말씀을 심고 물주는 동안, 내게도 동일한 은혜를 베풀어 주소서.
날마다 더욱 풍성한 열매를 맺으며,
예수 그리스도 안에서 주의 크신 이름에 영광 돌리게 하소서.
아멘.

— 필립 도드리지

성찬을 준비하는 기도

복되신 주님,
주께서 주의 종들을 명하셔서 교회를 이루게 하심을 감사드립니다.
또한 주께 속한 교회가 거룩함과 사랑 가운데 자라갈 수 있도록,
은혜 가운데 주의 지혜로 덕을 세우는 방편들을 마련해 주심을
감사드립니다.

나의 구주이신 주님!
주께서는 우리를 깊이 사랑하셔서 자신의 목숨을 버리셨으며,
그 일을 기념하도록 성찬을 제정해 주셨습니다.
또한 그 예식을 통해 주께 속한 백성들 사이의 유대와 연합이
모든 세대에 걸쳐 간직되게 하셨습니다.

주님, 진실로 주께 내 삶을 드리기 원합니다.
행여 내가 성찬에 참여하기를 주저한다면,
그것은 내가 주의 계명들을 어기거나
주의 은혜를 거부하기 때문이 아닙니다.
다만 나의 주저함은 마땅히 행할 바에 관해 확신이 없기 때문입니다.
합당하지 않게 참여함으로써
거룩한 예식을 더럽히게 될까 두렵기 때문입니다.
그러나 주께서 주의 계명들을 향한 경외심과 주를 향한 갈망,

내 전부를 드려 주를 섬기려는 마음을 주셨으니,
내가 그토록 사모하고 귀히 여기는 예식에 참여할 소망을 품게 됩니다.
주님, 나를 받아 주시기 원합니다.

주님! 겸손히 구하오니,
내가 해야 할 일을 가르쳐 주소서.
내가 택해야 할 길을 보여주소서.
"여호와여, 나를 살피시고 시험하사 내 뜻과 내 양심을 단련하소서." 시 26:2
주님은 내가 은밀한 죄를 짓지 않았으며,
주의 계명들을 애써 외면하지 않았음을 아십니다.
그러므로 아무 이유 없이 주의 성찬을 거부하여
내 심령을 거스르는 일이 없게 하소서.

오, 주님, 오직 주의 말씀과 섭리, 성령의 감화로
나의 길을 밝히 보여주소서.
내 마음의 의심들을 모두 흩어 주소서.
의심들이 근거 없는 의심이라면,
주께서 내 심령 속에 더욱 굳건한 믿음과 사랑을 채워 주소서.

주님! 내게 주의 뜻을 일깨우셔서, 더 이상 지체하지 않게 하소서.
거룩하신 주의 성품을 거스르는 의심을 내려놓고,
주께서 원하시는 일들을 행하려는 깊은 열망으로 바꾸어 주소서.
십자가에 못 박히신 그리스도의 모습을 내 마음속에 깊이 새겨 주시고,
나를 위해 죽으신 주의 크신 사랑을 생생히 깨닫게 하소서.
그리하여 나도 그 사랑의 만찬에 부르심 받았음을

다시는 의심하지 않게 하소서!

내가 주께 속한 교회의 일원이 되었음을 믿습니다.
아직 교회와의 연합이 완전하지 않으나,
주의 사랑과 성령으로 그 일을 이루어 주셨음을 고백합니다.
그러므로 이제 교회를 바라보며 이렇게 기도합니다.
"주의 백성을 구원하시며 주의 산업에 복을 주시고
또 그들의 목자가 되시어 영원토록 그들을 인도하소서."시 28:9
모든 교회들 가운데 진리를 아는 지식과 거룩한 사랑이 넘치게 하소서.
주께 속한 제사장들이 구원의 옷을 입게 하시고,
그들로 인하여 주의 백성들이 참된 기쁨을 누리게 하소서.
많은 이들이 사방에서 주께 속한 교회로 나아오게 하소서.
그들이 "저 구름 같이, 비둘기들이 그 보금자리로 날아가는 것 같이"사 60:8
교회로 모여들게 하소서.

주의 식탁이 손님들로 가득하게 하소서.마 22:10
주께서 베푸시는 구원을 사모하는 모든 이들이
"그의 종의 평안함을 기뻐하시는 여호와는 위대하시다"시 35:27 하고
찬미하게 하소서.
예수 그리스도를 주로 영접한 이들이
그분과 늘 동행하도록 인도해 주시기를 간구합니다.
장차 우리가 하늘에 기록된 장자들의 모임에
참여하게 될 때를 잘 예비하게 하소서.
마침내 우리가 주님 앞에 나아가
더욱 고귀한 모습으로 예배하게 될 날을 소망합니다.

그때에는 이 땅의 모든 상징물과 그림자들이 사라지고,
주님을 기념하는 이 예식도 더 이상 필요치 않게 될 줄 믿습니다.
이 땅에서 우리는 주를 뵙지 못한 채 주의 죽으심을 기념하지만,
그때에는 항상 함께 계시는 살아 계신 구속자께서
친히 우리의 영원한 기쁨이 되어 주실 것입니다.
아멘.

— 필립 도드리지

성찬의 기도

주님, 온 몸의 물과 피를 쏟으신 그리스도를,
상한 심령으로 우리 마음속에 모셔 들이는 일이 얼마나 선하고 복된지요.
성찬 때에 주의 찢기신 살과 흘리신 피를 먹고 마시며,
그 일이 믿음으로 얻는 구원의 유일하고 온전한 방편임을 고백합니다.

하나님의 어린양이신 주님,
주의 거룩한 식탁이 죄악의 누룩으로 더럽혀지지 않게 하소서.
주 앞에 나아오는 이들과 그들의 제물 모두가 누룩 없는 것이 되게 하소서.
여기 성찬의 자리에 위선과 사악함의 누룩이 끼어들지 못하게 하소서.
주의 식탁 앞에 둘러선 우리 모두가
순전함과 진실함의 떡을 함께 나누게 하소서.

주님, 주의 집인 이곳에 임하시고
주의 백성들이 둘러선 이 식탁에 함께하소서.
자비하신 주께서
"나의 친구들아, 먹으라.
나의 사랑하는 사람들아, 많이 마시라!"아 5:1 하고
부르시는 음성을 우리 각 사람이 듣고 즐거이 따르게 하소서.

주님, 우리를 온전히 주의 소유로 삼아 주소서!

우리의 온 몸과 영과 혼이 주의 것이 되게 하소서.

주의 피로 우리를 값 주고 사셨으며 주의 은혜가 우리를 정복하셨으니,

우리의 전부가 마땅히 주께 속했음을 믿습니다.

우리가 다시는 주의 곁을 떠나지 않게 하소서.

옛 교회가 그러했듯이,

큰 기쁨으로 이 복된 확신을 품게 하소서.

"내 사랑하는 자는 내게 속하였고 나는 그에게 속하였도다."아 2:16

아멘.

— 로버트 호커

성찬의 자리에 임하소서

사랑의 주님,
주께서 거룩하고 복된 모든 일을 친히 주관하십니다.
주님은 제단이고, 제사장이시며, 우리를 위한 제물이십니다!
주께서 단번에 드리신 제사를 기념하면서,
이 작은 예식을 올려드립니다.
주님이 이 예식에 복을 내리실 때에,
우리가 이 일의 깊은 영적 의미를 깨닫게 됨을 고백합니다.

우리를 부르시는 주의 음성을 듣기 전까지는
감히 이 떡과 잔을 먹고 마실 수가 없습니다.
부디 "나의 친구들아, 먹으라.
나의 사랑하는 사람들아, 많이 마시라!"아 5:1
하고 말씀해 주소서.
그때에 주께서 복음을 경축하는 자리로
우리를 부르셨음을 확신하며 이렇게 고백할 것입니다.
"내가 그 그늘에 앉아서 심히 기뻐하였고
그 열매는 내 입에 달았도다."아 2:3

주의 식탁에 임하셔서, 왕으로 좌정하소서.
거룩한 식탁의 모든 것이 주께 속했습니다.

생명의 떡과 물, 이 잔치의 포도주가 모두 주의 것입니다.
귀하신 주님, 이제 이곳에 임하소서!
주를 기뻐하는 이 잔치와 교회 위에, 주의 식탁과 기도의 집 위에,
주를 기리는 예식들 위에 임하여 주소서!
이곳에 오셔서, 주의 백성들에게 복을 베풀어 주소서!
아멘!

— 로버트 호커

성찬에 참여하기 전의 기도

거룩하신 주 하나님,
내 죄를 고백함으로 내 영혼이 정결케 됩니다.
나의 유일한 구주시요 구속자이신 주께 내 믿음을 고백하기 전까지는,
감히 주의 제단 앞에 나아갈 수 없습니다.
주께서는 주 외에 다른 신을 섬기지 말 것을 명령하셨습니다.
오직 주님만을 기뻐하고 기도하기를,
내가 누리며 소망하는 모든 일들로 인하여
주께 영원히 감사와 찬미를 드릴 것을 분부하셨습니다.
그러나 나는 이 세상의 신을 숭배하면서
헛되고 무익한 일들을 기뻐했으며,
주님을 섬기고 경배하는 것보다 그 일들에 더 관심을 쏟았습니다.

주께서는 주의 본성을 드러내거나
그 형상을 통해 주께 예배하거나,
헤아릴 수 없는 주의 위엄을 표현하지 말 것을 명령하셨습니다.
하지만 나는, 주의 위엄을 눈에 보이는 형상으로 드러내려는 마음을
떨쳐버리지 못했습니다.
영과 진리로 주께 예배하지 못하고,
주님을 온전히 섬기도록 내 삶을 준비하지도 못했습니다.

주께서는 내게 주의 이름을 헛되이 부르지 말 것을 명령하셨습니다.

경건한 마음으로 주의 이름을 의지하고 주의 성품들을 묵상하며

주께 속한 모든 일을 신중히 다루라고 말씀하셨건만,

나는 주의 이름을 망령되이 일컬음으로 주의 이름을 남용했습니다.

주의 성품을 그릇된 방식으로 받아들이고

주의 말씀을 부주의하게 읽었습니다.

또한 거룩한 행실로 복음의 광채를 드러내지도 못했음을 고백합니다.

주께서는 내게 안식일을 거룩히 지킬 것을 명령하셨습니다.

하지만 나는 안식일을 주를 섬기는 날로 온전히 구별하지 못했습니다.

오히려 세속적인 생각과 언행에 몰두했으며,

기도를 소홀히 여김으로 죄를 지었습니다.

나는 주의 말씀을 듣기만 하고 행하지 않는 자였음을 고백합니다.

주께서는 내게 부모와 윗사람을 공경할 것을 명령하셨습니다.

하지만 나는 너무도 교만하여, 할 수만 있으면

모든 의무와 순종의 멍에를 벗어버리려 했음을 고백합니다.

주께서는 내게 살인을 금하시고

자신과 이웃의 생명을 보존할 것을 명령하셨습니다.

하지만 나는 분노와 복수심에 쉽게 사로잡혔으며,

원수들을 사랑하는 대신 그들의 불행을 기뻐했음을 고백합니다.

주께서는 내게 간음하지 말 것을 명령하셨습니다.

하지만 나는 자주 부정한 생각들에 빠졌음을 고백합니다.

이제 주께 간구하오니, 이 어두움의 죄악들을 온전히 덮어 주소서.

주께서는 내게 도둑질을 금하시고 열심히 땀 흘려 수고하여
자기 양식을 먹으며 살아갈 것을 명령하셨습니다.
하지만 나는 이 세상의 일들에 너무도 마음을 쏟았기에,
주님이 계신 하늘에 보물을 쌓지 못했습니다.
오, 주님, 주께서 이 일을 아시오니,
주의 크신 자비로 내 허물을 용서해 주소서.

주께서는 내게 이웃에 대한 거짓 증언을 금하시고
그들의 명예를 지켜 줄 것을 분부하셨습니다.
하지만 나는 그들에 대한 비난과 험담에 귀 기울여 왔음을 고백합니다.
오, 주님, 주님은 진리의 하나님이시며 거짓을 미워하심을 잘 압니다.
하지만 내 삶은 거짓으로 가득 차 있습니다.
자신의 입술로는 신앙을 고백하면서도
실제로는 신앙의 능력을 부인하는 삶을 살아왔습니다.

주께서는 내게 이웃의 소유를 탐내는 일을 금하시고
내게 주신 분복으로 만족할 것을 명령하셨습니다.
하지만 나는 다른 이들의 삶이 더 복되어 보일 때마다
속으로 불평했습니다.
주께서는 많은 주의 자녀들이 누리는 것보다 더 나은 삶을 내게 주셨지만,
그 일에 제대로 감사하지 못했습니다.

주님, 지금까지 내가 이러한 여러 죄들을 범했으나
여전히 애통하며 경건한 슬픔에 잠기지 못했음을 고백합니다.
 내 죄들을 철저히 뉘우치지 못했으며,

불신앙과 세상의 정욕들을 부인하지도 않았습니다.

오, 주님, 누가 나를 이 사망의 몸에서 건져 줄 수 있겠습니까?

복되신 구주만이 십자가의 죽음과 보혈로

그리하실 수 있음을 믿습니다.

이제 내가 주의 성령께 의지하여,

주님이 주신 영원한 사랑의 언약과

나의 영원한 구원의 인치심에 참여하기 원합니다.

이 죄의 고백을 통해 내 손을 깨끗게 씻어 주시고,

입술을 정결케 해주소서.

주께서 내 죄를 위해 보혈을 흘리셨으니

나를 정결케 하소서.

내가 순전한 마음으로 이 생명의 떡을 받아 누리기 원합니다.

내게 은혜를 베푸셔서,

내 자신의 모습을 철저하게, 깊이 돌아보게 하소서.

내게 참된 지식과 회개, 믿음과 사랑의 예복을 입히시고,

온전한 변화의 길로 인도해 주소서.

감사와 기쁨으로 주의 식탁을 떠나게 되기를 간구합니다.

아멘.

— 로버트 파커

9. 내 삶을 취하시고 거룩하게 하소서

항복의 기도

주님, 내가 누구이기에 주의 돌보심과
주의 나라에서 분깃을 얻기를 구할 수 있겠습니까?
나는 주의 발에 묻은 먼지를 핥을 자격도 없는 자입니다.
하지만 주께서 그런 내게 자비를 베푸시고 주께로 나오도록 권하시니,
거짓 겸손으로 그 부르심에 저항한다면 내가 망하게 될 것입니다.

그러하오니 주님, 내 영혼이 주께 엎드려 경배합니다.
깊은 감사의 마음으로 주님을 내 삶에 모시며,
나의 왕이신 주께 모든 것을 드립니다.
나의 왕이시요 나의 하나님이신 주님, 내 삶을 다스리소서.
온 힘을 다해 나를 주께 드리오니, 내 영혼의 보좌에 좌정하소서.
내가 주의 발아래 엎드려 경배합니다.
주님, 나의 분깃이 되어 주시고
나로 주 안에서 참된 안식을 누리게 하소서.

주님은 내 마음을 찾으셨습니다.
오, 내 마음이 주님 받으시기에 합당하다면 얼마나 좋겠습니까?
주님, 나는 무가치하여 영원토록 주께 속할 자격이 없는 자입니다.
하지만 주께서 원하시오니, 내 마음을 온전히 주께 드립니다.
부디 받아 주소서. 나는 주의 것입니다.

오, 내 마음이 더 나은 상태라면 얼마나 좋겠습니까?
오직 주님만이 내 마음을 고치실 수 있기에, 주의 손에 올려드립니다.
주님을 닮은 모습으로 내 마음을 새롭게 빚어 주소서.
겸손하고 거룩한 마음, 부드럽고 온유하며 유순한 마음을 품기 원합니다.
내 마음에 주의 법을 기록해 주소서.

주 예수여, 속히 오소서.
내 마음속에 임하셔서, 나를 영원히 주께로 이끌어 주소서.
나를 온전히 주께 드리기 원합니다.
아버지 하나님께로 가는 오직 한 길, 유일한 중보자이시며
나를 하나님께로 이끄시는 유일한 방편이신 주께로 내가 나아갑니다.
나를 이 멸망에서 건지소서.
절박한 심정으로 내가 주님 앞에 나아갑니다.
비록 내 삶이 망가졌을지라도, 주께서 나를 도우심을 믿습니다.
내가 죽고 저주를 받음이 마땅하니,
내 행실의 합당한 대가는 사망과 지옥뿐임을 고백합니다.

하지만 내가 주의 공로 의지하며,
오직 주께서 감당하신 그 희생을 믿습니다.
주님이 항상 나를 위해 중보하심을 알기 때문입니다.
주님, 내가 전심으로 주의 가르침을 따르며
주의 다스리심에 복종하기 원합니다.
"영원한 문들아, 들릴지어다. 영광의 왕이 들어가시리로다." 시 24:7
아멘.

― 조지프 얼라인

주의 뜻이 이루어지이다

주님, 이제 말씀하시면 내가 듣겠습니다.
주께서 부르실 때 내가 응답하겠습니다.
내게 주의 뜻을 알리시고 명령하소서.
그리하시면 내가 복종하겠습니다.
그리스도 외에 다른 주님은 없으며,
나의 사모할 자도 없습니다.
주님, 나는 주의 것입니다.
내 삶이 주께 속했습니다.

주의 뜻대로 내 삶을 다스리소서.
주께서 원하시는 일들을 내게 말씀하소서.
주님, 주께서 내가 어떤 사람이 되어
무엇을 행하기를 원하시든지,
그 뜻을 다 받들겠습니다.
내 삶에서 내 뜻이 아닌,
오직 주의 뜻만이 이루어지기를 원합니다.
아멘.

― 리처드 얼라인

주께 내 삶을 드립니다

지극히 높으신 성령님,
자기 백성의 위로자이시며 거룩하게 하시는 이시여,
이제 주의 모든 영광으로 나를 다스려 주소서.
주의 모든 천사들과 함께 내 삶에 임하셔서,
풍성한 은총과 열매를 베풀어 주소서.
주님, 내 마음에 거하여 주소서.
이미 주께 속한 내 삶을 다시 주께 올려드립니다.
가난한 과부가 그러했듯이,
내 모든 소유인 두 렙돈을 주께 바칩니다.
내 몸과 영혼을 다 주께 맡기오니,
나를 거룩하게 하시고, 주의 종으로 삼아 주소서.

내가 주의 환자가 되겠사오니,
내 몸과 영혼의 질병을 치유해 주소서.
내가 주의 일꾼이 되겠사오니,
내 모든 발걸음을 다스려 주소서.
실로 오랫동안 이 세상을 좇았으며,
사탄의 말에 귀 기울여온 나였습니다.
하지만 이제 그 모든 것을 내려놓습니다.

오직 주의 명령과 분부만을 받들며,
주의 깊으신 뜻을 따르겠습니다.

영광스럽고 복되신 삼위일체 하나님,
내 전부를 주께 올려드립니다.
나를 받으시고, 내 모든 존재와 소유 위에 주의 이름을 기록해 주소서.
나의 온 몸과 영혼의 모든 영역에 주의 표지를 새겨 주소서.
이제 내가 주의 길과 법도를 받들겠습니다.
그것들을 늘 마음속에 품기 원하오니,
내게 은혜를 베푸셔서
언제나 주의 길로 행하며 주의 법으로 다스림 받게 하소서.
비록 주의 계명들을 완전히 지키지 못하더라도,
그중 어느 하나도 가벼이 여기고 불순종하지 않게 하소서.

주님, 내 육신이 연약하여 주의 뜻을 미처 다 받들지 못했음을 고백합니다.
하지만 주의 크신 은혜와 능력에 의지하여
주의 거룩한 길을 힘써 따르기 원하오니,
어떤 대가를 치르든지 두려워하지 않게 하소서.
주께서 내 삶에 동행하시니, 반드시 승리할 것을 믿습니다.
이 땅에서 겪는 온갖 어려움과 고난,
사람들의 공격도 기꺼이 감수하겠습니다.
주의 부르심을 좇아 자기를 부인하고,
내게 주신 십자가를 지고 주님을 따르게 하소서.

주 예수님, 주의 멍에는 쉽고 주께서 내게 주신 십자가는 기쁜 일입니다.

그것이 주께 더 가까이 나아가는 길임을 믿기 때문입니다.
세상의 행복에 대한 기대를 모두 내려놓고,
오직 주님 만날 날을 고대하며 나아가게 하소서.
이 땅에서 가난하고 비천하며 멸시받는 삶을 살아갈지라도,
장차 임할 주의 나라에서는 주님과 함께 다스리며
영생을 누릴 줄 믿습니다.

주님, 전심으로 주의 언약을 붙듭니다.
다시는 뒤돌아서지 않게 하소서.
내게 은혜를 베푸셔서
이 결심을 굳게 간직하며,
그 안에서 살고 죽게 하소서.
주의 의로우신 판단을 받들기 원합니다.
주의 뜻을 기꺼이 따르며,
영원히 주님을 좇게 하소서.
주 예수님, 이 언약을 확증해 주소서.
아멘.

— 조지프 얼라인

헌신의 기도

영원하고 복되신 주 하나님,
내가 주 앞에 겸손히 나아갑니다.
나 같은 죄인이 지극히 거룩하시고 엄위하신 만왕의 왕,
만주의 주 앞에 나아가는 것이 실로 합당치 않습니다.
그러나 내 자신을 주저 없이 주께 올려드립니다.
이는 주께서 그 일을 친히 계획해 두셨기 때문입니다.
주께서는 주의 아들이신 예수를 통해
놀라운 구원의 길을 열어 주셨습니다.
또한 주의 은혜로 내 마음을 감화하셔서,
그 구원을 받아들이게 하셨습니다.
그러하오니, 이제 고백합니다.
"하나님이여, 불쌍히 여기소서. 나는 죄인이로소이다." 눅 18:13

주님! 아들이신 예수의 이름으로 나를 초대하셨으니,
그분의 완전한 의를 믿고 의지함으로 주 앞에 나아갑니다.
주의 이름으로 내게 자비를 베푸시고,
내 중한 죄들을 사하여 주소서.
내가 간구하오니, 나를 받아 주소서.
내가 주의 것임을 확신하오니, 주께서 다스려 주소서.

오늘, 주께 내 자신을 엄숙히 드립니다.
이전에 나를 다스리던 주인들을 다 내려놓게 하소서.
주님, 나의 모든 존재와 소유를 주께 성별하여 바칩니다.
내 몸과 마음, 재산과 시간,
다른 이들에 대한 영향력까지 전부 드립니다.
이 모든 것을 주의 영광을 위해 올려드립니다.
주님이 이 땅에서 나를 살아가게 하시는 동안
늘 주의 명령에 순종하기 원합니다.

장차 주와 함께 영원한 생명을 누릴 때를 고대하오니,
넘치는 기쁨과 열심을 품고서 주의 뜻을 즉시 받들 수 있게 도와주소서.
주께 내 자신과 나의 존재와 소유 전부를 드리오니,
주의 무한하신 지혜로 주의 영광을 위해 사용해 주소서.
주님, 내 모든 일의 경영을 주께 의탁합니다.
주의 다스리심을 온전히 기뻐하며 이렇게 고백합니다.
"내 원대로 마시옵고 아버지의 원대로 되기를 원하나이다." 눅 22:42
내 삶을 주를 섬기는 도구로 사용해 주소서.
나를 주의 백성으로 삼으시고,
주의 아들이 흘리신 피로 내 죄를 씻어 주소서.
그분의 의로 나를 옷 입히시고, 주의 성령으로 거룩하게 하소서.

주님, 나를 그리스도의 형상으로 변화시켜 주소서.
성령께서 나를 깊이 감화하셔서,
내 마음을 정결케 하시며, 위로와 격려를 베풀어 주시기 원합니다.
이 땅의 삶에서 이 감화를 항상 누리며,

날마다 주의 얼굴빛 바라보게 하소서.
마침내 죽음의 시간이 임할 때에, 주께서 주신 언약을 기억하게 하소서.
그것이 실로 "확실하고 견고한" 언약이며,
이를 통해 "나의 모든 구원과 나의 모든 소원"을
이루어 주심을 믿습니다. 삼하 23:5

주님, 모든 소망과 기쁨이 사라질지라도
당신의 자녀인 나를 불쌍히 여겨 주소서.
주의 영원하신 팔로 나를 안아 주소서.
주님, 이 세상을 떠날 때에, 내 영혼에 새 힘과 확신을 부어 주소서.
주의 백성들에게 주신 약속이 마침내 성취될 때를
평안과 기쁨으로 바라보기 원하오니,
그때에 우리가 영광의 몸으로 부활하여
주님과 함께 영원한 복락을 누리게 될 줄 믿습니다.

내가 땅속에 묻혀 있는 동안,
장래 세대에 속한 이들도 이것을 자신의 기도로 삼게 하소서.
이 일이 위대한 중보자이신 예수님을 통해 이루어짐을 믿사오니,
그들도 주께서 베푸시는 언약의 복에 참여하게 하소서.
성부와 성자, 성령 하나님께서 구원받은 온 백성과 그 사역으로부터
복을 향유하는 하늘의 천사들로부터
영원히 찬송 받으시기를 간구합니다!
아멘.

— 필립 도드리지

주님의 때에, 나를 주께로 이끄소서

나 같은 존재도 주님은 받아 주시는지요?
주님, 나를 받아 주소서.
내 마음과 삶이 주의 것임을 고백합니다.
주께서 취하시고 내 삶을 온전히 다스려 주소서.
어린 아이가 어머니의 따스한 품을 찾듯이
내가 주를 바라보며 간절히 손을 뻗습니다.
주님, 내 손을 잡아 주소서.

주님, 이 땅에서 행하시는 주의 사역을 내가 기뻐합니다.
내 삶을 통해 주의 뜻을 이루어 가시는 동안
나도 기꺼이 이 세상에 머물기 원합니다.
내 삶에 대해 불평하지 않고
내 인생을 줄여 주시기를 바라지 않겠습니다.
주께서 맡기신 일들이 끝났을 때
더 이상 이곳에 남기를 구하지도 않겠습니다.

주님, 내가 주의 때를 기다리며 주의 길 걷기 원합니다.
마침내 내 삶의 열매가 무르익을 때
주의 곡식 창고로 나를 인도해 주소서.
내가 만족하며 기다리지만, 주를 잊지 않게 하소서.

나의 둔한 갈망에 활력을 불어넣으시고
죽어가는 사랑의 불꽃이 타오르게 하소서.
내가 간절히 부르짖을 때에 나를 떠나지 마소서.
"하나님이여, 사슴이 시냇물을 찾기에 갈급함 같이
내 영혼이 주를 찾기에 갈급하니이다.
내 영혼이 하나님 곧 살아 계시는 하나님을 갈망하나니
내가 어느 때에 나아가서 하나님의 얼굴을 뵈올까."시 42:1-2

주님, 사랑의 능력으로 내 영혼을 주께로 이끌어 주소서.
겨우내 굴속에 있던 동물이 봄 햇살 맞으러 밖으로 나오듯이,
나도 주께로 나아가기 원합니다.
북쪽을 가리키는 나침반처럼
내 영혼도 언제나 주를 향하게 하소서.

주님, 나를 향한 주의 사랑을 가리는 구름들을 제거해 주소서.
주를 볼 수 없게 하는 내 눈의 비늘도 없애 주소서.
주의 환한 얼굴빛 바라보며
주의 놀라운 구원을 맛보게 하소서.
그때에 내 심령이
"주재여, 이제는 말씀하신 대로 종을 평안히 놓아 주시는도다"눅 2:29
하고 고백하게 될 줄 믿습니다.
아멘.

― 리처드 백스터

은혜를 힘입어 우리를 주께 드립니다

주님, 은혜를 힘입어 우리 자신을 주께 드립니다.
주의 자비 안에서 성도들이 서로 삶을 나누게 하심을 감사합니다.
우리 모두가 예수 그리스도의 교회에 속한 지체임을 믿습니다.
이제 예수 그리스도의 교회로
성부 하나님과 우리 주 예수 그리스도 앞에서,
복음의 연합과 교제를 계속 이어나갈 것을 함께 서약합니다.
우리가 주님과 성도 서로를 향한 사랑을 품고,
우리의 주인이시요 교회의 통치자이신
주의 법과 규례와 명령을 전심으로 받들겠습니다.

또한 우리가 주의 도우심에 의지하여 화평을 추구하며,
서로를 세워 가는 데 힘쓸 것을 다짐합니다.
우리가 늘 주의 사랑과 평안을 누리며 살아갈 때에,
사랑과 평강의 하나님께서 우리와 동행하여 주소서.
아멘.

— 존 번연

다시 주의 일에 쓰임 받게 하소서

주님은 우리에게 자연적인 복과 초자연적인 복을 아낌없이 베푸시고,
모든 선한 일을 행하시는 우리 아버지시요 주권자이십니다.
내게 실로 풍성한 은사들을 내려 주신 주를 찬양합니다.
나는 감히 그 은택을 누릴 자격이 없는 자였습니다.
내가 그 은사들을 얼마나 잘못 사용했는지 되새길 때
주님 앞에 부끄러움을 느낍니다.
주께서 마땅히 기대하셨을 일에 견주어
주께서 주신 시간과 재능,
물질과 은사로 행한 일은 얼마나 초라한지요!
주께서는 주의 뜻에 합당한 열매를
풍성히 맺고 거두기를 바라셨습니다.
하지만 자신의 게으름과 우둔함 때문에
내 삶이 그저 척박한 황무지가 되어 버렸음을 고백합니다.

주님, 주께서 내게서 그 은사들을 거두시고
책임을 물으셔도 아무 할 말이 없습니다.
나는 주님과 이 세상, 그리고 내 영혼을 위한 삶의 부르심을
제대로 감당하지 못했습니다.
나는 영원한 흑암 속으로 던져져야 마땅합니다.

그럼에도 주께서는 내게 있는 만 달란트의 빚을 값없이 탕감해 주셨습니다.

내가 이 일을 기억하며 주를 찬미합니다.

이제 다시 새롭게 나를 드리오니,

주님, 받아 주소서.

내 모든 존재와 소유를 다 주께 드립니다.

내 전부가 오직 주께로 왔음을 고백합니다. 대상 29:14

주의 뜻에 어긋나는 관심사들을 마음에 품지 않기 원하오니,

나로 주님을 섬기는 신실한 청지기가 되게 하소서.

모든 은혜의 원천이신 하나님, 주를 찬양합니다.

내 심령 속에서 다른 이들을 향한 사랑이 샘솟게 하소서.

진심으로 다른 이들을 섬길 수 있도록 내 마음을 열어 주소서.

주께 감사하는 마음으로,

나와 내 가족에게 주신 분깃을 잘 헤아리게 하소서.

남은 재물들은 가장 필요한 이들에게

기꺼이 나누기 원합니다.

신실함과 지혜로 이 일을 감당하게 하소서.

영원토록 자비하신 하나님 아버지!

내 손으로 하는 일들을 선하게 인도하소서.

진실로 주의 일에 쓰임 받기 원합니다.

주의 인자하신 뜻에 합당하다면,

내가 뿌린 삶의 씨앗들이 풍성히 자라나게 하소서. 고후 9:10

내 삶이 번성하여, 어려움에 처한 이들에게 더 많이 베풀게 하소서.

마침내 주의 풍성한 긍휼이 있는 하늘로 나를 인도하실 때에,

이 땅에서 내가 도왔던 많은 이들을 그곳에서 다시 만나기 원합니다.
내가 구원으로 인도했던 이들도 마주할 수 있게 해주소서.
그 영광의 집에서 그들이 나를 반가이 맞아 줄 때를 고대합니다!

주님, 이 세상과 영원한 나라에서
예수 그리스도를 통해 구원 얻은 모든 이들이 드리는 찬양을
기쁘게 받아 주소서.
내가 예수의 발 앞에 엎드려 경배합니다.
이 땅에서 달려갈 길을 다 가고 마칠 때
그리스도의 발아래서 숨을 거두게 하소서.
그때에, 처음처럼 진실한 겸손과 감사로
내가 하나님을 경배하기 원합니다.
아멘.

— 필립 도드리지

하나님을 따르려는 새 열심을 주소서

하나님, 주의 뜻대로 우리에게 행하소서.
우리는 주의 종입니다.
우리에게 생명과 능력을 부어 주소서.
가장 연약한 주의 자녀들까지도
주의 놀라운 약속들을 온전히 믿고 따르게 되기 원합니다.
우리 모두 믿음 안에 견고히 서서, 주께 영광 돌리게 하소서.

우리 마음을 이끄셔서,
미천한 인간의 본성에 속한 것보다
더 높고 고결한 일들을 사모하게 하소서.
우리의 육신을 온전히 제어할 수 있게 하셔서,
주의 임재 밖으로 쫓겨나는 일이 없게 하소서.
이 땅에서 죄악 된 쾌락을 끝없이 좇다가
지옥에 떨어져 비참과 절망에 시달리는 일이 없게 하소서.

주님, 우리 마음을 성령으로 충만케 하셔서,
주를 향해 "아빠 아버지"갈 4:6 하고 부르짖게 하소서.
우리가 주의 자녀라는 확신과 경외심으로 주께로 나아갑니다.
우리가 서로 사랑하며,
주의 은혜 아래 있는 믿음의 가족들을 잘 섬기게 하소서.

우리 마음속에 주의 영광을 향한 열심이 가득하게 하소서.
주의 거룩하신 이름과 나라, 주의 뜻을 높이 받들어
어떤 관심사보다 소중한 것이 되게 하소서.
우리가 겪는 매일의 필요를 기쁨으로 주께 의탁하오니
주님이 베푸시는 음식과 의복으로 만족하게 하소서.

주님, 우리가 과거에 지은 죄들로 용서를 구합니다.
우리에게 은혜를 베푸셔서,
장차 올 유혹들로부터 지켜 주소서.
혹시 그 상황에 처하더라도 우리를 끝까지 붙드시고 건져 주소서.
우리에게는 주의 용서가 간절합니다.
그리하여, 우리도 서로의 허물을 용서하기 원합니다.
주의 지혜와 인자하신 섭리 가운데
다른 이들의 죄를 덮어 줄 때
우리 자신도 주 앞에서 용서 받게 될 것을 믿습니다.

주님, 우리의 부패한 마음은 기꺼이 용서하려 하지 않습니다.
주의 크신 능력으로 우리 안에 새로운 열망을 심으셔서,
다른 이들을 기꺼이 용서하게 하소서.
모든 영광은 하나님이 받으시고, 우리에게는 한없는 평강을 주소서.
우리 주 예수 그리스도를 통해 이 모든 일들을 능히 이루실 줄 믿습니다.
아멘.

— 필립 도드리지

그리스도의 형상으로 변화시켜 주소서

사람이 거듭나지 않으면 천국에 들어갈 수 없음을 고백합니다.
내게 거듭남의 의미를 일깨워 주소서.
그 일이 실제로 내게 일어났음을 확증해 주시기를 구합니다.
영적인 출생의 수고를 통해 내 삶이 새롭게 되었으며,
마침내 예수 그리스도의 형상이 내 안에 이루어지기까지
그 수고가 계속되고 있음을 깨닫게 하소서.

내 삶에서 이전의 일들은 다 지나가고
모든 것이 새롭게 되었음을 확신하기 원합니다.
옛 인격과 정욕, 언행을 온전히 버리게 하소서.
내 삶의 원리와 목표, 방향을 새롭게 변화시켜 주소서.
아멘.

— 아이작 앰브로즈

항복의 기도

주님, 내가 주께 항복합니다.
주께서 나를 이기셨습니다.
오, 실로 복된 정복입니다!
주의 사랑으로 내 삶을 정복하고 다스려 주소서.
사랑의 포로인 내가 주의 승리를 널리 선포하겠습니다.
이 땅에서 하늘로, 죽음에서 생명으로,
심판의 자리에서 주의 보좌 앞으로 인도해 주소서.

주께서 나를 이기셨음을 고백할 때
모든 이가 이렇게 찬미할 것입니다.
"보라, 그를 얼마나 사랑하셨는가." 요 11:36
사망이나 생명, 다른 어떤 것도 나를 주의 사랑에서
떼어 놓지 못하게 하소서!
그 사랑 안에 영원히 거하기 원합니다.
아멘.

― 리처드 백스터

주의 발아래 나를 드립니다

주님, 어떤 굴레도 주의 주권을 거슬러 나를 속박할 수 없으며,
그렇게 안 될 것을 믿습니다.

내 마음과 관심이 다른 굴레에 매여 왔음을 고백합니다.
그 모든 것이 죄악의 굴레였으니, 이제 그 일들을 깊이 뉘우칩니다.

지난 세월 나는, 인생이 내 것인 줄 알고 제멋대로 살았습니다.
오직 내 자신의 만족과 즐거움을 구했을 뿐,
주의 창조 목적을 외면했습니다.

나는 이처럼 거짓된 자유와 스스로의 만족을 쫓으면서
어떤 우상도 거부하지 않았습니다.
내 영혼이 한낱 진흙 덩어리 앞에 무릎 꿇었음을 고백합니다.
그때에, 내가 생각하는 갈망과 소원하는 기쁨은 모두
세상의 하찮은 일들에 붙들려 있었습니다.
부와 안락, 쾌락과 명성이 그것들이었습니다.

내가 자유롭다 여겼던 시간이 실상은 부패한 종의 시간들이었습니다.
주님, 대체 내가 행한 일이 무엇입니까?
주님을 외면한 채 오직 자신만을 위해 살았습니다.
나는 주님을 전혀 알지 못하는 이방인이었습니다.

하지만 이제 주의 은혜를 힘입어 고백합니다.
주님, 더 이상 그런 삶을 살지 않게 하소서.

주님, 이제 내가 주의 자비에 의지하여
내 자신을 내려놓는 법을 배웠습니다.
이는 주의 은혜가 내 삶 속에 임하여,
경건하지 않은 것과 이 세상 정욕을 모두 버리도록
깨우쳐 주었기 때문입니다.
주께서 나를 누르고 승리하셨으니,
주의 승리를 내가 온 마음으로 즐거워합니다.

주께서 나를 되찾기 위하여 힘써 싸우시고,
이미 주의 것인 나를 다시 이기셔야 했음을 생각할 때
부끄럽기 그지없습니다.
그 일을 생각하며 깊이 회개합니다.

그러하오니 주님,
이제 내 존재와 소유를 주의 발아래 다 내어놓습니다.
모두가 주의 것이기에,
기쁜 마음으로 주께 드립니다.
이 세상에서 내게 있는 모든 것이 주의 것임을 고백합니다.

이제는 주를 위한 것이 아니라면,
주의 허락 없이는 어떤 것도 소유하거나 사용하지 않겠습니다.

오직 주께 속한 사랑의 능력을 내 영혼에 흘려보내 주소서.

주님은 생명 없는 돌들까지도
참된 아브라함의 자손으로 변화시키는 분이심을 믿습니다.
이제 간구하오니, 돌 같은 내 마음을 주의 사랑으로 녹여 주소서.

나의 이 완고한 마음을 부드럽게 바꾸셔서,
주님을 향한 사랑으로 넘쳐나게 하소서.
아멘!

— 존 하우

주의 말씀에 아멘으로 응답합니다

주님, 주께서 지우시는 짐을 달게 감당하겠습니다.
오직 주의 영원하신 팔로 나를 붙들어 주소서.
주님, 내게 아낌없이 고난을 베푸소서.
주의 뜻에 내가 기꺼이 복종하겠습니다.
이는, 주의 말씀에 아멘으로 화답하는 법을 배웠기 때문입니다.

주님은 내 자신보다도 내 삶에 더 깊은 관심을 품고 계심을 믿습니다.
그러하오니, 내 전부를 주께 드리며
주의 결정을 기꺼이 따르겠습니다.
주께서 내 마음을 어떻게 감화하시든지,
그 손길을 기쁘게 받아들이겠습니다.
복되신 주님, 이스라엘의 아합 왕이 아람 왕에게 말한 것처럼
주께서 내게 늘 말씀하십니다.
"나와 내 것은 다 너의 것이니라." 왕상 20:4

주님, 나도 주의 것입니다!
주의 자비가 내 죄를 용서하셨습니다.
주의 보혈이 나를 정결케 하셨습니다.
주의 공로가 나를 의롭다 하셨습니다.
주의 의로 나를 옷 입혀 주셨습니다.

주의 성령으로 나를 인도하셨습니다.
주의 은혜로 나를 풍성하게 하셨습니다.
주의 영광으로 내게 상을 베푸셨습니다.
그러하오니, 나 자신을 온전히 주께 드립니다.

주님, 내가 여기 있습니다.
주의 목전에 선하신 뜻대로 내 삶을 다스리소서.
내 뜻이 이루어지는 최선의 길은
오직 내 삶을 주의 뜻에 맡기는 것입니다.
주의 말씀에 아멘으로 응답하는 것이
진정한 생명의 길임을 고백합니다.

— 토머스 브룩스

내 마음을 좋은 땅으로 만드소서

오, 주님, 주의 좋은 씨앗이 내 나쁜 땅 위에 떨어진 일을
생각할 때마다 두려움에 떱니다.

내 마음이 길 가와 같이 되지 않게 하소서.
그 땅은 완악하고 분별력이 없어, 말씀의 씨앗을 받아들이지 못합니다.
악한 자가 와서 그 씨앗을 빼앗아 갑니다.

내 마음이 돌밭과 같이 되지 않게 하소서.
그 땅은 잠시 기쁨으로 주의 말씀을 받지만,
핍박이 닥쳐오면 실족하고 맙니다.

내 마음이 가시떨기와 같이 되지 않게 하소서.
그 땅은 세상 염려와 재물의 유혹에 빠져 말씀의 씨앗이 자랄 길을 막고,
아무 열매도 맺지 못합니다.

주님, 내 마음이 좋은 땅과 같이 되게 하소서.
정직하고 선한 마음으로 주의 말씀을 새겨듣기 원합니다.
그 말씀의 뜻을 분별하고 깊이 간직하여, 인내로 열매를 맺게 하소서.
그리하여 주께는 영광이요, 내게는 영원한 유익이 되게 하소서.
아멘.

— 루이스 베일리

온종일 예수님을 따르게 하소서

복되신 하나님,
주님은 존재와 복의 위대한 원천이십니다.
주께서 내 존재를 지으셨듯이,
내 삶의 복도 주께로부터 흘러나옴을 믿습니다.
주께로 가까이 나아갈수록,
더욱 순수하고 감미로운 복락을 누리게 됨을 고백합니다.
생명의 원천이 주께 있으니,
나로 주의 빛 안에서 참 빛을 보게 하소서! 시 36:9

주님, 나의 간절한 소망은 주와 함께 영원히 거하는 것입니다.
지금 이 땅에서도 그 삶의 즐거움을 미리 맛보게 하소서.
주를 두려워하며, 그 계명들을
크게 기뻐하는 이들의 복을 깨닫기 원합니다. 시 112:1
주의 은혜로 내 마음을 빚어 주셔서,
늘 주를 경외하는 삶 살게 하소서. 잠 23:17

주님, 하루의 첫 생각을 주께 올려드립니다.
아침 햇살이 밝아올 때, 고개를 들어 주의 얼굴빛 보게 하소서. 시 4:6
오, 하나님, 아침에 깰 때, 하루의 처음을 주께 성별하여 드리게 하소서.
이는 주께서 내게 빛과 생명을 베푸시며,

살아갈 이유를 새롭게 일깨워 주시기 때문입니다.

주의 자녀로서 경외와 사랑으로
내 마음을 주님 앞에 온전히 쏟기 원합니다.
주께서 내 기도에 귀 기울이시듯
나도 주의 말씀을 깊이 경청하게 하소서.
마음을 들여 큰 즐거움으로 주의 말씀을 묵상하기 원합니다.
내 영혼이 그 형상대로 빚어지게 하소서.
그 말씀을 마음속 깊이 간직하여
주께 범죄하지 않게 하소서. 시 119:11

주님, 아침마다 주께 새로이 헌신하게 하소서.
주의 사랑하는 아들 예수 그리스도 안에서
또한 그분을 통해 복되신 성령의 감화를 누리게 하시고,
내 영혼이 오직 성령의 돌보심 아래 있게 하소서.
주님, 이 준비를 마친 후에 하루의 일과를 시작하고,
주께서 맡기신 소명을 이루어 갈 때 주와 늘 동행하게 하소서. 고전 7:20
내가 세상의 게으름에 빠지지 않고
열심을 품고 주를 섬기게 하소서. 롬 12:11

나로 시간의 가치를 깨닫게 하소서.
시간을 슬기롭게 활용하여 주께서 맡기신 일들 잘 감당하게 하소서.
먹고 마시고 무엇을 하든지,
언제나 주의 영광을 위해 행하게 하소서. 고전 10:31
때때로 일을 멈추고 쉴 때도, 주를 섬길 새 힘과 의욕을 되찾게 하소서.

주님, 이 세상 사는 동안 내 삶에 환난이 닥쳐올 때도,
그것이 주의 손길 아래서 온 것임을 기억하게 하소서.
그로 만족하게 하시고 끝까지 인내하게 하소서.
주의 사랑으로 우리에게 일용할 양식을 베푸시는 것처럼
날마다의 삶에 십자가도 주시는 줄 믿습니다.
그 십자가를 달게 지고 주님을 따르게 하소서. 막 8:34
주께서 나를 위해 갈보리 언덕에 오르실 때
품으셨던 마음을 간직하기 원합니다.
나도 이같이 고백하게 하소서.
"아버지께서 주신 잔을 내가 마시지 아니하겠느냐." 요 18:11
주님, 내가 시험에 들 때 나를 악에서 건져 주소서. 마 6:13
내 자신의 연약함을 일깨우시고, 필요한 힘을 더해 주소서.

주님, 다른 이들과 함께 있을 때, 서로의 삶에 깊은 유익을 끼치게 하소서.
모든 상황 속에서 주께 영광을 돌리는 것을
삶의 으뜸가는 목적으로 삼게 하소서.
내가 홀로 있을 때도,
하늘에 계신 아버지께서 나와 함께 계심을 기억하게 하소서.
날마다 주의 임재와 능력을 깊이 누리기 원하오니,
언제나 주의 눈앞에서처럼 생각하며 행동하게 하소서.
그리하여, 하나님을 경외하는 마음과 주의 은혜로우신 임재 안에서
하루를 보내고 마치게 하소서.

저녁에도 나를 만나 주소서.
꾸준히 말씀 읽고 기도할 시간을 갖기 원합니다.

주의 마음으로 내 행실을 살피도록 도우소서.
주님, 내 자신을 속이지 않게 하소서.
주의 심판대 앞에 선 자처럼 스스로의 삶을 돌아보게 하소서.
모든 이들의 마음을 살피시는 주께서
나를 옳다 인정해 주시기를 원합니다.
내 기도가 주님 앞 제단의 향기처럼 올라가게 하소서.
주를 향해 높이 든 두 손을
성전의 아침과 저녁 제사처럼 받아 주소서. 시 141:2

하루를 마칠 때 평온히 잠들게 하소서.
주를 섬기는 마음으로 오늘을 살았음을 후회 없이 고백하기 원합니다.
예수 그리스도 안에서 나를 주의 자녀로 받아 주셨음을 확신하고,
그분을 통해 베푸시는 자비를 겸손히 신뢰하며 복된 밤을 맞게 하소서.
앞으로 이 땅에서의 삶이 얼마나 계속될지 알 수 없으나,
깊은 신뢰와 평안을 간직하기 원합니다.

주님, 죽음이 서서히 내 앞에 닥쳐올 때도
내 삶이 주를 향한 헌신으로 분주하게 하소서.
갑작스레 이 세상을 떠난다 해도,
마지막 순간까지 주님을 기쁘시게 하는 삶 살기 원합니다.
어떻게 죽음을 맞든지 내게는 상관없습니다.
이 세상 섬김이 영원토록 고귀한 하나님 나라의 섬김으로 옮겨갈 때,
나로 하여금 평안한 길 가게 하소서.

예수 그리스도의 이름으로 이 모든 것을 구합니다.

그분은 이 땅에 계실 때 모든 덕과 은혜의 참된 본이 되셨으니,
지금도 살아 계셔서 주 하나님과 함께 다스리시며
우리를 능히 구원해 주십니다.^{히 7:25}
이 땅의 여정을 끝마친 후에,
내 자신이 한낱 무익한 종이었음을 고백하며
주 앞에 나아가기 원합니다.^{눅 17:10}
주께서 세세토록 영광 받으소서.
아멘.

— 필립 도드리지

사랑의 마음을 품게 하소서

오, 주님, 주의 은혜와 사랑으로 우리를 감화시켜 주소서.
주의 진노에 대한 두려움으로는
이루어질 수 없는 일들이 성취되게 하소서.
주의 고귀한 손길로 우리 마음을 녹여 주시고,
주의 뜻을 거스르는 모든 일들을 멸시하게 하소서.

주님은 이 땅에 계실 때 긍휼하심으로 가난한 이들을 돌보셨습니다.
우리도 그분과 동일한 마음으로 이웃을 섬기게 하소서.
우리가 실수를 맞닥뜨릴 때마다, 사랑과 긍휼의 마음 간직하기 원합니다.
그리하여 작고 연약한 주의 종들뿐 아니라
악한 죄인들까지도 우리 때문에 해를 입지 않게 하소서.

주님, 우리의 삶을 온전히 주께 올려드립니다.
우리 마음속에 주의 영광을 향한 열심이 타오를 때
죽음의 고통까지도 기꺼이 감내할 수 있음을 믿습니다.
아멘.

— 필립 도드리지

내 마음의 주인 되소서

귀하신 주 예수님,
오직 주님만이 우리의 비천한 인격과 드리는 예물에
순전한 생명력과 향기를 더하여 주십니다.
우리 안의 모든 것이 부패했으며
점점 더 썩어지고 시들어 갑니다.
하지만 주께서 성소의 만나를 보존하셨듯이,
우리의 삶도 온전케 하실 줄 믿습니다.
순전하고 거룩하신 주님 안에서
우리의 존재도 정결하며 거룩하게 됨을 고백합니다.

주님은 만나가 상징하는 것처럼
하나님께로부터 오는 생명의 떡이십니다.
주님은 지금도 하늘에 있는 주의 교회를 먹이시며
생명수의 근원으로 인도해 주십니다.
주님은 이 땅의 교회를 돌보시는 분,
물도 없는 이 메마르고 황량한 땅을 지나갈 때
우리와 함께 동행하시는 분이십니다.
성령께서 이처럼 교회를 향해 주시는 말씀을 들을 때 큰 기쁨을 얻습니다.
"이기는 그에게는 내가 감추었던 만나를 주고." 계 2:17

귀하신 예수님!
내 영혼이 주를 사모하여 당신을 바라보게 하소서.
주님은 신실하시고 영원하시며, 변함없는 나의 대제사장이십니다.
"여호와께서 시온에서부터 주의 권능의 규를 내보내시리니
주는 원수들 중에서 다스리소서." 시 110:2

주님, 내 안의 모든 것이 메마른 채로 남게 될까 두렵습니다.
주를 바라보오니,
궁핍한 내 영혼에 주의 은혜와 생명을 베풀어 주소서.
주의 영광을 위해 구하오니,
주의 은혜로 내 삶이 풍성히 열매 맺기 원합니다.

만유의 주재이시며 전능의 왕이신 주님,
주께서 나의 왕, 나의 하나님 되심을 기쁘게 고백합니다.
내 삶은 모두 주의 것입니다.
주께서 영원 전에 이를 정해 두셨으며,
친히 내 마음을 정복하셨습니다.
주께서 은혜의 능력으로 내게 임하셨을 때
내 자신을 기꺼이 주께 드렸습니다.

오, 주님, 내게 은혜를 베푸셔서,
날마다 주의 참되심을 고백하며
사랑과 순종의 삶을 살게 하소서.
성부 하나님께서 주님을 만유의 왕으로 세우셨음을 믿습니다.
이제 내 마음의 보좌에 좌정해 주소서!

주의 모든 원수들이 주 앞에 굴복하며,
주의 온 백성이 기쁨으로 주를 섬기게 하소서.
아멘!

— 로버트 호커

주의 길로 행하게 하소서

주님, 우리 영혼이 주께 "주는 우리의 하나님이십니다" 하고 아룁니다.
지금까지는 다른 주인들이 우리 삶을 다스려 왔으나,
오늘부터 우리는, 오직 주님만이 우리의 하나님이심을 고백합니다.
우리가 주의 길로 행하여
주의 계명들을 지키고 주의 말씀에 순종하게 하소서.
우리가 주의 음성에 귀 기울이고, 우리 자신을 주께 드리기 원합니다.
날마다 주를 찬양하며 주의 영광을 위해 살아가게 하소서.

주님, 우리는 진실로 주의 집에서 태어난 주의 종들입니다.
주께서 우리의 속박을 풀어 주시고 그리스도의 피로 값 주고 사셨으니,
우리 삶을 주께 드립니다.
주께서 우리와 영원한 언약을 맺으셨으니,
결코 그 언약이 흔들리지 않을 줄 믿습니다.
우리는 주의 것입니다.
늘 주의 길을 찾고 구하오니, 우리를 구원하소서.
우리가 주께 드리는 것 모두가
이미 주의 손길로 우리에게 베풀어 주신 것임을 고백합니다.
아멘.

— 매튜 헨리

주의 뜻을 이루소서

예수님, 이제는 주의 뜻을 받드는 것이 내 거룩한 목표입니다.
내가 주와 언약을 맺고, 영원히 주의 것이 되게 하소서.
오직 이것이 나의 기도가 되게 하소서.
구주이신 예수님, 주의 뜻이 이루어지기를 원합니다.
날마다 주님을 사랑하며 섬기는 일이 내 삶의 본분이 되게 하소서.
주께 드리는 모든 것은, 주께서 먼저 내게 후히 베풀어 주신 것들입니다.
주님, 나를 위해 주의 보혈을 흘리셨으니,
주의 뜻대로 나를 인도하시고 다스리소서.
주의 뜻에 어긋나는 내 마음의 소원들은 모두 떨쳐버려 주시고,
내 마음속에 주의 다스리심을 훼방하는 일들 없게 하소서.
오직 주님만이 내 삶의 보좌에 좌정해 주소서.
구주이신 주님, 주의 뜻이 이루어지기를 원합니다.
주께서 기뻐하시는 일들이 내 삶 속에서 온전히 성취되게 하소서.
살든지 죽든지, 나는 주의 것입니다.
내 모든 호흡도 주의 것이고,
주님만이 내 소망과 기쁨이 되십니다.
구주이신 주여, 오직 주의 뜻이 이루어지게 하소서.

― 옥타비우스 윈슬로

나의 왕이신 주님

주님, 나 같은 죄인도 확신을 품고
겸손히 주님을 바라보게 하시니 감사합니다.
이제는 나로 하여금 주의 면류관 가운데서,
찬란하게 빛나는 주의 십자가의 영광을 노래하게 하소서.

귀하신 주님,
복되신 성령의 감화를 통해 날마다 내 삶의 보좌에 임하여 주소서.
주의 진정한 왕 되심을 믿음으로 고백하기 원합니다.

주님, 내 모든 생각과 소원을 주께 드려 순종하기 원하오니,
주 앞에 전심으로 무릎 꿇게 하소서.
거룩한 기쁨으로 예수 그리스도의 주되심을 고백하며,
아버지 하나님께 영광 돌리게 하소서.
아멘.

— 로버트 호커

나는 주의 것입니다

주님, 내게 은혜를 베푸셔서 예수님 안에 거하게 하소서.
모든 삶의 행실 가운데
내가 그분께 속했으며, 그분을 섬기는 자임을 드러내기 원합니다.

박해하는 자의 모든 물음에
"나는 그리스도인입니다" 고백했던 순교자들처럼,
내 모든 말과 생각, 행동을 통해
예수님과 내가 하나로 연합된 것을 저들이 알게 하소서.
내 삶이 더 이상 내 자신의 것이 아님을 모든 이들이 알게 하소서.

주님, 주께서 나를 그리스도의 피로 값 주고 사셨습니다.
이제는 온 몸과 영혼으로 주께 영광 돌리게 하소서.
내 전부가 주의 것임을 고백합니다.
아멘.

— 로버트 호커

내가 주를 붙듭니다

주님, 주께서는 어찌하여 영원 전부터 나같이 비참한 자,
아무것도 아닌 죄인을 영화롭게 하실 뜻을 품고 계셨는지요?
이제 주님만 바라보며
내 마음속 주인으로 모시기 원하오니,
날마다 기쁨으로 주님을 묵상하게 하소서.
내가 주 앞에서 부르짖습니다.
"하나님이여, 주의 생각이 내게 어찌 그리 보배로우신지요.
그 수가 어찌 그리 많은지요." 시 139:17

주님, 주께서 기뻐하실 거룩한 생각을 잠시도 품지 못했던
지난 시간들을 깊이 뉘우치며 회개합니다.
주님은 순전히 사랑 때문에 내게 구원을 베풀기로 작정하셨습니다.
이제 나도 주님을 내 주인이시요 왕으로 받듭니다.
오직 주님만이 내 영혼의 분깃, 내 삶의 유일한 즐거움으로 모십니다.

주님은 영원한 멸망에 이를 수밖에 없는
수많은 사람들 가운데서 나를 택하셨습니다.
이제 온 힘을 다해 주님을 사랑하고 경배하며
거룩한 삶의 의무들을 잘 감당하기 원합니다.

주께서는 내가 거룩에 이르도록 정하셨으니,
그 일은 실로 아름답고 내게 꼭 필요한 것임을 고백합니다.
거룩함이 없이는 구원을 얻을 수 없기 때문입니다.
내가 거룩함의 길로 계속 나아가며,
거룩함의 목표를 그 방편들과 서로 분리하지 않게 하소서.
주께서는 나를 위해 거룩함의 목표뿐 아니라 방편까지도
이미 정해 두셨음을 믿습니다.

주님, 나를 구원하시려는 주의 목적이 확정되었고 변치 않음을 믿습니다.
그러하오니, 이제 나도 변함없이 주님을 따르기 원합니다.
어느 때는 주를 섬기다가 다른 때는 마귀를 좇는 일이 없게 하소서.
내가 주님을 붙듭니다.
주님을 버리거나 배신하느니,
차라리 천 번의 죽음을 당하는 쪽을 택하겠습니다.
굳건한 믿음으로 항상 주의 일에 힘쓰기 원합니다.
내 수고가 주 안에서 헛되지 않게 하소서. 고전 15:58

주님은 성령의 사역을 통해 나를 향하신 주의 사랑을 일깨워 주셨습니다.
그 사랑은 실로 인간의 이해를 넘어서는 것입니다.
온 마음과 뜻과 힘을 다해 주님을 더욱 사랑하게 하소서.

주님, 주께서는 내게 구원의 확신을 베푸셨습니다.
이제 이 소망을 품고서 주의 정결하심과 같이
정결한 삶을 살아가게 하소서. 요일 3:3

주님은 나를 주의 자녀 삼아 주셔서,

지극히 비범하고 과분하게 높여 주셨습니다.
이 일을 일깨우기 위해 주께서 내 마음속에 풍성한 사랑을 베푸셨으니,
이 모든 일이 주의 성령을 통해 이루어졌음을 고백합니다.
주님, 이제 온 힘을 다해 주를 사랑하고 경배하기 원합니다.
언제나 주님을 높이며 순종하는 삶 살게 하소서.
내 심령이 오직 주의 사랑으로 충만케 하소서.
아멘.

— 헤르만 비치우스

내 마음과 집 위에 주의 이름을 새겨 주소서

귀하신 주 예수님,
당신은 곤고한 내 영혼에 언제나 힘을 주시며,
이제로부터 영원히 내 삶의 분깃이 되신 것을 믿습니다.
주의 도우심이 필요한 것을 날마다 깨닫습니다.
내 궁핍과 연약함을 온전히 헤아리게 하소서.

주 예수님, 주님은 나를 안전히 지키시는 분이십니다.
주님 안에 거하면,
양심의 가책과 죄 많은 육신의 본성, 사탄의 고소뿐 아니라
의로우신 하나님의 심판 중에도 건져 주심을 믿습니다.
옛 선지자가 그러했듯이, 주께 늘 이처럼 부르짖기 원합니다.
"공의와 힘은 여호와께만 있나니 사람들이 그에게로 나아갈 것이라.
무릇 그에게 노하는 자는 부끄러움을 당하리라."사 45:24
주님은 이스라엘 백성에게 은혜와 영광, 존귀를 베푸셨습니다.
이제 내 집의 문들 위에 주의 이름을 새겨 주소서.
그리하여, 주님을 사랑하는 이가 이 집에 산다는 것을
모든 사람이 알게 하소서!
내가 주의 백성이며, 주의 사랑하시는 아들의 복음 안에서
주를 섬긴다는 것을 널리 전하게 하소서.

실로 그 일은 내게 큰 영광입니다.
하늘과 땅의 모든 이들이 주님 앞에 무릎 꿇는데,
어찌 내가 주의 이름을 부끄러워할 수 있겠습니까?

주 예수님, 내 집의 문들뿐 아니라
내 마음과 감정 깊은 곳에도 주의 이름을 새겨 주소서.
아침에 눈 뜰 때와 잠자리에 들 때, 언제나 주님을 생각하기 원합니다.
내가 주님을 항상 기억하여 주께서 행하신 큰 구원을 돌아보게 하시고,
주님과 주의 풍성한 구원에 관해 말하는 것이 나의 기쁨이 되게 하소서.
내 모든 말과 행동 가운데서
사랑하는 주님을 향한 영혼의 갈망이 분명히 드러나게 하소서.
내 모든 행실이 주의 존귀한 이름을 가리키게 하소서.
내 영혼의 소원이 오직 그리스도 안에서 주님을 사랑하고 섬기며,
주의 뜻을 받들고 주께 영광 돌리는 데 있게 하소서.
고향에 있거나 낯선 나라에 머물 때,
내 집과 가족 안에 거할 때, 누워 있거나 자리에서 일어날 때도,
온 창조 세계가 나를 위해 이 일을 증언하게 하소서.
주님, 내 모든 삶 속에서 이렇게 고백하기 원합니다.
"하늘에서는 주 외에 누가 내게 있으리요.
땅에서는 주 밖에 내가 사모할 이 없나이다.
내 육체와 마음은 쇠약하나 하나님은 내 마음의 반석이시요
영원한 분깃이시라." 시 73:25-26

아멘.

— 로버트 호커

주님의 것 되기 원합니다

주님, 주님은 알파와 오메가이십니다!
처음인 동시에 마지막이며, 모든 일의 시작과 마침이 되십니다.
주의 손길로부터 만물이 생겨났으며,
그 모든 것이 다시 주께로 돌아갑니다.
주님 없이는 내가 살아갈 수 없습니다.
오직 주님만이 홀로 하나님 되심을 고백합니다.
주님은 생명과 존재로 충만하신 분이며,
유일한 생명의 근원이자 원천이십니다.
주님은 영원히 스스로 계시는 지존자이십니다.

주께서는 모든 일을 아십니다.
내가 주님을 사랑하는 것을 아시오니,
내 자신을 주께 드립니다.
내가 할 수 있는 일은 오직 이것뿐임을 고백합니다.
내가 지금보다 훨씬 나은 모습으로
주님 앞에 나아갈 수 있다면 얼마나 좋겠습니까?
하지만 내가 천사들의 온갖 미덕을 지녔을지라도
주께 합당한 자가 되지 못했을 것입니다.
주께서 나를 받아 주심은 오직 주님이 선하시기 때문입니다.

내가 주를 사랑하여 주님 곁에 머물기 원하오니,
주의 백성으로 주님과 함께 살아갈 때, 주의 임재 안에 거하게 하소서.
오, 주님, 나의 힘이 되신 주를 사랑합니다.
실로 완전하신 주님,
내 간구의 음성을 들으신 주님을 찬양합니다.
주는 내 영혼을 사망에서 건지시고 친히 눈물을 닦아 주셨으며,
내 발이 실족하지 않게 붙들어 주셨습니다.

오, 주님, 오직 주의 자비하심을 의지합니다.
주께서 우리를 가증하게 여기시고
"너희는 내 백성이 아니다!"라고 선포하실지라도, 아무 할 말이 없습니다.
주의 깊은 긍휼과 자비하심을 의지해서 구합니다.
그 말씀을 거두어 주소서.

주님, 내가 여기 있습니다.
내가 온전히 주의 것임을 고백합니다.
내 삶과 존재 전부를 주께 내어드립니다.
이 모든 것을 주의 뜻대로 써 주소서.
주께 헌신하며 자신을 의탁하는 내 영혼을 받아 주소서.
길을 잃고 헤매던 내 심령이 다시 주님 앞에 나아갑니다.
구속자이신 주께서 우리를 속량하기 위해 심한 고난을 당하셨습니다.
이제 나를 향하신 주의 계획을 알았으니,
더 이상 주의 뜻을 멀리하고 거부하지 않겠습니다.

내가 주님을 사랑하오니,

내 삶을 모두 내어드립니다.
오, 주님, 나를 주의 종으로 삼으소서.
주께서 내 옛 속박을 풀어 주셨습니다.
이제는 영원히 변치 않는 새 언약으로 주님과 연합하게 하소서.
아멘.

— 존 하우

헌신의 기도

주님, 깊은 신뢰와 소망을 품고 내 영혼을 주의 손에 맡겨 드립니다.
주께서 나의 영화로운 구속자이시며 중보자이심을 믿습니다.
주의 사역을 통해 내가 아버지 하나님과 화목하게 되었음을 고백합니다.

주님은 무한하고 영원한 영이시며, 참된 빛과 생명, 사랑이십니다.
지극히 크고 지혜로우시며, 선하신 주의 이름을 찬양합니다.
주님은 자연과 은혜, 영광의 하나님이시며,
만물이 주께로부터 나오고, 주로 말미암고, 주께로 돌아감을 믿습니다.

주께서는 나의 절대적인 소유자시요 통치자,
은혜를 베푸시는 분이십니다.
내가 주의 것이기에,
오직 주님만을 섬기고 구하며
주님만을 신뢰하기 원합니다.
연약한 나의 헌신을 받아 주소서.
주께 영광이 영원히 있기를 소원합니다.
아멘.

— 리처드 백스터

10. 이웃에게 복음을 전하게 하소서

오직 하나님만이 구원하십니다

오, 주님, 복음의 사역을 감당하기에 나는 실로 부족한 자입니다.
내가 무엇으로 리워야단의 비늘을 꿰뚫을 수 있겠습니까?
내게는 돌 같은 마음을 움직여
주의 뜻에 합당한 생각을 품게 할 힘조차 없습니다.

주님, 내가 무덤에 가서 말씀을 선포할 때
과연 죽은 자들이 내 말을 듣고 일어나 바깥으로 나오겠습니까?
내가 높은 산이나 큰 바위 앞에 가서 설교할 때
그것들이 내 말에 감동을 받아 움직이겠습니까?
내가 눈먼 자들의 시력을 되찾아 줄 수 있겠습니까?

주님, 이 세상의 시초부터 지금까지
아무도 눈먼 채로 태어난 자의 시력을 회복시키지 못했습니다.
그러나 주께서는 죄인들의 마음을 찌르고 꿰뚫으실 수 있는 분이십니다.

설령 내가 말씀의 활시위를 제대로 당기지 못할지라도,
주께서는 그 화살이 죄인들의 마음속에 정확히 꽂히게 하실 수 있습니다.

주님, 내가 만군의 여호와 이스라엘 군대의 하나님이신
주의 이름으로 나아갑니다.
다윗이 골리앗과 담대히 맞섰듯이,

내가 혈과 육에 대한 것이 아니라 이 세상의 주관자들과
하늘에 있는 악한 세력의 영들과 맞서 싸우게 하소서.
주님, 이날에 블레셋 사람들을 물리치고 강한 자의 갑옷을 빼앗게 하소서.
그들의 손에 붙잡힌 이들을 건져 내기 원합니다.

주님, 내가 전할 메시지를 일깨워 주소서.
주의 뜻에 합당한 무기를 고르게 하시고,
말씀의 돌멩이를 집어 들고 물매로 던질 때
그것이 과녁에 명중하게 하소서.
그리하여, 그 돌이 이마가 아니라
아직 회심하지 않은 죄인들의 마음속으로 뚫고 들어가게 하소서.
그들이 다소의 사울처럼 땅에 엎드러지게 하소서.

주 하나님, 도와주소서.
그들을 어떻게 내버려둘 수 있겠습니까?
그들이 내 말을 듣지 않을지라도,
주께서 내 간구를 들어주시기를 기도합니다.
그들이 주의 돌보심 아래 살게 되기를 소원합니다!

주님, 그들을 구원하소서.
그렇지 않으면 저들이 멸망하고 말 것입니다.
자신의 집이 불길에 휩싸였는데도
저들이 깊이 잠들어 있는 모습을 본다면, 내 마음이 몹시 아플 것입니다.
저들이 끝없는 멸망으로 치달을 때, 내 심령이 얼마나 괴롭겠습니까?

주님, 저들을 불쌍히 여기시고

영적인 멸망의 불길 가운데서 건져내 주소서.

주의 거룩하신 능력으로 역사하실 때, 그 일이 이루어질 줄 믿습니다.

죄의 세력을 물리치시고, 저들의 영혼을 구원해 주소서.

아멘.

— 조지프 얼라인

오, 주님, 저들을 그리스도께로 이끌게 하소서

주님, 아직 주를 알지 못하는 많은 이들이 있습니다.
저들의 삶 속에 주의 은혜로 역사해 주소서.
저들의 마음을 감화하셔서, 참된 지혜를 깨닫게 하소서.
그리하여 저들이 "주님, 주께서 나를 이기셨습니다.
주님은 나보다 더 크신 분이십니다" 하고 고백하게 하소서.
주님, 주께서 사람을 낚는 어부로 나를 부르셨습니다.
이제껏 나는 온 힘을 쏟았지만 아무 성과를 거두지 못했습니다.
그렇다면 헛되이 애를 쓴 것이겠습니까?
내가 한 번 더 말씀의 그물을 던지겠습니다.
주께서 바닷가에 서 계실 때에,
내가 어떻게, 어디로 그물을 던져야 할지 알려 주소서.
내 말을 듣는 이들의 영혼을 온전히 에워쌀 메시지를 주소서.
그들이 결코 다른 길로 새지 못하게 해주소서.
주님, 내가 전하는 말씀을 통해 수많은 영혼들이 구원을 얻고,
온전한 결실을 거두게 하소서.
주 하나님, 내가 구하오니, 나를 기억하소서.
오, 하나님, 나를 강건케 하소서.
아멘.

― 조지프 얼라인

지금은 구원의 날입니다

복되신 예수님,
주께서 모든 구원의 일을 행하셨고, 지금도 행하고 계십니다.
주님은 이 땅에 있는 양떼 우리와
하늘에 있는 주의 궁정으로 들어가는 문입니다.
주님은 친히 이렇게 말씀하셨습니다.
"내가 문이니 누구든지 나로 말미암아 들어가면
구원을 받고 또는 들어가며 나오며 꼴을 얻으리라." 요 10:9

주께서는 자신의 피로 새 생명의 길을 여셨습니다.
주님은 우리가 아버지 하나님께로 나아가는 유일한 길이 되십니다.
주께서 그 길의 문을 여셨기에, 아무도 그 문을 닫을 수 없습니다.
주님은 지금도 살아 계셔서 우리를 위해 중보하시며,
친히 여신 그 길이 항상 열려 있게 하십니다.

하늘에 계신 주님,
주께서 여신 구원의 문은 낮이나 밤이나 결코 닫히지 않습니다.
영원하신 주의 복음이 선포될 때,
하나님이 베푸시는 구원을 온 세상 사람들이 보게 될 것입니다.
주께서 친히 말씀하셨듯이,
주님을 힘입어 하나님께로 나아오는 자들은

결코 버림받지 않을 것입니다.

주께서 우리의 구원을 약속하시고,
당신의 의와 보혈로 그 일을 친히 이루셨습니다.
또한 성령께서 그 구원을 보증해 주셨습니다.
이제 주께서 성부 하나님이 주신 모든 이들을 받으시고 복을 베푸시며,
주께로 나아오게 하신다는 약속을 믿습니다.
주께서는 모든 자들을 위해 언제나 구원의 문을 활짝 열어 두십니다.

얼마나 귀하고 복된 구원의 부르심인지요!
주님, 아직도 구원의 문 바깥에 있는 죄인들이
육신의 안락과 게으름에서 깨어나기를 기도합니다.
참된 본향의 주인이신 주께서 그 문을 닫으시기 전에,
그들이 문 안으로 속히 들어오게 하소서.
"지금은 은혜 받을 만한 때요 보라, 지금은 구원의 날이로다." 고후 6:2
아멘.

— 로버트 호커

구원의 기도

주님, 나는 본성상 길을 잃고 타락한 피조물입니다.
실제로도 많은 죄를 범했음을 고백합니다.
이제껏 나는 주님을 떠난 채 우둔하고 무지하게 살아왔습니다.
하지만 주님은 내 삶이 얼마나 비참한지를 깊이 일깨우시고,
그리스도 예수 안에 있는 구원의 길을 보여주셨습니다.

주께서는 내게 구원의 길을 값없이 제시하시고,
내가 주의 뜻을 받들어 예수를 온전히 의지하기 원하셨습니다.
이제껏 주님은 주권적인 손길로 나를 돌보시고,
내 마음을 움직여서 그리스도를 영접하게 하셨습니다.
그리하여, 살아 계신 하나님을 대면하게 되었습니다.

그러하오니, 주님! 이제 주의 뜻대로 결단하기 원합니다.
나는 예루살렘에서 죽임 당하신 그리스도 예수께서
하나님의 아들이시며, 세상의 구주이심을 믿습니다.
비록 나는 무가치한 죄인이지만,
이 믿음을 온 세상 앞에 선포합니다.
오직 그리스도 안에만 영생이 있음을 믿습니다.
예수님, 내 영혼을 주께 의탁합니다.
주님 안에서 하나님과 내가 화목하게 되었음을 고백합니다.

이제부터 주님만 믿고 따르겠습니다.
내 모든 존재와 소유를 드리고,
주께서 싫어하시는 일을 모두 버리겠습니다.
아무 망설임 없이 행하여, 결코 뒤돌아서지 않게 하소서.

주님, 내 마음을 주께 드립니다.
그리스도 안에서 베푸신 화평의 약속을 받들며
주님과 영원한 언약을 맺기 원합니다.
내 부패한 본성을 꺾어 주소서.
내가 모든 일 가운데서 주의 복된 멍에를 기꺼이 감당하며,
주께서 원하시는 일이 무엇이든지 기쁘게 행하게 하소서.

하나님 아버지! 내가 주님을 찬양합니다.
하나님 아버지께서 친히 이 구원의 길을 마련하셨으며,
주의 아들을 보내어 이 일을 성취하게 하셨습니다.

예수님! 내가 주님을 찬양합니다.
예수께서 나를 위해 값진 희생을 치르셨습니다.
내가 예수님을 통해 아버지 하나님께 나아가게 되었으며,
그분과 화목하고 연합하게 되었음을 고백합니다.
이제 더 이상 내가 그분의 원수나 낯선 자가 아님을 믿습니다.

성령님, 내가 주를 찬양합니다.
성령께서 내 삶이 망가질 때 생생히 경고해 주셨습니다.
성령께서 내가 실로 위험한 상태임을 일깨우시고,
마음의 눈을 열어 구원의 길을 보게 하셨습니다.

내 완악한 마음을 움직여 예수를 사랑하게 하셨습니다.
성령께서 하나님과의 언약 안에서 살아가는 법을
내게 가르쳐 주셨습니다.
다윗이 누린 긍휼과 아브라함의 복을 일깨워 주셨습니다.
하나님의 은혜와 신뢰를 영원히 간직하는 법도 알게 하셨습니다.

내 마음과 영혼, 생각과 전 인격을 주께 올려드립니다.
이제 내 삶은 내 것이 아니라, 주의 것입니다.
어떤 상황에서든지, 주관자이며 통치자이신 주께서 돌보아 주소서.
내게 많은 연약함과 허물이 있을지라도, 이 언약을 폐하지 마소서.
주께서 그 약속을 이미 선포하셨으니, 주의 자비를 남용하지 않겠습니다.
실패하여 넘어질 때, 주를 더 간절히 붙들게 하소서.
내 믿음이 흔들릴 때마다 주님과 맺은 이 언약을
기억하며 굳게 간직하기 원합니다.

이 일에 관한 주의 약속이 성경에 기록되어 있음을 잘 압니다.
그러므로 내게는 새로운 표징이 필요치 않습니다.
내가 주께서 말씀하신 그대로 따르겠습니다.
주님은 참으로 신실하시며,
나의 모든 허물과 부족함을 용서해 주셨습니다.
하나님은 진실로 참되시며, 예수님은 나의 구주이십니다.
아멘.

― 윌리엄 거스리

이웃을 위한 기도

하나님, 상실의 고통을 겪고 있는 이들에게 은혜를 베푸소서.
그들이 처한 삶의 형편을 불쌍히 여기시고, 사랑의 눈으로 돌보아 주소서.
주의 섭리로 그들을 붙드시며,
그들을 더욱 강하게 하시고 아름답게 회복시켜 주소서.
주님이 친히 우리의 성읍을 세우지 않으시면
그 일에 애쓰는 자들의 수고가 헛됨을 잘 압니다.
주의 등불로 그들의 삶을 비추어 주소서.
주의 성령께서 그들의 심령을 빛으로 비추시고 새롭게 하소서.
이 마을과 성읍에 평안과 번영,
이웃 사랑과 주를 향한 신뢰가 가득하게 하소서.

주님, 내 이웃들이 겪는 시련을 긍휼히 여기소서.
그들의 슬픔이 기쁨으로 변화되며,
그들의 어두운 얼굴이 다시금 빛나게 하소서.
애통하던 그들이 주와 함께 즐거워하며,
하나님의 도성인 하늘의 예루살렘에 속한
평안과 감격을 누리게 하소서.
그곳에서는 오직 사랑의 불길만이 타오르고 있음을 믿습니다.
우리 눈을 들어 하늘을 바라보게 하소서.

겸손한 소망을 품고 이웃을 위해 간절히 기도하기 원합니다.
참된 기독교 신앙이 온 세상에 전파되게 해주소서.
그 신앙이 우리 자신의 마음속에도 충만케 하셔서,
주 안에서 신실하게 행하며 자라가게 하소서.

주님, 매일의 삶 속에서 주의 인자하심을 일깨워 주소서.
주의 높으신 섭리와 신비를 우리가 다 헤아릴 수 없지만,
주의 길 가운데 자비와 진리가 있음을 믿습니다.
우리가 주의 인도하심을 따라 영원한 기쁨의 길로 나아가니,
참되고 확신에 찬 평안을 얻게 하소서.
아멘.

— 필립 도드리지

하나님 아버지, 이 세상의 질병을 고쳐 주소서

크고 위대하시며, 영원하신 주님,
모든 피조물과 복의 근원이신 주를 찬양합니다.
주께서는 주를 믿고 따르는 존재로 우리를 지으셨습니다.
주님은 우리의 본성에 존엄하고 지혜로운 마음을 베푸셔서,
"우리의 창조자이신 주를 알게 하소서!" 고백하게 하셨습니다.
하지만 안타깝게도, 온 인류가 타락에 물들어 버렸습니다.
이제 우리의 영광은 수치로 바뀌었고,
우리의 본성에 맞지 않게 주를 잊고 사는 것이
이 땅에 널리 퍼진 질병이 되었습니다.

거룩하신 아버지여,
오직 주의 임재와 가르침을 통해서만,
길을 잃은 자녀들이 옳은 길로 돌아올 수 있음을 고백합니다.
우리 마음속에 주의 거룩한 일들을 일깨워 주소서.
그 깨달음이 지속되며 뚜렷한 효력을 갖게 하소서.

오직 주께로부터 모든 선한 목적과 갈망이 나옴을 믿습니다.
온 세상에 참된 지혜와 경건, 복된 삶의 길을 전하려는 열망이
넘치게 하소서.
지금은 온 인류가 깊은 배교의 상태에 빠져 있을지라도,

주의 무한하신 자비로 우리를 돌이켜 주소서.
아멘.

— 필립 도드리지

주님을 내 삶 속에 모셔 들입니다

경이로우신 주님,
주님은 길 잃은 자들을 찾아 구원하시는,
은혜롭고 복된 사명을 감당하시려고 이 땅에 오셨습니다.
주님은 굳게 닫힌 사람들의 마음을 찾아 오셨습니다.
주님은 이 땅에서 큰 능력을 행하실 때에,
성령의 부드러운 감화로
주께 속한 백성들의 심령에 찾아오셨습니다.

그러하오니 주님,
내 마음 문도 활짝 열어 주소서!
하늘에 속한 복된 도성의 문들처럼,
내 문도 밤낮으로 닫히지 않게 하소서.
망루 위에 있던 선지자나 장막 문 앞에 앉아 있던 아브라함처럼,
내 영혼이 주의 임재를 항상 사모하며 바라보게 하소서.
주님을 내 삶 속에 모셔 들이며
나와 함께 거하시기를 간절히 구합니다.
내 마음이 주의 말씀으로 뜨거워져서,
주님을 깊이 알게 하소서.
기도와 성찬을 통해 주님과 더 깊이 교제하게 하소서.

진실로 영화로우신 주님,
이제껏 주님을 알아가게 하신 것 감사드립니다.
때때로 주님은 주의 감미로운 모습을 바라보게 하셨습니다.
주의 말씀과 성례를 통해 놀라운 은혜의 흔적들을 따라가게 하셨으며,
여러 모양으로 주의 임재를 깨닫게 하셨습니다.
하늘에서 강림하신 주님,
주께서 길가에 머무시지 마시고
내 마음과 영혼 안에 찾아와 주소서.
주께서 약속하신 것처럼, 나와 더불어 먹고 마시며 동행하여 주소서.

주님, 내가 풍성한 식사를 마주할 때마다
주께서 그 음식을 베푸셨음을 기억하게 하소서.
먹고 마실 것이 없는 이들에게도 도움의 손길을 내려 주시기 원합니다.
주님, 우리가 식사를 나눌 때마다 주의 임재를 고대하게 하소서.
주의 이름이 향긋한 기름처럼 우리의 모임 중에 충만하기를 원합니다.
성령의 감화로 우리의 대화를 이끌어 주시고,
서로의 삶에 유익을 끼치며, 주의 은혜를 높이게 하소서.
우리가 주께 더 가까이 나아가기 원하오니,
함께 식사할 때마다 주의 성찬을 늘 기억하게 하소서.
하늘에서 열리는 어린양의 혼인 잔치를
믿음으로 바라보고 즐거워하게 하소서.
머지않아 우리도 그 잔치를 영원히 누리게 될 줄 믿습니다.
아멘.

― 로버트 호커

복음을 증언하게 하소서

주님, 우리가 주를 향한 믿음을 고백하면서도
죽음의 때를 미처 예비하지 못합니다.
우리가 믿음을 고백하면서도
주의 날이 임하기를 갈망하지 않습니다.

주님, 지금 우리 삶의 모습은
우리의 믿음이 얼마나 적은지를 드러낼 뿐입니다.

주님, 우리에게 더 큰 능력을 허락하여 주소서.
우리를 구원하시고 어둠에서 빛으로 인도하신
주의 놀라운 덕을 모든 이들이 알게 하소서.
아멘.

— 존 번연

말씀이 전파되게 하소서

전능하시며 영원히 살아 계신 주 하나님,
주의 위엄과 능력, 영광과 광채를 찬양합니다!
당신을 대적하는 우리가 어찌 감히 주의 얼굴 앞에 나아갈 수 있겠습니까?
우리는 어둠이요 연약함이며, 더러움과 수치일 뿐입니다.
주님은 우리의 창조주이시고, 우리는 주의 피조물임을 고백합니다.
주님은 친히 우리를 복된 낙원에 두셨건만,
우리는 영광스럽고 인애하신 주님을
한낱 나무의 열매와 맞바꾸어 버렸습니다.
우리로 하여금 그 일을 기억하게 하소서.
우리는 선악과 하나 때문에 주님을 잃었으며,
지금도 한낱 돈과 음식 때문에 주님을 떠났습니다.

그러나 주님, 주님은 우리를 불쌍히 여기사 오래 참으시며,
우리에게 지극한 사랑을 베풀어 주셨습니다.
그리하여, 우리가 소멸되지 않았음을 고백합니다.
주께서 지극한 자비를 베푸시고,
징벌이 아닌 구원을 통해 영광을 얻으셨습니다.
이처럼 죄가 가득한 곳에 주의 은혜가 넘쳐났습니다.
우리의 죄가 심히 깊어 아무도 돕지 못할 때,

주님은 "보라, 내가 오리라!" 하고 말씀하셨습니다.

생명의 주인이신 주께서 육신을 입으셨습니다.
주님은 우리의 질고 앞에서 눈물을 흘리시고,
마침내 십자가에서 숨을 거두셨습니다.
주님은 자신을 대적하던 자들을 위해 죽으셨습니다.
그때 주를 조롱하던 자들,
지금도 주를 멸시하는 자들을 위해 목숨을 버리셨습니다.
복되신 구주여, 많은 물로도 주님이 품으신 뜨거운 사랑을 끄지 못하며,
아무리 깊은 구덩이로도 그 빛나는 광채를 가두지 못할 것입니다.
주의 보혈은 무덤과 지옥의 심연 가운데로 흘렀으나
주님은 승리하신 모습으로 다시 부활하셨고,
우리도 승리자로 만드셨습니다.

주님, 주의 사랑은 여기서 그치지 않았습니다.
주님은 깊고 풍성한 화평의 말씀을
하늘의 천사와 우렛소리에 맡겨 두지 않으시고,
우리처럼 연약하고 죄 많은 자들에게 부탁하셨습니다.
오, 하늘과 땅을 주관하시는 주님을 찬양합니다!
주님만이 지극히 경이로운 일들을 행하십니다.
온 힘을 다해 주께 영광 돌리게 하소서!
주님을 찬미하게 하소서.
주의 이름을 영원토록 높이게 하소서.

오, 주님, 주께서 거두신 승리의 능력에 의지하여 우리가 여기 서 있습니다.

우리가 늘 주의 규례들을 받들며, 주의 사랑과 진리를 간직하게 하소서.
주의 말씀을 복되게 하셔서,
그 말씀이 온 교회에 선포될 때마다 듣는 이들이 큰 힘을 얻게 하소서.
그 말씀을 통해 주의 능력과 화평이 전파되게 하소서.
그리하여, 아직 주를 믿지 않는 자들이 주께로 돌이키며,
이미 주께 속한 이들도 그 믿음 더욱 굳건해지게 하소서.
주께서 빛의 나라로 삼으시고
당신의 보화와 자비의 창고로 삼으신 이 땅에,
주의 말씀이 흥왕하게 하소서.

우리의 어리석고 헛된 마음 때문에
주의 지극한 사랑을 놓치지 않게 하소서.
우리 죄를 용서하시고,
주께서 시작하신 일을 온전히 이루어 주시기 원합니다.
주님, 말씀을 통해 행하소서!
주의 말씀이 우리의 귀에서 가슴으로,
가슴에서 삶으로 속히 옮겨가게 하소서.
하늘에서 내린 비가 땅을 적셔 풍성한 열매를 맺듯이,
우리를 향한 주의 뜻이 그 말씀을 통해 온전히 성취되게 하소서.
오, 주님, 이 간구를 들으시고 우리 죄를 용서하소서!
주의 복되신 아들의 이름을 의지하여 구하오니,
우리의 기도를 들으시고 우리에게 은혜를 베푸소서.
아멘.

— 조지 허버트

모든 나라가 주의 권능을 보게 하소서

주 하나님, 주의 능하신 팔을 드러내소서.
그리하여, 모든 나라가 주의 권능을 보게 하소서.
많은 이들의 마음속에 구원의 손길을 펼치소서.
그리하여, 그들이 믿고 주께로 돌이키게 하소서.

전에 주를 찾지 않던 자들도
이스라엘의 위대한 구주이신 주님을 만나게 하소서.
우리에게 놀라운 은혜를 베푸셔서,
미처 주를 알지 못하던 자들도 주의 참모습을 바라보게 하소서.

과거에 주를 노엽게 했던 이스라엘 백성의 후손들도,
다시 은혜의 길을 걷게 하소서.
주 하나님의 아들 안에서,
온 세상 족속에게 베푸신 그 복을 그들도 누리게 하소서.
아멘.

— 필립 도드리지

11. 내 죄를 용서하소서

임마누엘의 주님, 나를 정결케 하소서

임마누엘의 주님,
내 모든 소망과 확신이 오직 주께 있음을 고백하며
주의 발 앞에 엎드립니다.
선지자 이사야처럼, 나도 끊임없이
"나는 입술이 부정한 자입니다!"^{사 6:5} 하고 부르짖습니다.

주께서 모든 불법과 죄를 사하시면
내가 깨끗게 될 줄 믿습니다.
주께서 친히 우리의 제단이 되시고
주께서 친히 나의 의가 되심을 고백합니다.
귀하신 주님, 당신은 알파와 오메가이십니다.

아버지 하나님께서 당신을 태초부터 언약 백성의
영광스러운 머리로 삼으셨으니,
이제는 내 전부가 되어 주소서.
주님은 내 삶의 처음이자 마지막이시며,
내 믿음을 창시하고 완성하시는 분이십니다.

귀하신 주님,
바울처럼 나도 이렇게 고백하게 하소서.

"내가 이미 얻었다 함도 아니요."빌 3:12

주께서 나를 붙드시고 만나 주셨듯이,

나도 항상 주님을 바라보며 따르기 원합니다.

주 예수님,

주의 신부인 교회 위에 임하소서.

구속 받은 온 백성에게 새 생명을 부어 주시기 원합니다.

장차 이 땅의 교회가 하늘에 있는 주의 교회와 온전히 연합하게 하시고,

마침내 우리가 주의 얼굴빛 아래 영원히 거하게 하소서.

아멘.

— 로버트 호커

내 죄를 아룁니다

내 마음은 죄로 가득 찬 웅덩이와 같습니다.
그 속에서 흘러나오는 악한 말과 생각, 행동들을
미처 헤아리기도 어렵습니다.
내 머리부터 발끝까지 죄로 뒤덮였기에,
내 영혼이 죄의 짐에 짓눌려 있습니다.
실로 내 마음과 몸이 죄로 가득합니다.

내 죄들이 무섭게 노려봅니다.
그것들은 마치 사나운 빚쟁이 같습니다.
주의 계명들이 나를 짓누르는 것은, 내가 그 계명들 앞에 만 달란트의 빚,
아니 그보다 만 배나 큰 빚을 지고 있기 때문입니다.
내가 진 빚의 총합은 얼마나 엄청난지요!
온 세상 위에 높이 종이를 쌓고 그 위에 숫자를 빽빽이 기록하더라도,
내가 주의 계명을 거슬러서 진 빚보다 한없이 적을 것입니다.
내가 주 앞에 무한한 빚을 지고 있는데, 내 죄는 점점 더 늘어갑니다.
지극히 엄위하신 주 앞에 범한 허물들이 그토록 끝이 없습니다.

주님, 이 땅의 왕들에게 반역한 자들도 처벌을 받아 마땅한데,
전능하신 주의 왕권과 위엄을 거슬러 반역한 내가
받아야 할 형벌은 어떠하겠습니까?

내가 셀 수 없이 많은 죄에 짓눌리느니,

차라리 지옥의 군대에 맞서는 편이 나을 것입니다.

지금 나는 실로 두려운 죄에 둘러싸여 있습니다!

바닷가의 모래는 무수하지만, 그 크기가 거대하지는 않습니다.

높은 산들도 거대하지만, 그 숫자가 많지는 않습니다.

그러나 내 죄는 바닷가의 모래처럼 많으며, 높은 산들처럼 거대합니다.

내 죄는 그 숫자보다 많으며, 중하고 무겁습니다.

주님, 이 같은 죄의 짐에 짓눌리는 것보다

차라리 높은 산과 바위 아래 깔리는 편이 나을 것입니다.

내 죄와 그로 인한 슬픔의 무게를 달아 본다면,

무게는 바닷가의 모래를 합친 것보다 더 무거울 것입니다.

오, 주님, 주께서는 내 죄들이 얼마나 크고 중한지를 아십니다.

그 죄들은 나를 실로 비참하게 만들었습니다.

내 삶은 완전히 엉망이 되었습니다.

나는 죄의 노예로 팔렸으며, 주의 은총을 잃어버린 자가 되었습니다.

내 몸과 영혼이 저주를 받았으며,

내 이름과 모든 소유, 다른 이들과의 관계가 망가졌습니다.

주님, 지금 내 영혼은 죽음을 눈앞에 두고 있습니다.

이제 나는 무엇을 행해야 하겠습니까?

어느 곳을 바라보며, 어디로 피신해야 하겠습니까?

어디나 계시는 주님 앞에서 어떻게 내 몸을 숨길 수 있겠습니까?

주의 무소부재하신 능력 앞에서 내 영혼을 어떻게 보존할 수 있겠습니까?

주님, 지금 이 상태로 계속 머무를 수 있겠습니까?

그렇지 않습니다.
예전의 모습대로 계속 살아간다면, 나는 결국 죽음에 이르고 말 것입니다.

그러면 어떻게 해야 합니까?
내게 어떤 소망도 없는 것입니까?
지금 이 상태에서 돌이키지 못한다면, 분명 그러할 것입니다.
하지만 나처럼 비참한 자도
구원의 손길과 자비를 기대할 수 있겠습니까?
하나님, 참으로 그렇습니다.
주의 확실하고 참된 약속이 있으니,
내가 죄 사함과 자비를 얻을 수 있음을 고백합니다.
그리스도 안에서 주께로 돌이킬 때, 그 은혜들을 베푸실 줄 믿습니다.

지극히 자비하신 주 하나님,
내 영혼이 무릎 꿇고 감사드립니다.
주께서 이제껏 오래 참고 기다려 주셨습니다.
내가 예전의 모습대로 이 세상을 떠났다면,
영원히 멸망하고 말았을 것입니다.
주님, 이제 내가 주의 은혜를 찬미하며, 주의 자비의 손길을 붙듭니다.
내 모든 죄를 멀리하고 주의 은혜로 그 죄를 대적하며,
평생 거룩함과 의로 주를 따르게 하소서.
아멘.

— 조지프 얼라인

겸손하게 하소서

참으로 존귀하신 주 예수님,
주님이 이 땅에 계실 때 자신의 영광을 감추셨던 일을 생각할 때마다,
깊은 부끄러움을 느낍니다.
부패한 본성을 지닌 나는,
사람들의 사소한 공격에도 쉽게 분노합니다.

예수님,
주께서 겸손히 자신을 낮추셨던 그 마음, 나도 본받게 하소서.
아멘.

— 로버트 호커

부르짖게 하소서

주님, 내가 깊은 참회의 눈물을 흘립니다.
이처럼 슬피 우는 까닭은,
이전에 마땅히 해야 할 바대로 애통하거나 탄식하지 못했기 때문입니다.
내가 주님 앞에서 마땅히 애통할 수 있었다면
위로를 받았을 것입니다.
슬피 울었다면 기쁨도 있었을 것이고,
탄식했다면 다시 노래하게 되었을 것이며,
주 앞에 온전히 통회했다면 새 생명을 얻었을 것입니다.

하지만 나는 죽어가고 있습니다.
주님을 향해 전심으로 부르짖지 못했기에,
내 마음이 서서히 죽어갑니다.
주님, 내가 부르짖지만 죄 때문에 부르짖지는 않았습니다.
나는 자신의 죄를 보며 안타까워했지만,
진심으로 뉘우침의 눈물을 쏟지 못했습니다.
주님, 내가 부르짖습니다.
내 재난이 부르짖고, 내 뼈들이 부르짖고, 내 영혼이 부르짖고,
내 죄들이 부르짖습니다.
"주님, 상하고 통회하는 마음을 주소서!"

주님, 내 심령이 아직도 깨어지지 않았음을 고백합니다.

주님, 주의 두려운 임재 앞에서 바위가 깨어지고 땅이 진동하며,

하늘이 무너지고 구름이 슬피 웁니다.

태양이 빛을 잃고

달이 부끄러움에 낯을 가리며,

온 세상의 기초가 두려움에 요동칩니다.

하지만 내 마음은 깨어지거나 두려움에 떨지도 않으며,

몹시 강퍅해졌습니다.

오, 내게 상하고 통회하는 심령이 있다면 얼마나 좋겠습니까!

그리하면 온전히 주의 뜻대로 행하게 될 것입니다.

내 마음이 부드럽고 온유하다면 무엇이 어렵겠습니까?

그때에는, 고단한 노동은 손쉬운 일거리가 되고,

힘겨운 고통도 기쁨으로 바뀔 것입니다.

내 삶의 무거운 짐들이 가벼워질 것입니다.

주의 계명들도, 내게 주신 십자가도 버겁지 않을 것입니다.

오직 내 자신의 죄만이 괴로움을 줄 뿐입니다.

두려움이여, 그대는 어디 있습니까?

내 마음의 돌밭을 갈아엎어 주십시오.

사랑이여, 그대는 어디 있습니까?

얼어붙은 내 마음을 녹여 주십시오.

죽어버린 내 영혼을 따스하게 덥혀 주시고,

이 궁핍한 심령에 새 힘을 주십시오.

그러면 내가 주의 계명들을 좇아 나아가게 될 것입니다.

주님, 주께서 원하시는 일들을 기꺼이 순종하겠습니다.
주의 멍에와 십자가를 겸손히 감당하겠습니다.
주님을 따르며, 주의 사랑과 뜻을 마음속 깊이 간직하겠습니다.
그러하오니, 주의 사랑을 본받아 나도 주님을 사랑하게 하소서.
주의 얼굴을 뵈올 때까지 주님을 갈급하게 하소서.

주님, 이 세상에서 내가 바랄 분은 오직 주님밖에 없습니다.
나의 도움과 소망, 귀한 보화들이 모두 주께 있습니다.
내 생명도 그리스도와 함께 주 안에 감추어져 있습니다.
내 마음이 주와 함께 거하지 않으면 아무 소용이 없습니다.
주님, 내 마음을 받아 주소서.
하늘의 보화가 있는 곳에 내 마음도 거하게 하소서.
아멘.

― 리처드 얼라인

잘못은 내게 있습니다

구주이신 주여,
주께 무슨 허물이 있었기에, 유다에게 배반당하시고
도살장에 끌려가는 어린양처럼 고난을 받으셔야 했는지요?
주께서 무슨 악을 행하셨기에,
거짓 고발과 정죄를 겪으셔야만 했는지요?
주께서 무슨 잘못을 범하셨기에,
그처럼 채찍질 당하시고 가시 면류관 쓰시며
욕설과 조롱에 시달리셔야 했는지요?

오, 주님, 무엇 때문에 주께서 침 뱉음을 당하시고
수치를 무릅써야만 했는지요?
무엇 때문에 주의 옷들이 찢기고
주의 손과 발이 십자가에 못 박혀야만 했는지요?
무엇 때문에 저주받은 나무 십자가에서
강도들 사이에 매달리셔야 했는지요?
주님, 무엇 때문에 거대한 하나님의 진노를 감당하시고,
하나님 당신의 아버지께 버림받은 사람처럼
고통스럽게 울부짖으셔야 했는지요?
무엇 때문에 주의 죄 없는 심장이 예리한 창에 찔리고,

어머니의 눈앞에서 순결한 피를 흘리셔야만 했는지요?

주님은 아무 잘못이 없으셨습니다.
로마의 백부장은 주님이 하나님의 아들이심을 고백했습니다.
주와 함께 십자가에 달렸던 강도도 주께 어떤 죄도 없음을 증언했습니다.
주님이 이처럼 깊은 치욕과 고난을 겪고 죽임 당하셔야 했던 까닭은
대체 무엇인지요?

주님, 주께서는 바로 나 때문에 이런 슬픔을 겪으셔야 했습니다.
주님은 내 죄와 허물 때문에 수치와 아픔을 맛보셨습니다.
잘못을 범한 것은 나였지만, 그 대가는 주님이 치르셨습니다.
주께서 내 죄의 책임을 대신 지시고,
마침내 십자가에 달려 죽임을 당하셨습니다.
오, 주의 사랑과 은혜가 얼마나 깊고 경이로운지요!
주님은 내게 측량할 수 없는 자비를 베푸셨습니다.
내가 감히 무슨 말을 할 수 있겠습니까?

나는 교만한 자였으나,
주님은 실로 겸손하셨습니다.
나는 하나님께 불순종했지만,
주님은 그분께 순종하셨습니다.
나는 금지된 열매를 먹었지만,
주님은 그런 나를 위해 저주받은 나무에 친히 달리셨습니다.
오, 주님, 한없는 그 사랑을 언제나 기억하게 하소서.
아멘.

— 루이스 베일리

내 양심을 밝히시고 일깨워 주소서

주님, 내가 범한 잘못들을 깨닫게 하소서.
내 죄와 허물을 온전히 분별하기 원합니다.
내 마음을 시험하시고 살펴보소서.
그리하여, 나도 항상 자신을 깊이 헤아려 보기 원합니다.

내 마음을 눈멀고 편협하게 방해하는 모든 일을 제거해 주소서.
내 양심을 밝히시고 일깨워 주소서.
주께서 내 마음속에 양심을 심어 두셨음을 믿습니다.
그 양심이 나를 향한 주의 경책을
충실히 전하는 주의 음성이 되게 하소서.

다른 이들의 길을 밝히시고, 주의 말씀에 복을 내려 주소서.
그리하여 말씀이 빛이 되어 우리를 인도하게 하소서.
내 양심의 눈을 밝혀 주셔서,
주께서 나와 주의 백성들과 각 나라들을 판단하실 때
그 이유를 온전히 깨닫게 하소서.
아멘.

— 데이비드 클락슨

자신의 죄를 깨달은 자의 기도

왕이시요 전능하신 재판장이신 주님.
주께서 보여주신 내 허물들 앞에서 내가 무엇이라 답할 수 있겠습니까?
마치 모욕이라도 당한 자처럼 내 자신을 옹호할 수 있겠습니까?
그리하지 않겠습니다.
주께서 내 어리석음을 아시니,
나의 어떤 죄도 주 앞에서 숨길 수 없기 때문입니다.

주님, 내 양심은 내 죄를 부인할 때
오직 그 죄의 심각성이 커져 갈 뿐임을 일깨웁니다.
내가 받아 마땅한 진노의 불길도 더욱 거세져 갈 뿐입니다.
주님, 나는 중한 죄인입니다.
내 마음이 누구보다도 그 사실을 생생히 보여줍니다.
주님은 내 마음보다 무한히 크시며 모든 것을 아십니다.

이제껏 내 삶은 주를 향한 반역의 연속이었습니다.
어느 한 가지 죄만이 문제가 아니었습니다.
처음부터 끝까지, 내 삶은 제대로 된 적이 없습니다.
나의 영혼이 엉망진창인 상태였습니다.
지금까지 내 생각과 감정이 갈망하고 추구하는 모든 것이
주의 뜻과 멀어져 있었습니다.

주께서는 지극히 사랑스럽고 존귀하신 분인데도,
나는 늘 주를 미워하는 사람처럼 살아왔습니다.
그리하여, 주의 놀라우신 인내심을 줄곧 시험하였습니다.

내 행동이 실로 악하며 내 말은 더욱 그러합니다.
내 마음은 그 말과 행동보다 더욱 부패해 있습니다!
내 마음속에서 죄와 부패가 끊임없이 솟아납니다.
쓰라린 악의 물줄기는 어린 시절부터 내 삶 속에 스며들어
지금까지 넘쳐흐릅니다.
시간이 지날수록 나는 더 악해져서
주의 인내심을 더욱 시험하게 되었습니다.

그럼에도 주께서 나를 오래 참아 주시는 것이 그저 놀랍습니다.
누군가 내게 그런 죄를 지었다면,
나는 그 일을 도저히 인내하지 못했을 것입니다.
내가 이 세상의 군주였다면,
어떤 자가 나와 조금이라도 비슷한 반역을 저질렀을 때
곧바로 처벌했을 것입니다.
내가 한 가정의 부모였다면,
감사할 줄 모르는 아이를 일찌감치 내쫓았을 것입니다.

오, 주님, 내가 주의 임재 앞에서 추방되지 않은 이유는 무엇인지요?
내가 돌이킬 수 없는 멸망의 형벌을 어떻게 피해갈 수 있었던 것일까요!
오, 내가 이제껏 살아 있는 것은 오직 주의 관대하심 덕분입니다.

아직도 구원의 길이 가능하겠는지요?

나처럼 죄 많은 피조물에게도 무슨 소망이 있을까요?
주님, 주의 복음과 은혜를 통해 그 문을 열어 주소서.
주님, 구원을 얻기 위해 더 깊은 수치와 두려움을 겪어야만 한다면,
내가 기꺼이 감내하겠습니다.
주님, 내 마음을 찢으시고, 이후에 고침을 받게 하소서.
내 마음을 산산이 부수시고, 다시 온전히 싸매어 주소서.
아멘.

— 필립 도드리지

부패한 죄인들을 향한 놀라운 은혜

주님, 내가 둔하고 게을러서 믿음의 의무를 제대로 행하지 못했습니다.
주님은 이렇게 말씀하셨습니다.
"여호와의 일을 게을리 하는 자는 저주를 받을 것이요." 렘 48:10
그러하오니, 내가 무엇을 받을 자격이 있겠습니까?
내 삶 속에서 아무 능력도 체험하지 못한 것은 당연한 일입니다.
나는 주님과 주의 말씀을 건성으로 대하고 들었습니다.
기도는 차갑게 식어 버렸습니다.

주님, 주께서는 즐거이 헌신하는 이들을 사랑하십니다.
하지만 나는 불완전하고 타락한 상태에서 주를 섬겼으며,
차갑고 형식적인 마음으로 주께 나아갔습니다.
기쁨으로 삶을 주께 드리지 못했습니다.

주님, 나는 주의 약속들을 소홀히 여겼습니다.
성령의 감화를 외면했으며,
믿음의 은사들을 성실히 가꾸어 내지 못했습니다.
주님이 약속하신 성령의 인치심을 받기 위해 힘쓰지도 않았습니다.
오, 주님, 내 거룩함은 얼마나 하찮은 상태에 있는지요!
이런 나의 게으름 때문에 주의 은혜를 온전히 누리지 못했습니다.

주님, 그러나 주께서는 나의 이런 가련한 상태를 돌아보시고,
지극한 자비하심으로 내 삶에 찾아오셨습니다.
나는 낯선 자요 이방인이었지만,
주님은 나를 자유인이자 새 예루살렘의 백성으로 삼으셨습니다.
이제 주의 귀한 약속으로 말미암아
내 이름이 하늘에 기록되어 있음을 바라봅니다.
주님이 나를 위해 영원한 영광을 예비해 두셨으니,
주께서 계신 하늘이 내 집이요 나의 소망이며
내게 주신 유업임을 믿습니다.

내 보물이 있는 곳에 내 마음도 있음을 고백합니다.
존귀하신 주님,
주께서 내게 베푸신 사랑과 은총을 미처 다 헤아릴 수 없습니다.
얼마나 크고 놀라운 자비의 약속들인지요!
내 영혼이 주님 안에서 기뻐하며,
이제부터 영원토록 주의 이름을 송축하게 하소서.
아멘.

— 아이작 앰브로즈

나를 단련하소서

나의 주님,
주의 지팡이와 막대기로 나를 단련하소서.
내 질병이 깊을수록 더 강한 약을 내려 주소서.
내 마음이 멋대로 움직일 때
단호히 나를 억제해 주시고,
더 무거운 족쇄로 나를 붙들어 주소서.
내가 죄의 질병에서 해방될 때까지,
주께서 행하시는 치유의 손길을 기꺼이 따르게 하소서.
정욕에 사로잡혀 멸망하기보다,
차라리 마귀에게 핍박받는 편을 택하겠습니다.

주님, 내게 연단의 손길을 주저하지 마소서.
주의 종인 나를 징계하셔서,
내 영혼의 모든 대적들이 무너지게 하소서.
내가 이 세상에서 여유로운 삶을 즐길지라도,
정욕에 빠져 나의 하나님을 대적할 뿐이라면
그것이 무슨 의미가 있겠습니까?
그런 식의 여유를 바라지 않겠습니다.
주를 부인하면서 안락한 삶을 누리느니,

차라리 온갖 고난과 시련, 궁핍을 감수하겠습니다.

하나님, 나를 온전케 하소서.
의로우신 판단으로 나를 징계하소서.
그렇지 않으면, 진노 아래서 내가 소멸될까 두렵습니다.
아멘.

— 리처드 얼라인

모든 일이 예수께 속했습니다

귀하신 예수님,
내가 지금껏 범해 온 허물들을 기억하며 고백합니다.
이제부터는 온전히 주를 위해 살게 하소서.
은혜로우신 주님, 주님을 내 삶 중심에 모시고 동행하며,
주께만 머물러 있기 원합니다.
그 무엇보다 주님과 주의 사랑을 마음속 깊이 간직하게 하소서.

나의 구속자이신 사랑하는 주님,
내게 은혜를 베푸셔서, 주를 높이게 하소서.
내 마음속에 주의 자비를 새기고, 주를 간절히 붙들기 원합니다.
내가 항상 주의 길로 나아가며, 예수의 발자취를 좇게 하소서.
주의 행하심과 섭리, 약속들을 바라봅니다.
성찬과 규례, 말씀과 기도 가운데 주를 따르게 하소서.

내가 간구하오니, 예수께서 어디 계시든지 무슨 일을 하시든지,
내 영혼도 함께 머물게 하소서.
주님이 풍성히 베푸신 은사들에 보답할 길 없지만,
주의 은혜 가운데서 주님을 따르며 찬미하게 하소서.
내 존재와 모든 소유가 주께 속했음을, 삶으로 드러내게 하소서.

귀하신 예수님,
주의 복되신 은혜를 깨닫게 하소서.
모든 일 가운데서 주의 손길을 누리기 원하오니,
참된 부와 존귀함이 오직 주께로부터 임함을 기억하게 하소서.

주님, 그렇습니다.
역사하시고 구원하심이 주께 속했으며, 영광도 주의 것입니다.
모든 것이 주께 속했으니, 내가 할 일은 주를 영원히 높이는 것입니다.
거룩하신 주의 이름에 합당한 찬미를 드리며,
내 자신은 아무것도 아닌 채 남기 원합니다.
내 자신의 약함을 깨달을 그때에,
예수의 능력이 내 안에 머물고
비로소 주 안에서 강한 자가 됨을 기억하게 하소서.
아멘.

— 로버트 호커

정죄받은 죄인의 기도

오, 하나님, 내가 실로 두려움에 처해 있습니다.
주께 큰 죄를 범했으니 무슨 할 말이 있겠습니까?
어리석게도, 나는 하찮은 변명을 품고 지금껏 마음을 놓았습니다.
주 앞에서 그 말들이 합당하게 여겨질 것이라고 생각했습니다.
하지만 이제는 아무 할 말이 없습니다.
그동안 품어 온 소망도 전부 끊어졌습니다.
이제는 불멸하는 내 영혼까지도 소멸하기를 바라는 바가 되었습니다.

나는 공의로우신 주의 손길에 붙잡힌 죄인입니다.
한때 내가 의지했던 무기들은 다 사라졌습니다.
이제 내 앞에 놓인 것은 오직 주의 두려운 정죄뿐입니다.
하지만 주께서는 말씀을 통해
죄인들을 향해 인애를 품고 계심을 알리셨습니다.
그것은 주께서 우리를 멸망케 하려는 것이 아니라,
회개하며 돌이키게 하시려는 것임을 깨닫습니다.

하나님, 내게 그 복된 음성을 들려주소서!
살아 계신 주의 손에 사로잡히는 것이 참으로 두려운 일입니다.
내가 이미 주의 손에 붙들려 있습니다.
주께서 어떤 판결을 내리시든,

내 자신을 통회하며 주의 뜻을 온전히 받들게 하소서.
아멘.

— 필립 도드리지

깊은 부끄러움을 느낍니다

주님, 주 앞에서 심히 부끄러워 얼굴을 들 수 없습니다.
우리 죄가 머리 위에 넘치며,
우리의 허물은 하늘까지 미칩니다.
우리 삶이 깊은 수치와 혼란에 빠진 것은, 주께 죄를 지었기 때문입니다.
우리가 주 앞에 무엇이라 말할 수 있겠습니까?
우리 허물을 용서 받을 수 있다면,
손으로 입을 막고 얼굴을 땅에 댄 채 꿇어 엎드리겠습니다.
율법 시대의 나병환자처럼 "부정하다! 부정하다!"레 13:45 하고
부르짖겠습니다.

만왕의 왕이신 주를 친히 뵈올 때에 우리는 이렇게 울부짖습니다.
"화로다. 나여, 망하게 되었도다."사 6:5
주님은 실로 두려운 통치자이시며,
죄인을 소멸하는 불이십니다.
주의 진노하심을 누가 다 헤아릴 수 있겠습니까?
주께서 진노하실 때 누가 감히 그 앞에 나아갈 수 있겠습니까?
우리 자신을 변호하려고 애쓸지라도,
우리 입이 스스로를 정죄할 뿐입니다.
주님은 우리 마음보다 크시므로 모든 것을 다 아십니다.

하나님 아버지,

우리가 하늘과 주 앞에 죄를 범했으며,

더 이상 주의 자녀로 불릴 자격이 없음을 고백합니다.

하지만 주께는 풍성하신 자비와 용서, 속량의 은혜가 있음을 믿습니다.

주님은 영원히 살아 계시며 무한히 거룩하신 분,

상하고 통회하는 우리의 심령을 결코 멸시하지 않으시는 분이십니다.

온 하늘이 주의 보좌이며, 땅이 주의 발등상입니다.

주께서는 여전히 주의 말씀을 경외하는

가난한 자들의 마음을 돌보심을 믿습니다.

주 앞에서 자신을 낮추며 깊이 뉘우치는 자들의 심령을 소생시켜 주소서.

주 앞에서 자기 죄를 감추는 자들은 형통하지 못할 것입니다.

하지만 그 죄를 고백하고 돌이키는 자들은 긍휼히 여기심을 믿습니다.

주 앞에 우리 죄를 다 아뢸 때에,

주님은 신실하고 의로우사 그 죄들을 용서하시며

우리의 모든 불의를 씻어 주실 것을 약속하셨습니다.

이제 간구하오니, 그 약속대로 이루어 주소서.

아멘.

― 매튜 헨리

12. 주께 감사와 찬양을 올려드립니다

나와 복된 거래를 행하신 주님

오, 주님, 날마다 주를 사랑하고 찬양하며 경배하는 것 외에
내게 남은 일이 무엇이겠습니까?
높으신 주님 앞에 나아가, 어떻게 내 삶을 드릴 수 있겠습니까?
무엇으로 감사의 마음을 다 표현할 수 있겠습니까?
주의 풍성하신 은혜에 비해 내가 드릴 수 있는 것은 너무나 빈약합니다.
내 영혼은 실로 미천하고 연약합니다.
심히 부끄럽게도,
내 영혼이 주를 소리 높여 찬송하지 못하고 있습니다!
하지만 내 헌신이 온전하지 못하다고 해서 아예 손을 놓지 않게 하소서.

주님, 내 전부를 주께 드립니다.
복음서의 가난한 과부처럼,
내게 있는 두 렙돈, 곧 내 몸과 영혼을 주의 전에 드립니다.
온 힘을 다해 주를 사랑하며 섬기기 원합니다.
내 모든 것을 의의 병기로 사용해 주소서.

내 전부를 주의 발 앞에 내려놓습니다.
모두가 주의 것입니다.
내 자녀들을 주의 종으로 드리며, 나의 재산도 주께 온전히 바칩니다.
오직 주님만을 나의 소유로 삼게 하소서.

내게 있는 것은 다 주의 것입니다.
내가 주를 "나의 주시요 나의 하나님이십니다" 고백할 수 있다면,
그것으로 충분합니다.
오직 감사하는 마음으로 나의 소유를 다 내려놓겠습니다.
다시는 "내 집과 재산은 나의 것"이라 주장하지 않겠습니다.
내 자신도 나의 것이 아닙니다.
내 자신의 것으로 남기보다, 주께 속하는 편이 지극히 복됩니다.
나의 참된 기쁨은 주를 "나의 하나님, 나의 아버지"로 고백하는 것입니다.

오, 주님은 나를 상대로 얼마나 복된 거래를 행하셨는지요!
아무것도 아닌 나를 위해
주께서는 무한한 복의 근원이신 당신 자신을 주셨습니다.
주님, 이제 내 미천한 삶을 받아 주소서.
나는 주의 은혜를 받을 만한 자가 아니며,
주의 임재를 누릴 자격은 더욱 없습니다.
하지만 주께서 친히 보증해 주셨으니,
그 말씀에 의지하여 주님 앞에 담대히 나아갑니다.
아멘.

— 리처드 얼라인

풍성히 베푸시는 예수님

주님, 주께서는 지극히 풍성하시므로
당신의 피조물에게서 아무것도 필요로 하지 않으십니다.
주님은 이미 자신의 보혈로 우리를 위해
귀중한 은혜를 값 주고 사셨습니다.

명철이 한이 없고 은혜로우시며, 인자하시고 긍휼이 풍성하신 주님!
나로 하여금 주의 권면을 온전히 따르게 하소서.
주께서 불로 연단한 금과 의의 흰 옷,
복된 성령의 안약을 사기 원합니다.
내게 아무 돈이 없더라도, 이 귀한 것들을 값없이 누리게 하소서.
이 모든 은혜를 간절히 구합니다.
아멘.

— 로버트 호커

감사와 기쁨으로

감사와 기쁨으로 주의 이름을 찬양합니다.
주님은 나를 질병과 죽음, 고통에서 건져 내셨습니다.
내가 부르짖을 때 주님은 지체하시는 듯했으나,
내가 더욱 간절히 부르짖자, 주님은 마침내 도움을 베푸셨습니다.

주님, 이 땅의 덧없는 삶을 살아가는 동안
늘 주의 선하심을 분별하게 하소서.
날마다 주의 은혜를 새롭게 경험하며 장래의 의심을 물리치기 원합니다.

오, 주님, 언제나 겸손하고 신실한 모습으로 주 앞에서 살아가게 하소서.
주를 향한 나의 찬양이 입술의 고백에 그치지 않고
순종의 삶으로 드러내기 원합니다.

오, 주님, 나의 이 작은 선물을 받아 주소서.
내가 드릴 수 있는 것은 오직 이것뿐입니다.
주께서 베푸신 은혜의 열매들을 다시 올려드리니,
오직 주의 긍휼하심에 의지해서 살게 하소서.

― 앤 브래드스트리트

주의 은혜가 나를 압도합니다

오, 주님, 내가 주를 높이 찬양합니다.
주님은 이전의 모든 죄를 용서하시고,
내가 빠질 뻔한 수많은 죄들로부터 지켜 주셨습니다.
주님, 내가 깊이 회개함으로 천사 같은 거룩한 성도에 이르게 될지라도,
나의 죄로 입은 손상이 온전히 회복되지 못할 것입니다.

나보다 더 깊은 죄에 빠졌던 자가 누가 있겠습니까?
더 심각한 영적 질병에 걸렸던 자가 누구겠습니까?
지금 지옥에 있는 많은 영혼들이
오히려 나보다 더 경한 죄를 지은 자들일 것입니다.

주님, 감히 이 죄인을 향한 심판과 경고의 말씀을
거둬 달라고 구하지 않겠습니다.
주님은 불의한 일을 행하실 수 없기 때문입니다.
그러나 주께서 당신의 지혜로, 내 죄가 사함 받고
주의 의가 충족될 수 있는 길을 친히 마련해 주셨습니다.

주의 선하심이 내 심령 위에 넘쳐흐릅니다.
모든 성도와 천사들과 함께, 온 마음을 다해 주를 찬양하게 하소서.
아멘.

— 앤서니 버지스

내가 영원히 안전합니다

주님, 오늘 주의 말씀을 통해
주의 아들이신 예수 그리스도의 의를 보여주심을 감사합니다.
이는 실로 영광스러운 비밀이며,
이전에 미처 깨닫거나 관심을 두지 못한 일이었습니다.

이제 나의 참된 복은 오직 그의 의에 있음을 깨닫습니다.
이 세상 살면서 무슨 일을 겪거나 내 이름과 재산이 어떻게 되든지,
그리스도께서 내 안에 거하시면 내가 영원히 안전할 것입니다.

주님, 장차 주의 의가 온 세상에 드러날 때
주께서 온전히 영광을 받으실 줄 믿습니다.
주의 성도들이 겪는 고난에서 해방되며,
온갖 시험에서 자유롭게 될 그날을 고대합니다.
마침내 충만한 기쁨으로 그날을 맞이하게 하소서.
아멘.

— 제러마이어 버로스

주의 영광을 사모합니다

복되신 주 예수님!
주의 존귀하신 성품을 묵상할 때
우리 힘으로는 주의 영광에 아무것도 더할 수 없음을 고백합니다.
주께서 영광 중에 하늘로 오르셔서
하나님 보좌 우편에 앉아 계심을 생각할 때 마음에 큰 기쁨을 얻습니다.

장차 영광으로 가득찬 주의 모습을 바라보게 될 날을 사모합니다.
주의 약속하신 말씀대로 그 일을 꼭 이루어 주소서.
아멘.

— 존 오웬

주께서 큰 희생을 치르셨습니다

주님, 주를 섬기는 데서 떠나려는 유혹이 자주 우리 삶을 엄습합니다.
그때마다 주께서 우리를 구하시려고 치르신 대가를 기억하게 하소서.
이처럼 큰 희생을 감내하신 일을 생각할 때,
마음속에 주를 향한 경외심과 함께 깊은 부끄러움이 밀려옵니다.
주님, 주께서 나를 죽음에서 건지시려 큰 대가를 치르셨습니다.
어찌 그 대가가 충분하지 않은 듯 여기며 살아갈 수 있겠습니까!
내 삶에 주의 다스리심을 부분적인 것으로 여기거나, 주님과 세상,
주님과 대적 사이에 내 마음이 둘로 나뉘는 일이 없게 하소서.
우리로 온전히 주의 것이 되게 하소서.
삶의 마지막 순간까지
온 몸과 영혼으로 주께 영광을 돌리기 원합니다.
우리의 전 존재가 주께 속해 있으니
주님, 우리가 주의 구원을 고대하며 사모합니다.
그 구원의 날이 마침내 이르기까지
주의 명령에 순종하여 살아가게 하소서.
우리 삶 속에 귀한 생명의 소망이 넘쳐서,
주의 순결하심처럼 우리 자신도 정결케 되기를 원합니다.
아멘!

— 필립 도드리지

오직 주님만이 참 하나님이십니다

나의 하나님,
내가 주를 지극히 사랑하는 것 외에 무엇이 더 필요하겠습니까?
주님, 주께서 이 창조 세계를 돌보시는 것을 사랑합니다.
온갖 피조물이 매 순간마다
자신의 생명과 모든 복을 주께로부터 빚지고 있습니다.
내 빈약한 상상력으로는 다 헤아릴 수 없지만,
그 모든 지식과 분별력도 주께로부터 나옴을 믿습니다.
내가 주의 존귀하신 속성들을 되새기며
사랑과 찬미를 올려드립니다.

이처럼 다양한 피조물을 창조하신 후에도,
주의 능력과 속성은 여전히 다함이 없습니다.
주께서는 무한히 완전하시므로
주님 자신을 위해 친히 복의 근원이 되십니다.
주께서 친히 자신의 목적이 되시며,
주님 바깥의 어떤 것에도 의존하지 않으십니다.
주님은 실로 우리의 경배를 받으시기에 합당한 분이십니다.
주님은 모든 일의 으뜸이 되시며, 지극히 아름다우십니다.
주님만이 가장 크고 위대하시며, 유일한 분이심을 고백합니다.

오, 주님, 내 영혼을 주의 것으로 삼으소서.

주님만이 내 삶의 주인이십니다.

주께서는 내게 사람의 생명과 호흡을 주셨습니다.

또한 성령께서 내 마음에 거룩한 숨을 불어넣으실 때

영의 생명이 약동하여 주를 더욱 사랑하게 됩니다.

내 육신이 굶주림을 경험하듯이,

곤핍한 내 영혼이 주님의 의를 갈망하며 주를 더 닮기 원합니다.^{마 5:6}

내 육신이 목말라하듯이,

내 영혼이 살아 계시는 하나님을 갈망하고 그분의 은혜를 구합니다.^{시 42:2}

내 육신이 긴 여정 끝에 집으로 돌아와 잠자리에 들기를 갈망하듯이,

내 영혼이 주의 품에 안겨서 평안히 쉴 날을 사모합니다.^{시 116:7}

마치 오랜 벗과 마주하기를 기뻐하듯이,

주의 얼굴 뵈옵기를 간절히 원합니다.

주 하나님이 그리스도 안에서 내 아버지 되심을 늘 고백하게 하소서.

지금 이 땅과 영원의 세계 어디에서든지,

주님은 친히 내 아버지가 되어 주십니다.

그러하오니, 주께 내 자신을 드리는 것 외에 무엇이 더 필요하겠습니까?

주께서 내 기업을 택하시고 내 삶의 길을 인도해 주소서.^{시 47:4}

내 관심과 즐거움은 오직 주를 섬기며 찬양하는 것뿐입니다.

하나님, 주의 오른손으로 나를 붙드소서.

내 영혼이 주의 뒤를 따르기 원합니다.^{시 63:8}

주의 팔로 이끄셔서, 주님 앞에 힘써 나아가게 하소서.

장차 영원토록 주와 함께할 때에,
내 영혼의 갈망이 온전히 채워지게 하소서!
아멘.

— 필립 도드리지

찬양이 기도로 자라가게 하소서

존귀하신 하나님, 사랑의 주 예수님!
이 얼마나 놀라운 사랑인지요.
나를 구원하신 주님!
주의 은혜와 사랑,
주님이 주신 생명과 은사들을 찬양합니다.
벌집에서 꿀이 떨어지듯,
내 입술로 쉬지 않고 주를 노래하게 하소서.
풍성한 감사와 기쁨으로 주의 이름을 높이게 하소서.
주의 사랑을 되새기며, 절제된 마음으로 그 모든 송축 드리기 원합니다.

주를 찬양하는 이 마음이 기도로 자라가게 하소서.
주님 주신 은혜의 풍성함을 찬미하게 하소서.
내 입술로 주의 이름을 찬송하며 고백하게 하소서.
주께서 친히 내 삶을 다스리시니
날마다 영광의 소망이 더욱 자라가게 하소서.

복되신 예수님!
당신의 온 백성이 주님을 찬양합니다.
주님은 우리의 가장 친밀한 형제이자 가족이십니다.
주님은 자신의 피로 친히 우리의 몸과 영혼, 땅과 유업을 속량하셨습니다.

주께서 이 일을 다 이루셨으므로,
다시는 그 무엇도 잃거나 빼앗기지 않을 것입니다.

주님, 희년을 알리는 주의 나팔소리가 온 세상에 울려 퍼집니다.
영원한 복음이 이 땅에 전파되고 있습니다.
포로 된 자를 해방하고 눈먼 자를 보게 하시며,
어둠 속에 갇힌 자를 빛 가운데로 인도하시는 주의 손길을 찬양합니다.

나로 하여금 그 복된 소식을 듣게 하소서.
날마다 주의 얼굴빛 아래서 행하기 원합니다.
내게 성령의 감화를 베푸셔서,
영원한 희년의 때를 사모하며 살게 하소서.
마침내 천사장의 나팔 소리가 울려 퍼질 때에,
구속 받은 온 백성이 기쁨으로 노래하며 시온으로 돌아오게 될 것입니다.
슬픔과 탄식이 모두 사라지고,
주의 백성들이 영원한 기쁨과 즐거움을 누릴 그날이 속히 오게 하소서.
할렐루야! 아멘!

— 로버트 호커

더 큰 은혜를 베푸시는 주님

주께서 풍성한 지식과 사랑을 우리 마음속에 베푸셨습니다.
이제 구하오니, 주의 진리 안에서 복된 은혜를 누리게 하소서.

또한 주께서는 더 놀라운 은혜를 베푸시고,
우리가 구하거나 생각하는 것보다 더 큰일을 행하심을 믿습니다.
신뢰하는 마음으로 주님 앞에 나아갑니다.

우리의 구속자시요 우리를 거룩하게 하시는 주님!
주께서 우리의 아버지 되심을 온 마음으로 고백합니다.
온 교회와 더불어 모든 시대와 세상에서
우리가 주께 영광 돌리게 하소서.
겸손히 그 일을 감당하게 하소서.
아멘.

— 필립 도드리지

궁핍한 내 영혼이 주를 사랑하게 하소서

주님, 주의 백성들이 궁핍에 처하는 것이 낫겠는지요?
주의 영광을 위해, 그들의 궁핍함으로
은혜 받을 기회를 얻게 하려 하심인지요?

대주재이신 전능하신 주님!
내가 실로 가난하고 궁핍한 자임을 일깨우셔서
주님을 더욱 간절히 찾게 하소서.

날마다 닥쳐오는 여러 문제들 앞에서,
주께서 만유의 주재이심을 고백합니다.
장차 하늘에서 모든 성도들과 함께
만물의 통치자이신 주를 찬양하며 영광 돌릴 때를 고대합니다.

전능하신 아버지,
궁핍한 내 영혼이 주를 사랑하고 경배하게 하소서.
주께서 성자 예수의 사역을 통해
언약의 약속을 이루어 주심을 찬양합니다.
주님은 완악한 내 본성을 꺾으시고,
마침내 구원에 이르도록 인도해 주셨습니다.

복되신 주님, 이제 내 마음을 열어 예수님 앞에 무릎 꿇습니다.

날마다 "보좌에 앉으신 이와 죽임 당하신 어린 양"을 찬송하며
영원토록 구원의 영광을 돌리게 하소서!

복되신 예수님,
지금 이 땅에서 내가 아버지의 사랑 안에 거할 수 있는 것은
오직 주의 은혜 때문입니다.
주께서 내게 깊은 자비와 평안을 베푸시며,
장차 임할 나라에서 영원한 영광에 이르게 하실 것을 믿습니다.
주의 은총이 생명보다 나으며, 보석보다 귀한 것을 고백합니다.
이 세상 그 무엇이 주의 자비하신 손길에 비할 수 있겠습니까?

주님! 내가 진실로 주의 은총 안에서 살아가고 있습니다.
주님은 나의 빛과 생명이 되십니다.
온 마음으로 주를 신뢰하게 하소서.
주님, 주의 백성들을 돌아보실 때 나를 기억하시고,
구원의 손길로 내 삶에 찾아오소서.
아멘.

— 로버트 호커

영원한 노래를 부르게 하소서

복되신 주 예수님!
주의 크신 목적과 뜻은 당신의 교회를 구속하시는 것입니다.
주님은 세상의 시작 이전부터 이미 그 일을 정해 두셨습니다.
마침내 사람의 육신을 입고 이 땅에 오셨을 때도,
주의 마음은 온전히 당신의 백성을 구원하시려는 데 있었습니다.
하늘에 오르신 후에도,
주께서는 제사장의 직분을 감당하고 계십니다.
주께서 그렇게 행하시는 목적은,
지금도 자신의 백성들이 구원을 얻게 하시려는 데 있습니다.

내게 은혜를 베푸셔서, 이 크신 일을 기억하게 하소서.
주께서 자신의 백성들을 구원하시는 일을 지금도 행하시니,
우리도 변함없이 주님을 사랑하며 경배하기 원합니다.
우리가 주의 놀라운 비밀을 깨달을 때에,
하늘에서도 영원히 끝나지 않을 노래를 지금 이곳에서 시작하게 하소서.
"우리를 사랑하사 그의 피로 우리 죄에서 우리를 해방하시고
그의 아버지 하나님을 위하여 우리를 나라와 제사장으로 삼으신 그에게
영광과 능력이 세세토록 있기를 원하노라. 아멘." 계 1:5-6

— 로버트 호커

승천하신 주께 영광을 올려드립니다

부활하시고 높이 들리신 예수님!
승천하신 주께서 우리에게 은사들을 내려 주소서.
바라기는, 주께서 친히 우리 가운데 임하셔서
주의 백성들의 심령 속에 주님의 교회를 세워 주소서.
생명과 영광의 주님, 주께서 우리를 친히 다스리고 통치해 주소서.

예수님,
주님은 온 교회의 영광스러운 포도나무요
성부 하나님이 이 땅에 심으신 천상의 나무입니다.
그 나무의 가지인 내가 주와 연합하여 믿음의 열매를 맺게 하소서.

주의 말씀을 새롭게 깨닫게 하시고,
주를 의지하여 믿음으로 살며 항상 기뻐하게 하소서.
주님은 이 땅에서 우리가 누리는 모든 은혜의 근원이십니다.
장차 영원한 나라에서도 영광과 기쁨, 복의 근원이 되어 주소서.

귀하신 주 예수님!
우리 안에 있는 어둠과 무지, 불신을 없애 주소서.
주를 바라보며 주를 누리지 못하도록 방해하는
모든 불순물을 제거해 주소서.

세상 사람들의 얼굴과 마음속 그늘을 거두어가 주소서.
지금 이곳에서 은혜로 살기 원합니다.
장차 만날 영원한 그곳에서는,
빛나는 영광 가운데 주의 임재를 기쁨으로 누리게 하소서.
아멘.

— 로버트 호커

내 찬양이 주의 바다로 흘러가게 하소서

주 예수님! 내게 은혜를 베푸셔서 주님을 갈망하게 하소서.
오, 나의 하나님, 마치 숨겨진 보물을 찾아 헤매듯이,
주님을 간절히 찾아 누리게 하소서.
주님 외의 일들을 멀리하게 하소서.
내 영혼이 예수를 붙들기 원하며
내 영혼이 주님을 갈급합니다.
주님 외에 어떤 것도 신뢰하지 않게 하소서.
내가 행하는 의무나 행위가 나의 위로가 되지 않게 하소서.
나의 기도와 회개, 믿음까지도
내 영혼의 참된 위안이 되지 않게 하소서.

주 예수여! 오직 주님만이 내 삶의 중심이십니다.
내 모든 생각과 감정, 갈망들이 많은 물줄기처럼 주께로 흘러가게 하소서.
그 물줄기들이 넓으신 주의 품 안에 한데 모여,
마침내 거대한 은혜의 바다를 이루게 하소서!
바다에 다다른 물줄기가 거센 물결 속에 휩싸이듯이,
내 영혼이 주께로 나아갈 때 주님을 향한 갈급함이
더욱 생생하고 강렬해지게 하소서.
내 영혼이 이 세상 떠나 주님 뵈올 날이 다가올수록,

그 열망이 더욱 뚜렷해지게 하소서.

오, 하나님의 어린양이신 주여!
내가 사는 날 동안 언제나 주를 찾게 하소서.
교회에서 예배드릴 때마다 주의 임재를 힘써 구합니다.
마침내, 모든 예배가 그치고 이 세상 위로도 끝날 것입니다.
그때에, 야곱처럼 주의 손에 내 영혼을 맡기오니
"오, 주님! 이제껏 내가 주의 구원을 기다렸습니다" 하고 외치게 하소서.
아멘.

— 로버트 호커

부활하신 주님은 우리의 영원한 대제사장이십니다

귀하신 주님,
주님은 십자가에서 죽음을 맛보셨지만
이제는 세세토록 살아 계십니다.
주께서 이루신 구원의 열매가 마침내 구속 받은 온 백성의 삶 속에
신실하고 충만하게 적용될 것을 믿습니다.
주의 제사장 직분은 영원하며,
주의 중보 기도도 멈추지 않을 것입니다.

주님, 지금도 언약의 피를 들고 서 계시는 주의 모습을
믿음으로 바라봅니다.
주님은 나처럼 가련하고 무가치한 자도
그 피로 값 주고 사신 백성 삼아 주셨습니다.
내 영혼을 살리시는 말씀을 통해 주의 음성을 듣습니다.
"거룩하신 아버지여, 내게 주신 아버지의 이름으로 그들을 보전하사
우리와 같이 그들도 하나가 되게 하옵소서." 요 17:11

오, 영광스럽고 자비하시며 전능하신 우리의 대제사장이시여!
주께서 멜기세덱의 반차를 좇아 영원한 제사장이 되심을 믿습니다.

귀하신 예수님!

내 영혼이 주를 사모할수록 주의 존귀하심을 더 깊이 깨닫습니다.
내 안의 모든 것이 그저 배설물과 찌꺼기일 뿐입니다.
내 자신과 빈약한 나의 헌신을 받으시고,
주의 보혈과 의의 향기로 그 제물을 거룩하게 하소서!

주님, 이 땅에서 나의 유일하고 온전한 의가 되어 주소서.
주의 은혜 가운데서 살아가며,
"그리스도 안에서 완전한 자"로 자라가기 원합니다.
장차 임할 주의 나라에서 영광 중에 주님을 영원히 누리게 하소서.
아멘.

— 로버트 호커

혼인 잔치에 참여하게 하소서

귀하신 주 예수님, 주의 혼인 잔치에 참여할 때
주의 의를 내 예복으로 삼게 하소서.
내 영혼이 주의 살과 피를 먹고 마시며 풍성한 은혜를 누리게 하소서.

나의 반석이요 기쁨이신 주님,
내 삶의 전부가 되어 주소서.
교회의 예배와 성찬의 식탁을 사모합니다.
이 땅에 있는 주의 집과 하늘의 영광스러운 나라에서
혼인 잔치 손님을 맞으러 임하실 때,
내 영혼이 평안하여 주님 앞에 나아가게 하소서.

그때에, 내가 주의 복된 말씀을 좇아
지극한 기쁨과 영광 가운데서 이렇게 고백하기 원합니다.
"내가 여호와로 말미암아 크게 기뻐하며
내 영혼이 나의 하나님으로 말미암아 즐거워하리니
이는 그가 구원의 옷을 내게 입히시며 공의의 겉옷을 내게 더하심이
신랑이 사모를 쓰며 신부가 자기 보석으로 단장함 같게 하셨음이라." 사 61:10
아멘.

— 로버트 호커

하나님의 영광을 바라봅니다

거룩, 거룩, 거룩하시고 전능하신 주 하나님!
주께서 전에도 계셨고 지금도 계시며, 장차 이 땅에 오실 것을 믿습니다.
오, 주의 이름만이 여호와시며,
주님만이 온 세상의 지극히 높은 주권자가 되십니다.
오, 하나님, 당신은 진실로 우리 하나님이십니다.
우리로 항상 주를 간절히 찾으며 찬송하게 하소서.
우리 선조들의 하나님이신 주를 온전히 높이기 원합니다.

오, 주님, 주님만이 진실로 살아 계신 하나님이십니다.
주께서 만유의 영원한 통치자이심을 고백합니다.
우리의 하나님이신 주님은 온 세상의 유일한 주관자이십니다.
주님은 진실로 위대한 왕이십니다.
영광과 위엄으로 가득한 주의 모습 바라보게 하소서.
주님은 빛을 자신의 의복으로 삼으시며,
스스로 온전한 빛이시기에 주께는 어둠이 조금도 없으십니다.

주님은 사랑 그 자체이십니다.
사랑 안에 거하는 이들은 주 안에 거하며,
주님도 그들 안에 거하심을 믿습니다.
주님은 빛의 아버지이십니다.

주의 성품은 늘 한결같고 변함이 없으시며,
우리에게 온갖 선하고 온전한 은사들을 베풀어 주십니다.

주님은 유일하고 복되신 만유의 주재이십니다.
주님은 만왕의 왕이시요 모든 주의 주이시며,
홀로 불멸하는 분이심을 믿습니다.
주님은 아무도 다가갈 수 없는 빛 가운데 거하시며,
이제껏 어떤 누구도 감히 주를 뵙지 못했음을 고백합니다.
우리로 주의 영광과 권능을 영원히 찬송하게 하소서.
아멘.

— 매튜 헨리

예수님만을 찬양합니다

우리가 예수님 외에 그 누구를 찬양하겠습니까?
주님은 실로 아름다우시고 영광스러운 분이십니다.
주의 인격 가운데는 모든 신적 속성들이 가득합니다.
우리가 예수님 외에 그 누구를 찬양하겠습니까?
주님은 우리의 중보자시요 하나님이 보내신 그리스도이십니다.
주님은 우리처럼 비천한 죄인들을 속량하심으로 영광 받으시고
한결같이 충만한 은혜를 베푸시는 분이십니다.
우리가 예수님 외에 그 누구를 찬양하겠습니까?
주님은 십자가의 보혈로 우리를 하나님과 화목하게 하셨습니다.
주님은 지금도 우리를 위해 간구하고 계심을 믿습니다.

주님은 실로 공의롭고 존귀하시며,
모든 이들 위에 지극히 뛰어난 분이십니다.
오직 주만이 나의 찬양이요 나의 영광,
나의 노래, 나의 기쁨이 되게 하소서!
내가 날마다 주님을 찬양합니다.
아침에 주의 이름을 노래하며, 밤마다 주의 신실하심을 증거하게 하소서.

주님, 이 땅을 살아가는 동안 주를 향한 노래가 그치지 않게 하소서.
장차 하늘에서도 성도들과 이 복된 찬송을 부르게 될 날을 사모합니다.

"우리를 사랑하사 그의 피로 우리 죄에서 우리를 해방하시고
그의 아버지 하나님을 위하여 우리를 나라와 제사장으로 삼으신 그에게
영광과 능력이 세세토록 있기를 원하노라."계 1:5-6
주님은 모든 성도들의 찬양을 받기에 지극히 합당하십니다.
아멘.

— 로버트 호커

마른 땅에서 나온 줄기이신 주님

존귀하신 예수님,
주님은 미천한 우리의 자리까지 자신을 낮추셨습니다.
그 놀라운 겸손을 어떻게 헤아리며 찬미할 수 있겠는지요!
주께서는 포도나무의 비유로
자신의 온유함과 겸손을 생생히 보여주셨습니다.
그 비유는 우리를 향하신 주의 풍성한 사랑과 은혜를 일깨워 줍니다.
이사야 선지자는
주께서는 마치 "마른 땅에서 나온 줄기" 같다고 예언했습니다.
새싹이 돋기 전의 포도나무보다 더 마르고
초라해 보이는 것이 어디 있겠습니까?
선지자는 또 이렇게 예언했습니다.
"고운 모양도 없고 풍채도 없은즉
우리가 보기에 흠모할 만한 아름다운 것이 없도다."사 53:2
주님은 자신을 "참 포도나무"로 부르셨는데,
이는 참으로 겸손한 비유였습니다.

선지자들은 주께서 지극히 낮고 온유한 모습으로
우리를 구원하기 위해 임하실 것이라고 예언했습니다.
마른 땅 위로 뻗어 나가는 포도나무보다 더 낮은 것이 어디 있겠습니까?

가느다란 줄기가 제대로 뻗어갈 수 있게
지지대가 필요한 포도나무만큼
연약하고 무력한 것이 어디 있겠습니까?

선지자들은 복음이 전파될 때,
주의 나라가
"바다에서부터 바다까지와
강에서부터 땅 끝까지"시72:8
이를 것이라고 예언했습니다.
지금 주님은 넓게 뻗은 포도나무처럼 온 세상을 다스리고 계십니다.
주님은 풍성한 열매를 맺는 나무 같은 분이십니다.
"요셉은 무성한 가지 곧 샘 곁의 무성한 가지라.
그 가지가 담을 넘었도다."창49:22
지금 많은 백성들이 주께 의지하여
풍성한 은혜와 생기를 얻고 새 힘과 생명을 누리는 모습을 봅니다.
포도나무와 가지의 비유만큼
주님과 이 백성의 관계를 아름답게 드러내 주는 것이 어디 있겠습니까?

귀하신 주 예수님,
온 세상이 참 포도나무이신 주의 손길 아래 있음을 고백합니다.
내가 주의 줄기 그늘 아래 거하며 풍성한 열매들을 맛보게 하소서.
영광스럽고 경이로우신 주여!
주님이 우리를 위한 구원의 '줄기'이심을 믿습니다.
선지자가 예언했듯이, 주님은 구속 받은 모든 백성의 눈앞에서
진실로 아름답고 영화로우신 분입니다.

오, 주님, 성부 하나님의 집에 속한 영광이 모두 주의 것입니다.
나를 깊은 죄에서 건져 주셨으니, 내가 주께 영광을 올려드립니다.

주님, 이 세상 살아가는 동안 주의 그늘 아래서 기쁨으로 머물게 하소서.
장차 나를 하늘로 부르실 때도 생명나무이신 주님 곁에
언제나 거하게 될 줄 믿습니다.
하나님께 속한 낙원에서 주의 임재를 영원히 누리게 하소서.
아멘.

— 로버트 호커

세상의 빛이신 주님

귀하신 예수여,
주님은 만물의 근원이시며
모든 것을 창조하고 완성하는 분이십니다.
"깊도다. 하나님의 지혜와 지식의 풍성함이여,
그의 판단은 헤아리지 못할 것이며
그의 길은 찾지 못할 것이로다." 롬 11:33

주님은 태초에 어둠 가운데 빛이 비치도록 명하셨습니다.
주의 환한 빛을 내 마음속에 비추어 주시던 그때가
영원히 잊지 못할 복된 순간이었습니다.
새벽별이신 주께서 친히 찾아오셔서,
"예수 그리스도의 얼굴에 있는 하나님의 영광을 아는 빛" 고후 4:6 을
우리에게 비추시던 그날을 기억합니다.

주님은 내 영혼의 영광스러운 빛과 생명이십니다!
아침과 저녁마다 달콤한 은혜의 손길로 내 심령을 감화시켜 주소서.
지금 나는 깊은 영혼의 겨울을 지나고 있습니다.
눈멀고 무지한 상태를 벗어나 주의 귀한 사랑을 다시 누리게 될 때까지,
내 곁에서 나와 동행하여 주소서.

주님, 그 은혜의 손길을 의지하여
궁핍과 죽음에 사로잡힌 이 세상의 황혼을 헤쳐 나가기 원합니다.
장차 영광 중에 계실 주의 임재를 온전히 누리게 하소서.
내가 환한 낮의 빛 가운데서 주를 바라볼 그때
마침내 주를 닮은 모습으로 변화되어 있을 터이니,
주의 나라에서 영원한 빛과 생명, 복락을 누리게 될 줄 믿습니다.
아멘.

— 로버트 호커

주의 동산에 임하여 주소서

귀하신 예수님,
주의 연약한 백성들을 소생시켜 주소서.
목마른 이들의 심령에 생수를 부으시고,
메마른 땅에 시냇물이 흘러넘치게 하소서.

복되신 주님,
주께는 우리의 모든 필요를 채우시기에 충분한 은혜가 있습니다.
주님은 진실로
"동산의 샘이요 생수의 우물이요
레바논에서부터 흐르는 시내"아 4:15가 되십니다.

오, 주님, 우리에게 풍성한 은혜의 샘물을 흘려보내 주소서.
그리하여, 온 교회가 정결케 되며 새 힘과 위로를 얻기 원합니다.
주님이 참 생명의 원천이시오니,
나로 하여금 주께서 베푸시는 복의 생수를 마시게 하소서.

주께서 복음의 말씀과 예배를 통해
성령의 귀한 열매들을 우리에게 베푸십니다.
그 열매들은 참으로 달콤하여 지친 우리의 심령에 새 힘을 줍니다.
믿음 안에서 그 열매들을 맛보며,

날마다 그 능력 의지해서 살아가게 하소서.

복되신 예수님,
사랑하는 주의 이름을 불러 봅니다.
주의 동산과 같은 내 심령에
북풍과 남풍의 상쾌한 바람이 불어오게 하소서.

그때에 사랑하는 주께서 당신의 동산에 임하시니,
사방으로 향기가 가득합니다.
내 심령에 맺힌 믿음의 열매들을 맛보아 주소서.
이는 주의 은혜로 내 안에 심기고,
성령의 감화로 무르익은 열매들입니다.
아멘.

— 로버트 호커

하늘이 주의 영광을 선포합니다

오, 하나님,
하늘이 주의 영광을 선포하며, 궁창이 주가 하신 일을 드러냅니다.
주께서 지으신 만물 중에,
우리가 주의 영원한 능력과 신성을 보고 깨닫습니다.
하나님이 계시지 않는다 말하는 자들은 참으로 미련한 자들입니다.
주님은 의인들에게 상을 베푸시며, 땅과 하늘에서 공의로 심판하십니다.
우리는 주께서 참으로 계신 것과,
자신을 찾는 자들에게 은혜를 베푸심을 믿고 주님 앞에 나아갑니다.

주님과 같이 영광스럽고 거룩하신 분, 참으로 놀라운 일을 행하시며
찬양을 받기에 합당하신 분이 어디 있습니까?
하늘 아래 누가 감히 주님과 견줄 수 있겠습니까?
오, 만군의 주여, 주와 같이 능하신 분이 어디 있습니까?
이 세상의 신들 중에 주와 같은 분이 없으며,
아무도 주께서 행하신 일을 이루지 못합니다.
주님은 실로 위대한 일을 행하시며, 홀로 참 하나님이 되십니다.
온 세상의 어떤 피조물도 주와 같은 능력이 없으며,
주와 같이 천둥소리를 발하지도 못합니다.
주님은 사람이 아니라 전능하신 하나님이심을 고백합니다.

주님은 육신의 눈으로 사물을 보지 않으시며,
주의 마음은 우리의 마음과 같지 않습니다.
주의 날은 우리의 날들을 무한히 초월합니다.
하늘이 땅보다 높음 같이 주의 생각은 우리의 생각보다 높고,
주의 길도 그러합니다.
주 앞에서는 온 열방이
두레박에 담긴 한 방울의 물이나 저울 위의 작은 티끌과 같습니다.

주님, 당신은 불멸하시며, 보이지 아니하시는 영원한 왕이십니다.
주님은 이 세상의 산들이 자리 잡기 전,
온 땅과 세상이 생겨나기 전부터 영원히 계십니다.
주께서 어제와 오늘뿐 아니라
앞으로도 변함없이 하나님 되심을 고백합니다.
주께서 옛적에 온 땅의 기초를 놓고 하늘을 친히 지으셨습니다.
이 세상 만물이 사라질지라도, 주님은 영원히 계십니다.
그것들은 다 낡은 옷처럼 닳아 없어질지라도,
주님은 변함없이 계시며 주의 날은 끝이 없습니다.
주님은 변하지 않으십니다.
주께서는 참으로 불변하는 하나님이십니다.

그러하오니, 우리의 존재가 소멸하지 않음을 믿습니다.
주님은 영원하신 하나님이시요 온 세상의 창조자이시며,
결코 지치거나 쇠하지 않으시는 분이십니다.
한없이 지혜로우신 주를 늘 찬송하게 하소서.
아멘.

— 매튜 헨리

만물을 주관하시는 주님

주의 지혜는 참으로 한이 없습니다.
주님은 별들의 수효를 세시며,
그것들의 이름을 하나씩 불러내십니다.
주의 경륜은 경이롭고
주의 행하심은 탁월합니다.
주님은 명철이 한이 없으시며
강한 능력을 지니셨습니다.

오, 주님, 주께서는 크신 지혜로 많은 일들을 행하십니다.
그 모든 일이 주의 놀라우신 뜻과 경륜을 좇아 이루어졌습니다.
주의 지혜와 지식이 얼마나 깊은지요!
아무도 주의 판단을 헤아리지 못하며,
아무도 주의 길을 찾아내지 못합니다!

하늘이 주의 것이며,
그 안의 모든 것이 주께 속했습니다.
땅과 그 충만한 피조물들이 모두 주의 것이며,
온 세상과 그 거주민들이 다 주께 속했습니다.
땅의 깊은 곳이 주의 손 안에 있으며,
높은 산들도 주의 것입니다.

바다도 주의 것이니,
이는 주님이 그것을 만드셨기 때문입니다.
주께서 육지도 친히 조성하셨습니다.
숲의 모든 짐승과 산의 가축들도 다 주의 것입니다.

주께서는 크신 하나님, 모든 신들보다 더 높이 계신 왕이십니다.
온 인류의 생명과 호흡이 주의 손에 달려 있습니다.
주의 통치는 영원하며,
주의 나라는 세세토록 이어질 것입니다.
주께서는 하늘의 천사들과 온 땅의 주민들 중에,
당신의 뜻대로 온전히 행하십니다.
아무도 주의 손길을 막거나 거스르지 못합니다.

오, 하나님, 주께서 이 모든 일을 능히 홀로 행하십니다.
주의 뜻과 계획대로 다 이루어질 것입니다.
이는 권능이 주께 속했으며,
주께는 불가능한 일이 없기 때문입니다.
하늘과 땅의 모든 권세가 주께 속했음을 고백합니다.
주님은 우리의 삶과 죽음을 주관하시며,
상하게도 하시고 낫게도 하십니다.
아무도 주의 손길에서 벗어날 수 없습니다.
이를 약속하신 이가 하나님이시오니,
또한 그대로 이루어지게 하실 분도 주님이십니다.
아멘.

— 매튜 헨리

문지기이신 예수님

주 예수님,
주께서는 자신의 집에 속한 모든 일을 세심히 살피시려
친히 문지기가 되셨습니다.

주께서는 옛날 이스라엘의 종들처럼,
주의 집 문 앞에서 자신의 귀를 뚫으셨습니다.
주님은 자유의 몸이지만 그 집을 떠나지 않으시고,
그 안에 영원히 머무는 편을 택하셨습니다.
그것은 오직 주께서 섬기시는 하나님과
주께 속한 교회, 곧 주의 신부와 자녀들을 향한 사랑 때문이었습니다.

인간의 이해를 뛰어넘은 그 사랑을 되새기고 되새깁니다.
내게 은혜를 베푸셔서, 나도 이같이 고백하게 하소서.
"악인의 장막에 사는 것보다
내 하나님의 성전 문지기로 있는 것이 좋사오니." 시 84:10
아멘.

— 로버트 호커

거룩하신 주님

이스라엘의 찬송 중에 거하시는 주님!
주님은 진실로 거룩하십니다.
주님은 거룩하고 존귀하시오니,
우리가 주의 이름을 높이며 감사를 드립니다.
주의 눈은 지극히 정결하셔서 죄를 용납하지 못하시며,
악한 자가 주와 함께 거하지 못합니다.
반석이신 주님은 자신의 뜻을 온전히 이루시며,
진실과 공의로 모든 일을 판단하십니다.

주님은 진리의 하나님이시며,
주님 안에는 아무 거짓이 없습니다.
주님은 우리의 피할 반석이시며,
주님 안에는 어떤 불의도 없으십니다.
주께서 행하시는 모든 일이 거룩하며,
주의 집은 언제나 순전한 상태로 머물 것입니다.

오, 하나님, 우리의 사정을 주 앞에 아뢸 때에,
주의 의로우심을 깊이 깨닫습니다.
주의 말씀은 참으로 합당하며, 주의 판단은 순전합니다.
주의 의는 큰 산과 같고, 주의 심판은 넓은 바다와 같습니다.

주의 보좌에는 깊은 구름과 흑암이 둘려 있으며,
공의와 분별이 보좌의 기초가 됩니다.

주님은 진실로 선하시며,
주의 자비는 영원합니다.
우리를 향하신 주의 긍휼이 깊고도 깊으며,
주의 진리가 대대로 이어질 것입니다.
주님은 자신의 이름을 선포하셨습니다.
"여호와라, 여호와라.
자비롭고 은혜롭고 노하기를 더디하고
인자와 진실이 많은 하나님이라." 출 34:6
주께서는 천대까지 긍휼을 베푸시며,
우리의 모든 죄악과 허물을 용서하시는 분입니다.

주의 이름이 우리의 견고한 망대임을 고백합니다.
주님은 참으로 선하셔서 모든 피조물을 선대하시며,
언제나 지극한 자비를 베풀어 주십니다.
주께서 마음이 깨끗한 이들을 돌보시니,
주의 손길로 우리 삶을 어루만져 주소서.
우리로 주의 선하심과 인자하심을 항상 맛보고 누리게 하소서.
아멘.

— 매튜 헨리

주님이 나를 지으셨습니다

귀하신 예수님,
주님은 나를 위해 모든 일을 행하시고,
내 안의 모든 것을 변화시켜 주셨습니다.
주님은 내 어머니의 모태에서 나를 빚으시고,
내가 주 안에서 거듭나게 하셨습니다.
주님은 나를 속량하시고,
주의 보혈로 내 죄를 씻어 주셨습니다.
내 무가치함을 용납하시고 깊은 슬픔 중에 붙들어 주시니,
주님을 찬양합니다.

오늘밤에도 주의 인자한 손길에 내 영혼을 맡깁니다.
매일 밤마다, 그리고 죽음을 맞는 순간에도 그리하게 하소서.
내 마음이 쇠약해져 육신의 힘이 소진될 때도,
주께서 영원히 내 힘과 분깃이 되시는 복된 확신을 품게 하소서.
아멘.

— 로버트 호커

보좌에 앉으신 주님

하나님, 주께 대하여 우리가 아는 것이 얼마나 적은지요.
주께서 행하시는 크신 일의 작은 한 부분만 볼 수 있을 뿐입니다.
천둥소리 가운데서 울려 퍼지는 주의 능력을
누가 다 헤아릴 수 있겠습니까?
전능하신 주의 발자취를 미처 가늠할 수조차 없습니다.
주의 권능과 지혜는 경이로우시니,
주님은 우리의 높임과 찬양을 받으시기에 합당한 분이십니다.

주께서는 하늘 위에 당신의 보좌를 높이 세우셨습니다.
주의 보좌가 지극히 영광스러우니,
스랍들도 그 앞에서 얼굴을 숨깁니다.
주님은 연약한 우리를 긍휼히 여기셔서,
그 보좌를 구름으로 덮으시고 가려 주십니다.
주께서는 바람과 불꽃을 자신의 종으로 삼으셨습니다.
수많은 천사들이 주를 섬기며
겸손히 주의 뜻을 따릅니다.
그들은 큰 능력으로 주의 말씀을 받드는 자들입니다.

주께서는 우리로 하여금 믿음과 소망, 사랑 가운데
거룩한 하늘의 천사들과 온전케 된 의인들의 영과 교통하게 하셨습니다.

이를 통해 우리는
하늘의 예루살렘에 있는 장자들의 모임에 참여하게 되었습니다.

오, 주님, 주께서는 모든 영광과 존귀를 받기에 합당하십니다.
주님은 온 세상 만물을 창조하셨으며,
모든 피조물이 주의 뜻을 행하고 주를 찬양하게 하셨습니다.
하늘과 땅,
바다와 깊은 물의 근원을 지으신 주님 앞에 무릎 꿇고 경배합니다.
모든 일이 주의 말씀대로 이루어지며,
주의 명령이 다 시행되었습니다.
주께서 "빛이 있으라" 선포하시니, 곧 빛이 생겨났습니다.
주님은 천지 만물을 지극히 선하게 창조하셨습니다.
오늘날까지 온 세상이 주의 말씀을 좇아 지탱되며
모든 피조물이 주의 뜻에 굴복합니다.

낮이 주의 것이며, 밤도 모두 주의 것입니다.
주께서는 빛과 태양을 만드시고 온 땅의 경계를 정하셨으며,
여름과 겨울이 이어지게 하셨습니다.
주님은 능력의 말씀으로 만물을 붙드시고,
온 피조물이 주의 따스한 손길 아래 있게 하셨습니다.

세상 만물이 주의 부요함으로 충만합니다.
주의 피조물이 온 땅과 큰 바다 위에 가득합니다.
모든 생물이 주의 손길을 앙망하며,
주님은 적절한 때를 찾아 그들에게 먹을 것을 주십니다.

이제 구하오니, 연약한 우리의 필요를 기억하시고
우리를 긍휼히 여겨 주소서.
아멘.

― 매튜 헨리

토기장이이신 주님

주 하나님,
주님은 우리의 창조주이십니다.
주님은 우리로 땅의 짐승들보다 더 많은 것을 알게 하시고,
하늘의 새들보다 더 지혜롭게 만드셨습니다.
주께서 친히 우리를 빚으시니,
우리는 진흙이요 주님은 토기장이십니다.
주께서 우리를 세상에 나게 하셨으며,
젖먹이 시절에도 지켜 주셨습니다.
호흡의 시초부터 우리가 주를 의지하므로,
주의 돌보심을 힘입어 이제까지 살아왔습니다.

주님은 어머니의 태중에서부터 우리의 하나님이 되셨으니,
우리로 하여금 주를 찬송하게 하소서.
우리가 항상 주의 돌보심 가운데 살아가고 있음을 고백합니다.
우리 호흡이 주의 손길 아래 있으며,
우리 삶의 여정도 다 주께 속했습니다.
우리 인생은 우리 것이 아니라 주의 소유입니다.
우리 발걸음을 인도하시는 이가 주님이시며,
우리 삶의 시간도 다 주의 것입니다.

주께서 이제까지 우리를 먹이고 입히셨으며,
모든 환난에서 건져 주셨습니다.

우리 삶이 소멸되지 않는 것은
오직 주의 한없는 자비와 긍휼 때문입니다.
주님은 아침마다 새롭게 사랑을 베푸시며
우리를 변함없이 돌보아 주십니다.
주께서 우리의 호흡을 거두시면
우리는 다시 흙과 먼지로 돌아가게 될 것입니다.
만물을 명하여 그것을 이루시는 분은 오직 주님 한분뿐이십니다.
아멘.

— 매튜 헨리

우리를 빚어 가시는 주님

오직 주님만이 하늘과 땅의 주관자이십니다.
주께서 하늘과 그 위의 하늘을 지으시고,
그 안에 있는 해와 달과 별들을 만드셨습니다.
주께서 땅과 만물을 빚으시고 바다와 그 안의 모든 것을 창조하셨으니,
주께서 모든 피조물을 돌보아 주십니다.
하늘의 모든 천사들이 주께 경배하는 모습을 바라봅니다.
주님은 자신의 왕권으로 만유를 다스리십니다.

주의 허락 없이는 참새 한 마리도 땅에 떨어지지 않습니다.
주님은 땅의 흙으로 사람을 빚으시고,
그에게 생기를 불어넣어 살아 있는 영이 되게 하셨습니다.
주님은 그의 후손인 우리가 온 땅에 흩어져 살게 하셨으며,
우리 각자에게 삶의 터전을 정해 주셨습니다.
지극히 높으신 주께서 이 세상의 모든 나라들을 다스리시며,
주님 뜻대로 주장하십니다. 주님은 우리의 모든 일을 판단하십니다.

할렐루야, 전능하신 주께서 만물을 다스리십니다.
주님은 자신의 깊으신 뜻대로 모든 일을 행하시는 분이십니다.
우리로 늘 주의 영광을 찬송하게 하소서.
우리가 성부와 성자, 성령 하나님께 경배하며

세 위격이 또한 하나이심을 고백합니다.

우리가 천지의 주재이신 아버지 하나님을 찬미합니다.

영원한 말씀이신 성자 하나님께 경배합니다.

그분은 태초에 하나님과 함께 계셨으며, 그분 자신이 하나님이셨습니다.

온 세상 만물이 그분의 손길을 통해 창조되었으며,

그분의 능력 바깥에서 생겨난 것은 하나도 없습니다.

성자께서 합당한 때에 인간의 육신을 입고 우리 가운데 거하시고,

친히 자신의 영광을 나타내셨습니다.

성부 하나님의 아들이신 그분의 인격에 은혜와 진리가 충만합니다.

성부 하나님은 우리가 그분께 경배하듯이,

성자 하나님을 높이기를 바라셨습니다.

성자께서는 성부의 영광을 우리 앞에 환히 드러내시며,

그분의 거룩한 속성들을 보여주셨습니다.

우리로 성자 하나님 앞에 진심 어린 경배를 드리게 하소서.

우리가 천사들과 함께 주를 경배합니다.

우리의 구속자이신 주를 높이기 원합니다.

주님은 신실한 증인으로 죽은 자 가운데서 다시 사셨으며,

온 땅에 있는 왕들의 머리가 되셨습니다.

우리가 예수 그리스도가 주이심을 고백하며,

성부 하나님께 영광을 올려드립니다.

우리가 보혜사 성령님께 경배합니다.

성령님은 성자 하나님의 보내심을 받아

성부 하나님께로부터 나오셨습니다.

주께서 진리의 영이신 성령을 보내신 뜻은,
우리로 주의 모든 말씀을 깊이 깨닫고
되새기게 하려는 데 있음을 믿습니다.
성령님은 거룩한 하나님의 사람들을 감동하셔서,
우리를 위해 성경을 기록하게 하셨습니다.

오, 하나님,
주께서 우리를 지으셨으니, 우리의 모든 삶이 주의 것입니다.
우리는 주의 백성이요 주께서 기르시는 양입니다.
우리로 주 앞에 무릎 꿇고 경배하며, 주의 이름을 높이게 하소서.
주님, 주께서는 우리의 몸을 참으로 놀랍고도 신묘하게 빚으셨습니다.
주님은 뼈와 힘줄로 우리의 몸을 엮으시고
살과 피부를 입히셨습니다.
주님은 우리의 삶에 생명과 은총을 베푸시며,
주의 깊으신 손길로 우리 영혼을 돌보아 주셨습니다.

주님은 우리 영혼의 아버지이십니다.
주께서 우리 심령을 친히 빚어 주셨습니다.
주의 영이 우리의 인격을 지으시고,
전능하신 숨결로 생기를 불어넣어 주셨습니다.
우리 마음속에 참된 지혜와 분별을 베푸시는
주의 손길을 찬양하게 하소서.
아멘.

— 매튜 헨리

참 하나님이시며 사람이신 예수님

그리스도이신 예수님,
주님은 영원한 하나님이신 동시에 참되고 거룩한 사람이십니다.
주님은 자신의 인격 가운데
신성과 인성의 두 본성을 모두 보존하고 계심을 믿습니다.
우리로 항상 주께 깊은 감사와 경배를 드리게 하소서.
오직 주님이 베푸시는 구원의 손길을 의지합니다.

주님은 온 세상의 구주이십니다.
우리를 주의 소유로 삼으소서.
우리가 주의 은혜를 힘입어 살며,
앞으로도 영원히 그러하기 원합니다.

우리로 주님이 택하신 모든 성도들과 함께
주를 더 알아가며 당신을 경배하게 하소서.
구원에 이를 때까지 우리를 항상 인도해 주소서.
이것이 우리가 품은 믿음과 소망의 전부입니다.
이것이 우리가 간절히 바라고 구하는 일들 가운데 가장 귀한 일입니다.
아멘.

— 헤르만 비치우스

무한하고 광대하신 주님 앞에 나아갑니다

오, 주님, 우리의 능력으로는 감히 주의 신적 위엄과
완전하신 성품을 알 수 없습니다.
주님은 실로 무한하고 광대하신 분이시니,
우리 생각으로 주의 놀라운 능력과 속성들을 다 헤아릴 수 없습니다.

어찌 유한한 인간이 주의 전능하신 주권을 감히 제한할 수 있겠습니까?
주님은 이 세상의 어떤 피조물에게도 의존하지 않으시는 분이십니다.
그러므로 아무도 주께 "지금 무슨 일을 하시는 겁니까?
왜 그렇게 하십니까?" 하고 질문할 수가 없습니다.

주님은 무한히 거룩하시며 선하십니다.
그러하오니, 주께서 거룩한 이들을 사랑하시며
그들에게 상 주심을 믿습니다.

주님, 우리가 얼마나 무지한 존재인지 일깨워 주소서.
주께서 우리를 아시듯 우리도 주를 알게 하시고,
우리의 한계를 무한히 뛰어넘는 주의 아름다우심을 바라보게 하소서.
아멘.

— 헤르만 비치우스

13. 하루의 시작을 도와주소서

아침 기도

오, 전능하시고 영화로우신 하나님!
주의 능력과 위엄은 헤아릴 수 없으며,
주의 영광은 하늘의 하늘까지도 다 담아낼 수 없습니다!

하늘에 계신 주여, 무익한 종인 나를 돌아보소서.
내가 은혜의 보좌 앞에 꿇어 엎드립니다.
주의 사랑하는 아들이며 우리의 중보자이신
예수 그리스도의 공로 의지해서 주 앞에 나아갑니다.
주께서 독생하신 아들을 온전히 기뻐하심을 믿습니다.

거룩하신 주님,
내게는 감히 주 앞에 나아가 무엇을 아뢸 자격이 없습니다.
주께서 아시는 것처럼,
나는 죄 중에 태어나 심히 추한 삶을 살아왔기 때문입니다.
불의한 마음과 생각으로, 악한 말과 행동을 통해
주의 모든 거룩한 계명들을 어겼습니다.
주님이 주신 의무를 소홀히 여겼으며,
오히려 주께서 금하신 여러 악행과
마땅히 주의 진노를 살 일들을 행하였습니다.

오, 주님, 비통한 심정으로 내 은밀한 죄들을 고백합니다.
나는 주의 저주를 받아 마땅한 자입니다.
주께서 합당한 징벌을 내리신다면,
나는 이 세상 삶에서 온갖 불행을 겪고
이후에는 지옥의 영원한 고통을 맛보아야 할 자입니다.

그러나 주님, 주께서 우리에게 영원한 자비를 베푸시며
주의 긍휼하심은 결코 소멸하지 않음을 고백합니다.
주님, 오직 주께만 풍성한 자비와 속량의 은총이 있사오니,
주의 크신 사랑과 그리스도의 공로로 나를 심판에서 건져 주소서.

주님, 내 죄와 허물을 주의 은혜로 덮어 주소서.
주께서 우리의 허물을 드러내시면
누가 감히 주님 앞에 의로울 수 있겠습니까?
주님, 예수 그리스도가 흘리신 보혈의 공로를 의지하오니,
나를 불쌍히 여기시고 내 죄의 더러움을 깨끗이 씻어 주소서.

그리스도가 내 죄에 대한 저주의 짐을 모두 감당하셨으니,
이 심판의 두려움에서 나를 건져 주소서.
동이 서에서 먼 것 같이,
내 죄들을 주 앞에서 멀리 옮겨 주소서.
그리스도의 무덤에 나의 죄들을 함께 묻어 주소서.
다시는 내 영혼이 죄에 시달리지 않기 원합니다.
죄로 인해 이 땅에서 수치를 당하거나,
장차 영원한 정죄에 이르는 일이 없게 해주소서.

오, 주님, 내가 구하오니

어린양이신 그리스도의 피로 내 죄를 깨끗게 씻어 주소서.

주의 성령을 보내셔서, 내 본성을 정결케 해주소서.

죄의 지배와 습관을 날마다 소멸시키시는

성령의 능력을 경험하게 하소서.

자유로운 마음으로 거룩함과 의로 주를 섬기게 하소서.

주님, 성령의 인도하심을 좇아서

언제나 신실한 주의 종으로 살아가게 하소서.

이 땅의 삶이 다한 후에

하늘에 있는 주의 나라에서 영원한 복락과 생명을 누리게 하소서.

아멘.

— 루이스 베일리

아침의 감사 기도

주님, 내 인생의 날이 더해 갈수록
더 깊은 회개와 성숙의 자리로 나아가게 하소서.
날마다 주님과 주께 속한 백성들 앞에서
더 큰 은혜와 호의를 얻기 원합니다.
주의 은혜로 내 부족한 것들을 채워 주소서.
주께서 주신 선한 은사들이 내 안에서 더욱 자라가게 하셔서,
언제나 신자다운 삶의 모범을 보이게 하소서.
경건한 삶과 언행으로 주의 이름을 높이기 원합니다.

선한 양심으로 내가 평안을 누리게 하소서.
내 영혼을 성령의 기쁨으로 채워 주시기를 구합니다.
주께서 주신 복으로 인하여 진심으로 감사를 드립니다.
주님은 세상의 기초를 놓기 전에 이미 나를 택하시고,
예수 그리스도 안에서 구원을 허락하셨습니다.
이 일이 주의 영원하신 목적과 한없는 사랑으로
이루어진 것임을 믿습니다.

주께서는 우리 인간을 당신의 형상으로 창조하셨습니다.
우리의 첫 부모인 아담과 하와가 그 형상을 상실했으나,
주님은 우리 안에서 그 형상을 회복시키는 일을 시작하셨습니다.

주님은 성령의 사역을 통해 우리를 부르셨으며,
이 일은 교회에서 전파되는 복음과 성례 가운데 이루어졌습니다.
그리하여 우리는 놀라운 구원의 은혜를 깨닫고,
주의 복된 뜻에 순종하게 되었습니다.

주께서는 독생자 예수 그리스도의 보혈로 우리를 값 주고 사셨으며,
죄에서 속량하셨습니다.
주님은 우리를 지옥의 고통과 사탄의 속박에서 건져 주셨습니다.
주님은 우리가 그리스도를 믿어 값없이 의롭다 함을 받게 하셨습니다.
우리가 본질상 진노의 자녀였으나, 이제는 주님과 화목하게 되었습니다.
주님은 성령의 감화로 우리를 거룩하게 하셨습니다.
주님은 우리에게 충분히 회개할 시간을 주셨으며,
다양한 회개의 방편들도 허락하셨습니다.

선하신 주님,
내게 주신 생명과 건강,
재물과 음식, 의복과 평안, 풍요롭고 복된 삶에 감사드립니다.
주님은 지난밤에 내 몸과 영혼을 온갖 위험에서 지키시고,
오늘 아침에도 무사히 눈을 뜨게 하셨습니다.
오늘 내 몸이 새 아침을 맞게 하셨듯이,
내 영혼도 세상의 안락과 죄의 깊은 잠에서 깨어나게 하소서.
내 눈으로 밝은 아침 햇살을 보게 하신 것처럼,
내 심령이 말씀과 성령의 찬란한 빛을 누리게 하소서.
내게 은혜를 베푸셔서, 빛에 속한 주의 자녀답게 행하게 하소서.
이 하루도 주 앞에서 거룩한 순종의 삶을 살기 원합니다.

모든 말과 생각과 행실 가운데 믿음과 선한 양심을 간직하게 하소서.

선하신 주님,
오늘 내가 행하는 모든 일에 복을 내려 주소서.
주께 영광을 돌려드리며,
다른 이들의 유익을 위해 수고하는 하루가 되게 하소서.
그리하여, 주께 내 삶의 행적들을 아뢰는 마지막 날에,
내 영혼과 양심이 온전한 위안을 얻게 하소서.
아멘.

— 루이스 베일리

이 아침에 복을 주소서

오, 하나님,
오늘 하루, 누구에게도 악을 행하지 않게 하소서.
주의 선하신 뜻 가운데 마귀와 사악한 천사들과 나의 원수들이,
내게 어떤 해도 가하지 못하게 지켜 주소서.
오늘도 선하고 복된 길로 나아가게 하소서.
거룩한 천사들을 보내셔서,
내가 나갈 때나 들어올 때 나와 늘 동행하게 해주소서.
어디로 다니든지 안전히 지켜 주시고,
위험한 일을 겪지 않게 하소서.
주님은 자신의 이름을 경외하는 자들에게
이 같은 복을 약속해 주셨습니다.

오, 아버지 하나님,
주의 손에 내 몸과 영혼을 의탁합니다.
내 모든 삶과 행동을 인도하시고 보호해 주소서.

주님, 주께서 나를 돌보시니 내 영혼이 멸망하지 않으며,
아무 해나 상처도 입지 않을 것을 믿습니다.
내 연약함 때문에 잠시 주를 잊는다 해도,
내가 간구하오니,

주의 깊은 자비 가운데 나를 기억해 주소서.

내가 자신만을 위해 기도하는 것이 아니라,
이 세상 각처의 교회와 주께 속한 백성들을 위해 기도드립니다.
저들을 기억하시고 긍휼을 베풀어 주소서.
우리를 마귀와 세상, 적그리스도의 억압과 폭정에서 지켜 주소서.

주의 복음이 온 세상에 널리 전파되게 하시고,
택함 받은 백성들이 기쁨으로 주께 돌아오게 하소서.
우리가 속한 나라와 교회들이 평강과 공의,
참된 신앙 가운데서 번성하게 하소서.

이 나라의 지도자들에게 복을 주소서.
그들에게 풍성한 은사와 영적인 은혜들을 베푸셔서,
주님 주신 직무를 잘 감당하게 하소서.
이 나라와 교회의 지도자들을 감화하셔서,
그들이 진실한 믿음과 정의, 평화와 순종으로 백성들을 인도하게 하소서.

주를 경외하며 주의 이름을 부르는 신자들에게 자비를 베푸소서.
몸과 마음이 아프고 외로운 이들을 위로해 주시기를 구합니다.
특별히 고난과 핍박을 감수하며
진리의 복음을 증언하는 이들을 돌보아 주소서.
주의 깊으신 은혜 가운데 그들을 모든 환난에서 건져 주소서.
그리하여, 주의 이름이 높임을 받고 진리의 말씀이 널리 전파되며,
그들이 큰 위로와 힘을 얻게 하소서.

복되신 구주시여,

속히 이 세상에 임하셔서 악한 세대가 소멸되게 하소서.

신랑이신 주께서 다시 오실 때,

슬기로운 처녀처럼 등불을 밝힐 기름을 미리 준비하기 원합니다.

내가 이 세상을 떠나 최후의 심판에 이를 때,

마침내 주 예수를 뵙게 될 줄 믿습니다.

주 예수여, 속히 오시옵소서!

아버지 하나님,

이 모든 것과 다른 은혜들까지 풍성히 내려 주시기를 간구하며,

주께 모든 영광을 올려드립니다.

아멘.

― 루이스 베일리

또 다른 아침 기도

주님, 지난밤 모든 위험에서 지켜 주시고,
오늘 하루를 무사히 시작하게 하심을 감사드립니다.
오늘도 모든 악에서 나를 건지시고,
주님 앞에서 주를 노엽게 하는 죄를 범하지 않게 하소서.

주님, 이제껏 내 몸과 영혼에 내려 주신
모든 복을 생각하며 깊은 감사를 드립니다.
주님은 사랑으로 나를 택하시고,
예수 그리스도 안에서 구속해 주셨습니다.
주님은 성령의 사역을 통해 나를 성화의 길로 인도하셨으며,
오늘까지 인자한 섭리로 내 삶을 돌보아 주셨습니다.

늘 주님을 경외하며 성령의 다스림을 받게 하소서.
오늘도 모든 생각과 말과 행동 가운데 주께 영광을 돌려드리고,
다른 이들에게 유익을 끼치는 삶이 되기 원합니다.
언제나 양심의 평안을 간직하고서
내 삶을 주의 인자하신 손길에 맡깁니다.
내 발걸음을 이끄시고, 내 모든 존재와 소유를 돌보아 주소서.
나를 모든 악에서 지키시며,
정직한 노력과 수고에 복을 주시기를 구합니다.

주님, 내 마음에 성령을 보내셔서,
주 하나님이 나의 아버지시며 내가 주의 자녀임을 확신하게 하소서.
나를 향한 주의 사랑이 언제나 한결같음을 신뢰합니다.
날마다 나를 주의 진리 가운데로 이끄시고,
온갖 세상의 정욕을 십자가에 못 박게 하소서.
그리하여 내 죄들이 점점 소멸되며,
평생 의와 거룩함으로 주를 섬기게 하소서.
이 땅에서의 삶이 다한 후에
주의 나라에서 영원한 영광을 누리게 하소서.
이 일은 오직 그리스도 안에 있는 주의 자비를 통해 이루어짐을 믿습니다.

모든 교회를 지켜 주시고,
목회자들에게 복을 내려 주소서.
이 나라의 지도자들을 붙들어 주소서.
병들고 외로운 이들을 위로하소서.
주님, 우리가 믿음과 회개로 마지막 날을 준비하게 하소서.
삶과 죽음 가운데서 변함없이 주의 백성으로 남기 원합니다.
그리하여, 우리가 주께 영광을 돌려드리며 영원한 구원을 얻게 하소서.
이 일이 구주 예수 그리스도 안에서 이루어짐을 믿습니다.
우리가 복되신 예수의 이름을 의지하여 이 일들을 간구합니다.
주께서 홀로 찬양과 영광을 받으소서.
아멘.

— 루이스 베일리

아침에 깰 때의 기도

오, 하늘에 계신 우리 아버지 하나님!
무익한 자녀인 우리가 주의 거룩한 임재 앞에 나아갑니다.
주의 크신 자비와 복을 기억하며, 찬송과 영광을 올려드립니다.

주께서 지난밤 우리를 보호하시고,
우리의 지친 몸에 평안한 쉼을 주셨습니다.
무사히 새 아침을 시작하게 하신 주께 감사를 드립니다.

우리를 향한 주의 크고 놀라우신 사랑을 깊이 알기 원하오니,
주님, 아침마다 우리 마음의 눈을 열어 주소서.
날마다 주 앞에 가까이 나아가며,
주를 향한 사랑과 순종의 열매들이 더욱 자라나게 하소서.
우리를 이끄셔서, 새로운 감사의 노래를 부르고
주의 영광스러운 임재 앞에 나아가게 하소서.

우리의 모든 죄와 허물을 그리스도의 십자가에 못 박아 주시고
그 죄들을 주의 죽으심과 함께 장사하게 하소서.
주의 피로 씻으시고,
주의 상처 속에 숨겨 주소서.
다시는 그 죄들로 인해 우리가 심판 아래 놓이지 않게 하소서.

선하신 아버지 하나님,

우리 마음을 감화하셔서, 모든 죄를 온전히 회개하게 하소서.

우리가 어떤 죄도 즐거워하지 않게 하소서.

우리가 연약하여 자주 넘어지지만,

완전히 실족하지는 않게 하소서.

죄 가운데 그대로 머물지 않고

다시 일어나 믿음의 길을 걷게 하소서.

전심으로 주께 돌이키며, 은혜와 자비의 손길을 간절히 찾게 하소서.

주님, 우리 안에 참된 믿음을 일으켜 주소서.

주의 아들이신 예수 그리스도를 굳게 붙들며,

그분의 공로만 의지하게 하소서.

우리에게 믿음을 주셔서,

복음의 크고 귀한 약속들을 온전히 신뢰하게 하소서.

우리에게 새 힘을 더하시고,

진실한 믿음의 열매를 맺게 하소서.

우리가 육신의 정욕을 내려놓고 성령 안에서 살아가게 하소서.

하나님의 아들이신 그리스도의 죽으심을 기억하고

그 능력을 깨닫기 원합니다.

주께서 그 능력으로 우리 육신의 죄를 소멸하실 줄 믿사오니,

우리를 새 생명으로 인도하시는 부활의 능력도 누리게 하소서.

우리가 날마다 성령 안에서 성화의 길을 걷기 원합니다.

우리 육신의 소욕들을 십자가에 못 박게 하소서.

주 앞에서 거룩하고 의로운 삶을 살며
악한 세상 속에서 진리의 빛을 밝히게 하소서.
성령의 충만함을 누리고, 늘 깨어 기도하며,
날마다 주의 율례를 살피고 묵상하게 하소서.

주님, 정욕과 원하는 대로 행하도록 우리를 내버려두지 마시고
성령의 사역으로 우리 마음을 감화시켜 주소서.
끝까지 믿음의 경주를 다한 후에
주님 계신 영광의 나라에 들어가게 하소서.
그곳에서, 주님을 사랑하는 모든 백성들을 위해 예비하신
영원한 면류관을 받아 누리게 하소서.
아멘.

— 아서 덴트

하루 일과를 위한 기도

주님, 오늘도 주께서 베푸시는 은혜의 손길을 의지합니다.
주 앞에 나아가 기도하오니, 내 마음을 온전히 집중하게 하소서.
주님을 향한 거룩한 사랑을 품게 하시고
은혜와 간구의 영을 부어 주소서.슥12:10

내가 성경을 펼칠 때나 다른 좋은 책을 읽을 때
내 영혼의 눈을 열어 주셔서,
주의 율례에 담긴 기이한 진리를 보게 하소서.시119:18
내 마음을 밝히시고, 깊은 심령을 감화시켜 주소서.
날마다 주의 뜻에 합한 생각을 품고 옳은 길로 나아가게 하소서.

주님, 일상의 삶을 살아갈 때 은총을 베푸셔서,
우리가 행하는 일들이 견실한 열매를 맺게 하소서.시90:17
정직한 마음으로 수고하는 이들에게 복을 내려 주소서.

주님, 휴식의 시간에도 나와 동행하여 주소서.
그때도 주님을 기억하며 주의 영광을 마음에 품게 하소서.

주님, 내가 다른 이들을 만날 때 더러운 말을 입 밖에 내지 않게 하소서.
오직 듣는 이들에게 합당한 말과
은혜와 덕을 끼치는 말을 하게 하소서.엡4:29

주님, 내가 어려움을 겪을 때

그 일을 잘 풀어나갈 지혜를 허락하소서.^{전 10:10}

내게 주의 길을 가르치시고, 평탄한 길로 인도해 주소서.^{시 27:11}

오, 인자하신 구주여!

시험을 당할 때도

나의 연약함 가운데 주의 능력이 온전히 드러나게 하소서.^{고후 12:9}

아멘.

— 필립 도드리지

오늘도 나를 돌보아 주소서

주 하나님, 내가 주께 일용할 양식을 구합니다.
그러나 내게는 성령의 은혜를 먼저 구해야 할 더 큰 이유가 있습니다.
이는 주께서 성령의 손길을 통해 내 영혼에 하늘 양식을 베푸시고,
구원의 믿음을 내려 주시기 때문입니다.

내가 두려움과 의심에 휩싸일 때
주의 말씀과 약속을 붙드는 법을 일깨워 주소서.
그리하면 세상과 육신,
마귀의 온갖 시험을 떨치고 이기게 될 줄 믿습니다.
내가 따르는 주님이 어떤 분이신지 알기 때문입니다.

주님, 날마다 내 믿음이 자라가게 하소서.
온 세상에 주의 빛을 환히 비추어 주셔서,
사망의 깊은 어둠 속에서도 믿음을 지키고
영생의 길로 나아가게 하소서.
성령의 사역으로 내 삶을 다스려 주셔서,
양심의 빛에 어긋나는 죄를 범하여 믿음을 잃지 않게 하소서.

주께서 내 안에 시작하신 선한 일을 확증해 주소서.
내 심령을 강건하게 하시고,

주 예수 그리스도의 날까지 흠 없이 살게 하시며,
마침내 영생을 상속받게 하소서.
아멘.

— 로버트 파커

아침 기도

주여, 오시옵소서.
내 심령을 감화하시고 내 입술을 주님 말씀으로 가득 채우셔서,
내 마음이 주의 사랑 안에 거하게 하소서.
이른 아침에 주께서 계신 자비의 보좌 앞으로 나아갑니다.
내 입을 열어 주님 앞에 깊은 속마음을 쏟아 낼 때에,
내 심령을 주의 은혜로 넓혀 주소서.

복되신 예수님,
주께서 내 간구의 음성을 들으심을 믿습니다.
그러하오니, 아침부터 주님 앞에 기도하고 하루에 일곱 번씩이라도
주의 도우심을 간절히 구합니다.
내 삶 속에서 크고 놀라운 일들을 행하시는 구원의 하나님을
기뻐하며 높여 드립니다.

귀하신 진리의 성령님,
내 삶을 통해 주 예수께 영광 돌리게 하소서.
내가 그리스도께 속한 복음의 비밀을 깨닫기 원하오니,
내가 성부 하나님과 그 아들이신 예수 그리스도와 함께
날마다 친밀한 교제를 누리게 하소서!

주님, 주께서 값없이 베푸신 구원의 은혜로 내 영혼이 위로를 얻습니다.
주 하나님의 영원하신 사랑 때문에
주님이 우리의 속죄 제물이 되셨음을 깨닫습니다.
주의 인애하신 손길로 나를 붙드셔서,
영원히 주님만을 사랑하며 섬기게 하소서.

주님, 나와 동행해 주소서.
예수의 약속대로, 내 삶에 영원히 함께하시기를 구합니다.
내가 주를 근심시키지 않게 하소서.
내가 주 안에서 영원한 구속의 날까지 인치심을 받았습니다.
아멘.

— 로버트 호커

14. 하루의 삶을 도와주소서

날마다 선한 싸움 싸우게 하소서

사랑하는 하나님, 우리 자신과 맞서 싸우기가 쉽지 않습니다.
육신의 소욕처럼, 우리 삶 속에 깊이 잠복해 있는
대적을 물리치기 힘겹습니다.
주의 거룩하신 능력을 힘입지 않으면,
이 위험한 원수의 손에 끝내 굴복하고 말 것입니다.

주님, 구하오니, 죄와 정욕을 향해 날마다 죽게 하소서.
육신의 유혹 때문에 그리스도 안에 있는 새 생명에서
영원히 분리되는 일이 없게 하소서.

오늘 하루도 주를 경외하며 주의 은총 안에 거하게 하소서.
마침내 이 땅의 삶이 끝날 때에, 나를 주의 영원한 나라로 인도해 주소서.
구주 예수 그리스도 안에서 그 일을 이루어 주실 줄 믿습니다.
아멘.

— 로버트 파커

우리를 돌보아 주소서

하나님, 교회의 유일한 주인이시며 교사이신 그리스도 안에서
하나님을 영원히 찬송합니다.

하나님 아버지,
우리가 길을 잃고 헤맬 때에,
주의 아들이신 그리스도 안에서 자비를 베풀어 주소서.
우리 자신의 죄를 날마다 더 깊이 깨닫기 원합니다.
우리를 주의 진리 가운데로 이끄시고,
그 안에 늘 머물게 하소서.

주께서 맡기신 일들을 성실히 감당하게 하소서.
그 일이 크든지 작든지, 온 마음을 다하기 원합니다.
우리의 삶을 붙드셔서,
세상의 온갖 부끄러운 일에 빠지지 않게 하소서.
아멘.

— 존 로빈슨

우리는 주의 낯을 피할 수 없습니다

주님, 아무도 주의 눈을 피해 은밀한 곳에 숨을 수 없습니다.
주께서는 온 하늘과 땅에 충만히 거하십니다.
주님이 멀리 계시지 않기에,
우리는 주의 임재를 벗어날 수도
주의 영이 계신 곳을 떠날 수도 없습니다.
우리가 하늘에 오를지라도 그곳에 거하시며,
땅 속 깊이 자리를 펼지라도 거기 계십니다.
우리가 새벽 날개를 치며 바다 끝에 머물지라도
주의 손이 우리를 여전히 붙드십니다.
우리는 주의 다스림을 피해 달아날 수 없습니다.

주님, 온 세상 만물이 주의 눈앞에 벌거벗은 것처럼 드러납니다.
주께서는 우리 마음의 생각과 뜻을 전부 헤아리십니다.
주님은 어디서나 악인과 선인을 감찰하시며,
온 땅을 두루 살피시사
온전한 마음으로 주를 찾는 이들을 위해
큰 능력을 행하십니다.
주님은 우리의 깊은 속마음을 헤아리시며,
각 사람의 행실과 삶의 열매대로 갚으시는 분이십니다.

오, 하나님, 주께서 친히 우리 마음과 삶을 살피셨습니다.

주님은 우리의 앉고 일어섬을 아시며,

멀리서도 우리 생각을 잘 아십니다.

주님은 우리의 걷는 길과 눕는 자리를 분별하시며,

우리의 행실을 낱낱이 살피시는 분이십니다.

주께서는 우리의 모든 말을 들으시며,

주 앞에서는 흑암과 빛이 모두 같습니다.

우리로 주의 경이로운 능력을 찬미하게 하소서.^{시 139편}

아멘.

— 매튜 헨리

매일 드리는 감사의 기도

주님, 내가 고백할 말은 이것입니다.
"온 마음 다해 주님을 사랑하고 경배합니다."
내 작은 마음속에도 주님을 향한 사랑이 가득합니다.
그 사랑을 주님 앞에 온전히 쏟게 하소서.
그리하여, 넘치는 주의 사랑을 경험하기 원하오니,
주님은 나의 소망이요 자랑이시며, 내 머리를 들게 하시는 분이십니다.시 3:3
주의 구원을 전심으로 기뻐하게 하소서.시 13:5

성령의 감화로 주님과 교제할 때,
놀라운 많은 생각들이
즐거움과 기쁨으로 내 영혼 속으로 흘러 들어옵니다.
오랜 세월 누릴 복락이 한 순간에 밀려오는 듯합니다.
주님, 겸손히 경외하는 마음으로,
주께서 베풀어 주신 지식과 은혜를 찬양합니다.
내 연약함으로 열매들이 충분히 자라나지 못했으나,
내 영혼이 그 지식과 은혜를 통해 소생하며,
성화의 길로 나아가게 되었음을 고백합니다.

주께서 내게 몸과 감각들을 주셔서,
이 땅의 삶을 누리게 하신 일을 찬양합니다.

무엇보다 주를 섬길 힘과 능력을 주신 것 깊이 감사하고,

내게 움직일 힘을 주신 것 감사합니다.

주께서 내 몸을 붙드시며 친히 인도하시니,

내 연약한 신경을 강건하게 하시고, 온 몸의 힘을 회복시켜 주소서.

날마다 모든 이들에게 베푸시는 은혜의 손길을 찬양합니다.

주께서 내 앞에 풍성한 상을 차리시고,

내 잔에 포도주를 넘치게 부어 주셨습니다.

나로 하여금 이 은혜를 당연하게 여기지 않고

여러 좋은 벗들과 함께 나누게 하소서.

내게 여러 소중한 친척과 벗들을 주신 것 감사합니다.

주께서는 내가 어려움 당할 때 그들의 도움을 입게 하셨으며,

내게도 그들을 섬길 힘을 베푸셨습니다.

"주는 것이 받는 것보다 복이 있다" 행 20:35 하신 주의 말씀을

늘 기억하게 하소서.

내게 곤경에 처한 이들의 슬픔을 공감할 마음 주심을 감사합니다.

비록 나는 연약하지만,

주께서 그들을 도울 방법과 분별을 주셨습니다.

주님은 우리에게 이웃의 고통을 덜어 주려는 마음을 주시고,

적절한 계획을 세워 그 일을 성취하게 하시는 분이십니다.

하늘의 복된 나라에 들어간 이들의 기쁨에

나를 참여케 하심을 감사합니다.

주님은 그 낙원 가운데로 은혜의 물줄기 흘러가게 하시며,

그들이 점점 더 크고 풍성한 즐거움을 누리게 하십니다.
주님이 내 소중한 벗이었던 그들에게
넘치는 기쁨과 안식을 베푸신 일을 찬양합니다.
전에 그들이 이 땅에 머물 때,
주님은 나로 하여금 그들의 아픔을 덜어 주고 기쁨을 더하게 하셨습니다.

주의 보좌를 둘러싼 모든 성도와 천사들과 함께
주께 깊은 감사를 드립니다.
주께서는 내 마음에 하늘 소망을 심어 주셨습니다.
아직은 희미하게 그곳을 바라보지만,
장차 그 복락을 실제로 누리게 될 줄 믿습니다.
지금 이 땅에서도, 나를 하늘로 인도해 가시는 주의 손길을 느낍니다.
내가 주의 구원을 간절히 사모하고,
주의 변함없는 약속 앞에 겸손히 복종하게 하소서.
아멘.

— 필립 도드리지

내 식탁에 임하소서

존귀하신 예수님,
나는 진실로 주의 것입니다.
주님과 나 사이를 결속시키는 모든 끈을 통해
내가 주께 속했음을 고백합니다.
나는 성부 하나님이 베푸신 은사들과
주님과의 혼인 언약을 통해 주의 것이 되었습니다.
성령께서 내게 기름을 부어 주님과 연합하게 하셨으며,
온 세상 앞에서 내 삶이 주의 소유임을 드러내셨습니다.

인애하신 주님,
이제 값없이 베푸시는 은혜를 얻기 위해 주님 앞에 나아갑니다.
주님은 인간이나 천사들의 어떤 순종으로도
그 은혜를 얻어낼 수 없음을 가르치셨으니,
오직 주의 공로와 속죄의 보혈을 통해 그 은혜를 누리게 되었습니다.
그러하여, 주님은 나의 주가 되셨으며,
만물이 내게 속했음을 고백합니다.
이제 다른 일들은 내려놓고 모두 잊게 하소서.
지금부터 영원까지 예수가 나의 소유가 되시며,
나는 당신의 것이 되었기 때문입니다.

귀하고 귀하신 예수님,
나로 주의 복된 음성을 듣게 하소서.
말씀과 성령으로 내 영혼의 문을 두드리실 때에,
즉시 주를 모셔 들이기 원합니다.
내 마음의 문을 열어 주소서.
내게 은혜를 베푸셔서, 기꺼이 주를 영접하며 사랑으로 환대하게 하소서.
내 영혼이 주의 임재를 사모하며,
주의 거룩한 말씀을 좇아 이처럼 선포하기 원합니다.
"문들아, 너희 머리를 들지어다. 영원한 문들아, 들릴지어다.
영광의 왕이 들어가시리로다!" 시 24:7
주님, 미천한 내 마음 문이 열릴 때
주께서 친히 이렇게 행하실 것을 약속하셨습니다.
"내가 그에게로 들어가 그와 더불어 먹고
그는 나와 더불어 먹으리라." 계 3:20

부요하신 주님,
나로 주님과 온전히 연합하는 소중한 특권을 허락해 주소서.
주님과 교제하며 풍성한 은혜를 누리기 원하오니,
초라한 내 삶 속에 오셔서 영혼의 양식을 공급해 주소서.
내 마음과 삶 가운데는 아무 선한 것이 없습니다.
내게는 주께 내놓을 것이 아무것도 없습니다.
하지만 이처럼 말씀하시는 주의 음성을 듣습니다.
"나는 하늘에서 내려온 살아 있는 떡이니
사람이 이 떡을 먹으면 영생하리라.

내가 줄 떡은 곧 세상의 생명을 위한 내 살이니라." 요 6:51

이제 주 앞에 나아가 엎드립니다.
내 자신의 악함과 주의 크신 영광,
나의 헛됨과 주의 부요하심을 늘 되새기게 하소서.
복되신 주님, 내 삶의 전부가 되어 주소서.
궁핍한 내 영혼이 주의 은혜를 충만히 누리기 원합니다.
아멘.

— 로버트 호커

성령께 드리는 기도

성령님,
주 예수께서 내 안에 시작하신 치유와 구원의 사역을 완성해 주소서.
내 육신의 정욕과 세상이 승리를 거두지 못하게 하시고,
내 영혼의 밤이 너무 길어져 낮이 짧지 않게 하소서.
내 영혼에 베푸신 은혜의 빛이 죄 때문에 스러질까 두렵습니다.

성령의 돌보심이 없다면
우리의 생각은 헛된 몽상이며, 지식은 한낱 어리석음에 불과합니다.
우리의 책들도 무의미한 낙서가 될 뿐입니다.
성령님, 내 마음과 삶 속에서 예수의 진리를 증언해 주소서.
양자의 영이신 성령께서 내 기도의 주인이 되어 주시고,
하나님의 인이 되셔서
장차 내가 상속할 기업의 보증이 되어 주시기 원합니다.

성령님,
주의 영감으로 기록하신 성경의 말씀들을 내 마음속에 새겨 주소서.
그 안에 담긴 하나님의 깊은 사랑을 깨달아
주의 말씀을 언제나 사랑하고 지키며 살기 원합니다.
내가 천국에서 해야 할 일들을 일깨워 주소서.
내 심령 속에 거룩한 기쁨이 충만하게 하시기 원합니다.

장차 주의 나라에서 영원히 누릴 기쁨을 소망하며

지금 이곳에서도 복된 삶을 살게 하소서.

내 마음과 입술로 주의 거룩하신 이름을 찬송하게 하소서.

깊은 고난 중에 나를 붙드시고, 사망과 지옥의 두려움을 물리쳐 주소서.

성령님,

나로 하여금 더욱 거룩한 천국 백성이 되게 하소서.

이 땅에서 나의 생각과 언행이

장차 영광스러운 주의 나라에서 품게 될 모습을 닮아가게 하소서.

그때에, 성부 하나님이 친히 그 나라를 통치하시며

영원히 만유의 주가 되실 줄 믿습니다.

만물이 주에게서 나오고, 주로 말미암고, 주께로 돌아감을 고백합니다.

주께 영광이 영원히 있나이다.

아멘.

— 리처드 백스터

우리의 모습을 돌아보게 하소서

사도 바울이 데살로니가교회 성도들에게 전한 말씀을 기억합니다.
"형제 사랑에 관하여는 너희에게 쓸 것이 없음은
너희들 자신이 하나님의 가르치심을 받아 서로 사랑함이라." 살전 4:9

주님, 이 말씀을 대할 때 우리의 마음 깊이 찔림을 받습니다.
과연 우리는 데살로니가교회 성도들과 동류의 그리스도인인지요.
우리도 그들을 닮게 해주시기를 구합니다.
더 이상 이 문제에 관해
어떤 가르침이나 조언이 필요 없는 저희가 되게 하소서.

우리가 서로를 대하는 태도를 통해
형제 사랑에 관한 주의 가르침을 선명히 드러내는 이들이 되기 원합니다.
아멘.

— 제러마이어 버로스

한낮의 기도

내게 주의 말씀을 사랑하는 법을 일깨워 주셔서,
주를 향한 담대한 사랑이 더욱 자라나게 하소서.
이 세상 일들은 결국 지나가며,
일시적인 영광은 마침내 공허와 무로 돌아가는 것을 깨닫게 하소서.

내 마음을 주께로 이끄시고
영원히 소유할 일들에 관심을 쏟게 하소서.
내가 주를 열심으로 사랑하되,
온전한 마음으로 좇게 하소서.
내 영혼이 이 땅의 어떤 것에도 안주하지 않기 원합니다.

오늘 남은 하루의 삶도 지켜 주셔서,
영육간의 유혹과 위험에 빠지지 않게 하소서.
복되신 구주 예수 그리스도의 이름으로 기도합니다.
아멘.

— 로버트 파커

식사 전의 기도

지극히 은혜로우시고 사랑이 풍성하신 하나님 아버지,
주께서 이 세상의 모든 피조물을 먹이고 돌보시니,
저들이 주의 섭리에 깊이 의존하고 있음을 고백합니다.
이제 우리 앞에 놓인 음식을 거룩하게 하시고,
이 식사를 통해 우리의 건강과 삶이 유익을 얻게 하소서.
우리로 이 음식을 감사히 받게 하시고,
이 음식들이 주께로부터 왔음을 늘 기억하게 하소서.
식사를 비롯한 주의 은총에 힘입어
오늘도 주 앞에서 담대히 행하기 원합니다.
이 땅의 남은 날 동안, 항상 주님을 기쁘시게 하는 삶을 살게 하소서.
구주 예수 그리스도의 이름으로 기도합니다.
아멘.

― 루이스 베일리

15. 하루를 마무리하며 드리는 기도

죽음을 앞둔 이의 기도

존귀하신 예수님,
내게 큰 은혜와 믿음을 내려 주셔서
모든 두려움과 불안을 이기게 하소서.
사랑하는 주님,
날마다 내 앞에 찾아와 주소서.
죽음의 시간이 다가올수록,
주의 품에 안기기를 간절히 원합니다.
내 영혼이 주를 더욱 의지하게 하소서.
마침내 죽음이 임할 때에도,
내 가련한 육신에 새 힘을 더해 주소서.
주님, 이전의 다윗처럼 부르짖기 원합니다.
"내가 나의 영을 주의 손에 부탁하나이다.
진리의 하나님 여호와여, 나를 속량하셨나이다." 시 31:5

존귀하신 예수님,
주님은 실로 만인 가운데 아름답고 가장 사랑스러우신 분이십니다.
야곱이 임종 때에 요셉을 축복했듯이,
담장 너머로 무성한 가지를 뻗은 나무처럼 내게 복의 근원이 되어 주소서.
내 연약한 믿음을 붙들어 주시고,

주께 속한 풍성한 의의 열매로 내 영혼을 치유해 주소서.
날마다 큰 기쁨으로 주의 그늘 아래 거할 때에,
그 감미로운 열매들이 내 입술에 한없이 달콤합니다.

주 성령님!
내가 간구하오니, 차갑고 둔한 내 심령을 감화해 주소서.
나를 구속하신 예수께 영광 돌리기 원합니다.
오직 존귀하신 그분만을 깊이 사랑하게 하시고,
그분과 동행하며 놀라운 구원의 소망을 깊이 간직하게 하소서.

거룩하신 주님!
주께서 베푸시는 구원의 능력이 내 마음속에 역사하여 주소서.
내 죄로 인해 주의 거룩한 불길이 소멸되는 일이 없기를 원합니다.
구속의 날까지 나를 주의 것으로 인치시는 성령님을
근심시키지 않게 하소서.

귀하신 구속자이시며
세상 죄를 지고 가시는 하나님의 어린양이신 예수여,
주님은 내 죄로 인해 깊은 슬픔을 겪으셨습니다.
이제껏 나는 불신자들을 업신여기면서도
정작 내 죄들이 십자가와 가시면류관보다,
주의 옆구리를 찌른 로마 군인의 창보다,
주의 영혼에 더 큰 고통을 끼쳤다는 것을 알지 못했습니다.
오, 주님을 십자가에 못 박은 내 죄를 주의 은혜로 깨끗게 해주소서!
오, 매일 내 십자가를 지고 주를 따르기 원하오니

나를 긍휼히 여기시고, 주께로 나아가게 하소서.

귀하고 귀하신 구속의 주님!
이 땅의 삶을 정리할 시간이 점점 가까워집니다.
내 영혼에 풍성한 은혜를 부어 주소서.
내 마음속에 주를 아는 지식과, 주를 향한 열망을
일깨워 주셨던 일들을 기쁨으로 되새기게 하소서.
그리하여, 내 영혼을 주의 복되신 팔에 온전히 맡기고
마지막으로 고백하게 하소서.
"주 예수여, 내 영혼을 받으시옵소서!" 행 7:59
아멘.

— 로버트 호커

저녁의 회개 기도

지극히 은혜로우시고 사랑이 풍성하신 아버지 하나님,
주님은 나의 앉고 일어섬을 아시며,
진실한 마음으로 주를 찾는 모든 이들과 함께하십니다.
이제 간구하오니, 주의 자비로 나를 돌보아 주소서.
내 자신은 심히 부정하여, 감히 하늘을 향해 얼굴을 들 수 없는 자입니다.

오, 주님, 내가 하늘과 주 앞에 중한 죄를 지었습니다.
나는 주의 모든 계명을 어겼습니다.
주의 말씀대로 행하기를 게을리 했을 뿐 아니라
일부러 그러한 적도 많았습니다.
성령님은 나를 죄의 길에서 돌이키시려 했지만
나는 그분의 인도하심을 애써 거역했습니다.
이처럼 나는 자신의 양심을 더럽히면서 성령님을 근심되게 했습니다.
주께서는 그분 안에서 나를 구속의 날까지 인치시고
내 몸과 영혼을 성별하여 그분의 성전이 되게 하셨으나,
나는 영육 모두를 더럽혔습니다.
내 눈으로는 헛된 것을 바라보며 탐닉하는 죄를 지었습니다.
내 귀로는 불순한 말을 즐겨 듣는 죄를 지었습니다.
내 혀로는 악한 말을 일삼는 죄를 지었습니다.

내 손은 부정한 행실로 가득 차서,
감히 그 손을 주님 앞에 들 수도 없습니다.
내 발로는 제멋대로 행하는 죄를 지었습니다.
내 이해와 분별력은 이 땅의 일을 판단하는 데는 빨랐으나,
하늘의 영의 일들을 묵상하고 논할 때는 너무도 둔하고 어리석었습니다.
내 기억력은 모든 선한 일의 저장고가 되어야 마땅했으나
실제로는 악하고 헛된 일을 쌓았을 뿐입니다.

주님, 이 모든 죄가 더러운 피부병처럼 내 삶 구석구석에 퍼졌습니다.
내 머리끝부터 발끝까지, 그러한 죄에 감염되었습니다.
그럼에도 주님은 내 삶에 변함없이 깊은 자비를 베풀어 주셨으며,
지금도 회개할 때를 기다리고 계십니다.
이제 예수 그리스도의 극심한 고난과 죽으심을 의지하여 구하오니,
내 모든 죄와 허물을 용서해 주소서.
그리스도께서 흘리신 보혈의 샘물에 온 몸을 적시기 원합니다.
주께서는 새 언약을 세우시고,
자기 죄를 진정으로 뉘우치는 자들에게
보혈의 공로를 베풀어 주실 것을 약속하셨습니다.
주님, 내 모든 죄와 부정함이 그리스도의 피로 씻기고
그분의 무덤에 함께 묻히게 하소서.
죄와 허물이 그분의 상처 속에 감추어져, 다시는 드러나지 않게 하소서.
이 땅의 삶에서 수치심에 짓눌리지 않게 하시고,
장차 주의 심판대 앞에 설 때, 영원한 정죄에 이르지 않게 하소서.
아멘.

— 루이스 베일리

오늘 밤에도 쉼을 얻게 하소서

주님, 이 밤에 거룩한 쉼을 얻게 하소서.
주께서 주시는 달콤한 복과 유익을 누리기 원합니다.
이 밤에 내일을 위해 새롭게 하시는 잠을 통해,
다시 주의 선한 일을 감당할 힘을 얻게 하소서.
내가 잠든 동안에도
이스라엘을 지키시며
졸지도 주무시지도 않으시는 주께서
거룩한 섭리로 나를 보호해 주소서.

주님, 나를 모든 위험에서 지켜 주소서.
악한 천사나 원수들이 내게 해를 입히지 못하게 하소서.
주의 거룩한 천사들을 보내셔서,
내 삶을 평안히 돌보아 주소서.
주님을 신뢰하는 모든 이들에게
주의 이름은 견고한 망대와 같음을 고백합니다.
내 존재와 소유 모두를 주의 거룩하신 손길에 의탁합니다.

행여 잠든 중에 나를 불러 가시는 것이 주의 뜻이면,
내게 자비를 베푸셔서, 주의 영원한 나라로 영접해 주소서.
하지만 내가 이 땅에서 더 오래 머물기를 원하시면,

날마다 내 삶이 더욱 성숙해지게 하소서.
이 세상의 헛된 욕망을 버리고
날마다 하늘의 거룩한 일에 더 마음을 쏟기 원합니다.

주님, 내 안에서 시작하신 선한 일이 날마다 자라가게 하소서.
그리하여, 주의 이름이 높임을 받고
죄 많은 내 영혼이 마침내 구원에 이르게 하소서.
아멘.

— 루이스 베일리

저녁 기도

오, 영원히 살아 계신, 지극히 은혜로우신 아버지 하나님,
무익한 종이 주의 발 앞에 엎드립니다.
우리의 본성 가운데는 선한 것이 전혀 없음을 고백합니다.
우리 마음속은 은밀한 교만과 분노, 위선과 거짓, 허영과 정욕,
불신앙과 의심으로 가득 차 있습니다.
우리는 자신과 이 세상을 몹시 사랑하면서도,
주님과 주의 나라를 향해서는 너무나 냉담한 태도를 보입니다.

하나님,
주의 사랑하시는 아들 예수 그리스도의 이름을 의지하여 구하오니,
우리에게 자비를 베푸소서.
우리의 모든 죄와 허물을 사하시고
마땅한 대가인 수치와 파멸로부터 우리를 건져 주소서.
우리를 주를 섬기는 자들로 삼으셨으니,
성령의 역사로 우리 마음을 감화해 주소서.

우리가 죄악에 눈먼 채 머물지 않고
점점 더 자신의 죄를 미워하게 하소서.
그리스도의 죽으심 가운데는 우리 육신의 죄를 소멸시키는 능력이,
그분의 부활 가운데는 우리 영혼에 새 생명을 가져오는 능력이

있음을 믿습니다.
우리로 하여금 그 능력을 늘 누리게 하소서.
우리 마음을 돌이켜 주시고, 우리 욕망을 정복하시며,
우리 마음을 새롭게 하시고, 우리 본성을 정결케 하소서.

귀한 복음의 약속을 향한 믿음이 자라가게 하소서.
날마다 이전의 죽은 행실을 회개하며 떨쳐버리기 원합니다.
주의 다른 자녀들, 특별히 도움과 위로를 필요로 하는 이들을
깊이 사랑하게 하소서.
우리로 하여금 경건하고 의로운 삶의 열매를 맺게 하소서.
이를 통해 성령님이 우리 안에 거하시며,
우리가 그분의 은혜와 입양을 통해
주의 자녀가 되었음을 확신하기 원합니다.

주님은 이 세상의 일들 가운데서 우리에게 큰 자비를 베푸셨습니다.
하지만 주께서 내세의 일들 가운데 베푸신 자비는 무한히 더 크고 큽니다.
그러므로 주님이 주신 모든 복과 은혜에 깊은 감사를 드립니다.
주님은 빛들의 아버지이시며,
우리에게 선하고 온전한 은사들을 내려 주셨습니다.
이제부터 영원까지, 주께 모든 영광과 존귀, 찬양을 돌리게 하소서.

아버지 하나님, 졸지도 주무시지도 않으시는 주께서
밤에 곤히 잠들 때에도 우리 삶을 지켜 주소서.
주의 천사들을 명하셔서 우리의 집 주위를 둘러 진 치게 하시고,
모든 위험에서 보호해 주소서.

우리가 오늘밤도 주 안에서 평안히 잠들고,
내일도 주의 은혜로 밝은 아침을 맞게 하소서.
새 힘을 얻고 더욱 부지런히 주님 섬기기 원합니다.
주 예수 그리스도의 은혜와 하늘에 계신 아버지의 사랑,
거룩하고 복되신 성령의 위로와 감화가
우리와 영원히 함께하시기를 간구합니다.
아멘.

— 루이스 베일리

저녁의 감사 기도

주님, 성령의 사역으로 내 눈을 열어 주셔서,
주의 율례의 기이한 일들을 보게 하소서.
주님, 내 입술을 열어 주셔서,
날마다 주의 진리를 변호하며 주의 높으신 이름을 찬양하게 하소서.

크신 자비의 손길로 주께서 이미 베푸신 은사들이
내 삶 속에서 더욱 자라가기 원합니다.
내게 순전한 마음과 고요한 심령을 주셔서,
모든 일을 슬기롭게 판단하며 행하게 하소서.
늘 주를 경외하는 마음을 품고 주님이 기뻐하시는 길로 나아가도록,
내게 필요한 은혜들도 허락해 주소서.

나의 하나님이시요 구속자이신 주님,
내가 살든지 죽든지, 주를 위해 살고 주를 위해 죽게 하소서.

오, 주님, 주께서 내 몸과 영혼에 베푸신 모든 복과 은혜에
깊이 감사드립니다.
주님은 이 땅의 삶뿐 아니라
장차 임할 나라의 삶을 위해서도, 내게 크신 은혜를 내려 주셨습니다.

나를 지으시고 주의 백성으로 택하신 주님,

주께서는 나를 죄에서 속량하시고 불러 주셨으며,
나를 의롭다 하실 뿐 아니라 거룩하게 하셨습니다.
주님은 지금까지 내 삶을 보호하셨을 뿐 아니라
장래를 향한 소망도 주셨습니다.

내게 건강과 여러 물질의 필요를 공급해 주신 일로 인하여
주께 감사드립니다.
음식과 의복을 주시고, 삶을 번성하게 하심도 감사드립니다.
오늘 하루도 몸과 영혼의 온갖 위험에서 나를 지켜 주시고,
필요한 모든 선한 일들을 구비해 주심에 깊이 감사드립니다.
아멘.

— 루이스 베일리

저녁의 회개 기도

거룩하시고 영원하신 주님,
오늘 하루를 살아가는 동안 내게 많은 연약함과 흠이 있었음을 고백합니다.
내가 범한 죄들을 용서해 주소서.
오늘 주의 말씀을 듣고도 내 마음은 실로 둔하고 어수선한 상태였습니다.
주의 뜻대로 열매를 맺지 못했으며, 금세 그 내용을 잊고 말았습니다.
오늘도 주의 일을 행하였으나, 제대로 마음을 쏟지 못했습니다.
하지만 주님은 자비가 풍성하시며 우리 죄를 속량하시는 분이시니,
그 잘못과 허물 가운데서 나를 건져 주소서.
내 죄와 게으름, 무지를 용서해 주소서.
불완전한 나의 행실을 주의 아들의 온전한 순종의 공로로 덮어 주소서.
예수 그리스도의 십자가 희생 제사를 의지하오니,
오늘 주께 드리는 이 제사도 받아 주소서.
이 무거운 죄의 짐을 덜어 주시고,
죄의 깊은 잠에서 깨어나 새 생명을 누리게 하소서.
주의 거룩한 말씀을 좇아 행하게 하심으로
주 예수 그리스도가 다시 임하시는 날,
마침내 참 믿음의 목적인 내 영혼이 구원에 이르게 하소서.
아멘.

— 로버트 파커

또 다른 저녁 기도

은혜로우신 주님,
지금 이곳에 오셔서, 고된 하루의 수고를 마친 나와 함께해 주소서.
주님이 주시는 복된 은총의 징표들을 누리면서
오늘을 마무리하게 하소서.
주께서 이전에 나를 인자하게 대해 주신 일들을 기억합니다.
그러므로 다시 주의 사랑을 구할 용기를 얻습니다.
주님은 진실하고 변함없는 나의 친구가 되시며,
환난 중에 나를 붙드시는 분이십니다.
주님이 어떤 분이신지 알기에,
지금 내가 구하는 것을 주께서 들어주실 것을 확신합니다.

하나님의 어린양이신 주님,
주께서 나를 위해 십자가에 달리셨습니다.
주께서 자신의 피로 값 주고 사신 나를 어찌 돌보지 않으시겠습니까?
의심과 두려움을 품지 않게 하소서.
귀하신 주 예수님, 내가 주의 이름을 깎아내리지 않겠습니다.
주님은 내게 속박이 아닌 양자의 영을 주셨으니,
주의 인자하신 사랑을 늘 간직하겠습니다.
그 깊은 사랑으로 주님은 우리에게 은혜를 베풀어 주십니다.

그러하오니 주님,
고요한 이 저녁에 임하여 주소서.
세상이 미처 헤아릴 수 없는 방식으로 내 마음속에 찾아와 주소서.
예수님, 거룩한 주의 말씀을 내 귓가에 속삭여 주소서.
그때에, 내가 구원의 진리에 감춰진 능력과 생명을 누리게 될 줄 믿습니다.
예수님, 가련한 죄인들을 향한 주의 마음과 사랑을 깨달을 때
온갖 불신과 세상 소음, 원수의 유혹들은 모두 잠잠해집니다.

그리하시면 주님,
내가 이 땅의 슬픔과 고통, 시련들을 잠시라도 잊게 될 것입니다.
내 연약한 영혼이 주의 팔에 안긴 것을 보면
나를 유혹하던 자들은 멀리 달아나고 말 것입니다.
나의 구주, 복되신 하나님, 주께서 내 삶 속에 임하셔서,
새 힘과 생기를 부어 주십니다.
내가 믿음으로 주를 붙들기 원합니다.
주님은 이스라엘의 참 소망이시요 구원자가 되십니다!
아멘.

— 로버트 호커

정결한 마음을 구하는 저녁 기도

주님은 나의 힘이시요, 반석이십니다.
주님은 내 소망이시요 방패이시며, 나의 요새가 되십니다.
이제 주의 보좌 앞에 나아가 겸손히 구하오니,
내 모든 죄를 용서해 주소서.
내가 행한 대로 내게 갚지 않으시는 주님,
주의 자비로 내 심령이 거룩하고 순전하여,
진리와 겸손으로 공의를 구하며, 흠 없는 삶을 살아가게 하소서.

내 마음속에 선한 진리의 말씀을 심어 주소서.
복되신 성령의 이슬을 내려 주시고,
거룩한 삶의 열매를 맺게 하소서.
주님, 내게 깨끗한 손과 정결한 마음을 허락하소서.
날마다 주의 거룩하신 성품을 닮기 원하오니,
주님 주시는 영원한 상급과 의의 복을 누리게 하소서.

나의 구원의 하나님, 주의 뒤를 좇아 하늘로 오르기 원합니다.
주님은 무수한 천사들과 복된 성도들의 영에 둘러싸여
하늘 보좌에 앉아 계십니다.
그곳으로 나아가려는 소망이 내 마음속에 가득하게 하소서.
내 마음은 이전 죄로 인해 슬픔과 후회가 가득합니다.

주여, 내가 주님 앞에서 날마다 경건한 삶을 살아가며,
주의 궁정에 영원히 거하게 되기를 소원합니다.

내가 구하오니, 주께서 날마다 내려 주시는 건강과 평안,
형통의 복을 잊지 않고 감사하게 하소서.
영원하신 아버지 하나님,
오늘 내게 베푸신 자비를 생각하며 깊이 감사드립니다.
이 밤도 주의 손에 내 생명을 맡기오니, 죽음의 위험에서 지켜 주소서.
내일 하루도 주의 거룩한 계명들에 온전히 순종하며,
예수 그리스도를 의지하는 믿음 안에서 살아가게 하소서.
아멘.

— 로버트 파커

16. 주의 나라가 임하게 하소서

온 세상이 주의 것입니다

그 누가 이 땅의 나라들을 통치하든지,
온 세상이 오직 주의 것임을 고백합니다.
그들은 주의 명령을 받드는 자로,
주의 일들을 수행할 따름입니다.
주께서는 지극히 높으신 통치자로 그들을 다스리시며,
만유의 머리가 되십니다.
하늘과 땅의 만물이 주께 속하였음을 믿습니다.
아멘.

— 데이비드 클락슨

마지막 때를 위한 기도

주님, 이 세상을 짓누르는 사탄의 통치를 생각할 때마다
이 땅의 모습이 실로 암울하게 다가옵니다.
지금은 용과 짐승, 거짓 선지자들이 온 세상에 악한 영향을 끼치고 있습니다.
오, 주님, 그들의 권세를 꺾어 주소서.
무저갱의 열쇠를 지닌 천사를 보내셔서, 저들을 가두어 주소서.
말세에 사탄이 잠시 풀려날 그때에도, 악한 자의 분노를 억제해 주소서.
주의 성도들을 붙드셔서,
사탄의 온갖 횡포를 두려워하지 않게 되기를 원합니다.
마침내 주님이 친히 나타나실 터이니,
이 땅의 혼란을 매듭짓고, 놀라운 권능과 지혜로 말미암아
온 세상이 영광스러운 종말을 맞게 하실 때를 소망합니다.
주님, 그때는 예수를 증언하다가 목숨을 잃은 이들의 영혼이
실로 복되다고, 누구나 고백하며 알게 될 것입니다.
이 땅에서 짐승의 표를 거부한 이들이
비록 자유로운 삶을 누리지 못했을지라도
주의 날이 임할 그때에,
그들의 길이 참으로 지혜로웠음을 온 세상이 깨닫게 될 것입니다.
아멘.

— 필립 도드리지

전쟁은 예수께 속했습니다

존귀하신 주 예수님,
주께서는 이 땅에 강림하시기 훨씬 전에
이미 주의 택하신 백성들을 찾아오셨습니다.
주께서는 그 백성들을 향한 자신의 생각이 진실로 선함을 알려 주셨습니다.

주님이 여호와의 군대 장관의 모습으로 여호수아 앞에 나타나셨을 때,
여호수아는 주님이 영광스러운 중보자이심을 깨닫고
즉시 땅에 엎드려 경배했습니다.
전능하신 주님, 여호와의 군대 장관이요 내 구주이신 주를 찬양합니다.
주님은 친히 거룩한 전쟁에 임하셔서, 포로 된 자들을 구해 내셨습니다.
자신의 백성들을 위해 주님은 사탄과 죄, 사망과 지옥의 권세를
철저히 정복하셨습니다.

주께서 장차 우리의 모든 대적을 복종시키시고,
사탄이 우리의 발아래 짓밟히게 하실 것을 믿습니다.
주님은 이미 그 일을 이루셨습니다.
주께서 구속하신 백성들의 마음속에 큰 은혜를 베푸시고,
그들이 "주의 권능의 날에 즐거이 헌신하게" 하셨기 때문입니다.

주님은 성령의 검으로 내 영혼의 죄를 일깨우셨습니다.

말씀의 화살을 쏘아 보내셔서, 자신의 죄를 깊이 통회하게 하셨습니다.
이제 내가 주의 종 여호수아처럼, 주님 발 앞에 엎드려 주를 경배합니다.
주님, 이제 주께서 속량하신 하늘과 땅의 모든 백성들과 함께
우리가 기쁜 마음으로,
"예수 그리스도를 주라 시인하여
하나님 아버지께 영광을 돌리"[빌 2:11]기 원합니다.
아멘!

― 로버트 호커

주의 재림 날이 속히 임하소서

내 영혼이 세상을 떠날 때, 하늘로 인도할 천사들을 보내 주소서.
온전하게 된 의인의 영들과 함께 그곳에 거하기를 소원합니다.
이전에 그리스도 안에서 숨을 거둔 소중한 벗들의 발자취를 따르게 하소서.
뒤에 남은 벗들이 내 무덤가에서 애통할 때,
내 영혼은 주와 함께 참된 안식을 누리게 될 것입니다.
주님은 내 머리카락의 숫자를 세시며,
내 육신이 땅 속에 묻혀 있을 날의 숫자도 다 아십니다.

오, 나의 구주이신 주님!
주의 재림 날이 속히 임하소서.
주의 천사들을 세상에 보내셔서,
두렵고 떨리는 복된 나팔 소리가 널리 울려 퍼지게 하소서.

주님, 속히 임하소서!
지금 살아 있는 이들이 소망을 포기할까 두렵습니다.

주님, 속히 임하소서!
이 세상이 지옥같이 변하고 주의 교회가 산산이 분열될까 두렵습니다.

주님, 속히 임하소서!
원수들이 주의 양떼를 노략질할까 두렵습니다.

주의 백성들이 교만과 위선, 정욕과 불신에 빠져서,
주께서 임하실 때 세상에서 믿음을 버릴까 두렵습니다.

주님, 속히 임하소서!
무덤이 자기의 승리를 자랑하지 않게 하소서.

큰 부활의 날이 어서 임하게 하소서.
그때에는, 아무도 주의 명령을 거역하지 못할 것입니다.
그날에는, 온 땅과 바다가 포로를 내어 주고
무덤 속에서 잠자던 이들이 다 깨어날 것입니다.
그리스도 안에서 죽은 자들도 일어날 것입니다.
그날에는, 주님이 우리 속에 뿌리신 말씀의 씨앗이
마침내 불멸의 열매를 맺을 것입니다.
내 자신을 오직 주께 의탁하오니, 내 육신이 무덤 속에 머물지라도,
장차 주의 손으로 일으킴을 받아, 영원한 안식에 들어가게 하소서.

오, 주님, 속히 임하소서!
얼마나 더 기다려야겠습니까?
주의 나라가 임하게 하소서!
주의 신부인 우리가 부르짖습니다.
"속히 오시옵소서!"
우리 안에 계시는 주의 성령께서 이같이 간구하십니다.
성령님은 우리가 말할 수 없는 탄식으로 기도하게 하십니다.
온 피조 세계가 이렇게 부르짖습니다.
"속히 오시옵소서!"

지금 이 세계는 썩어짐의 속박에서 풀려나,
하나님의 자녀들이 누리는 영광스러운 자유 가운데로
들어갈 때를 간절히 고대하고 있습니다.
주께서도 친히 이렇게 말씀하셨습니다.
"내가 진실로 속히 오리라." 계22:20
아멘. 주 예수여, 속히 오시옵소서!

— 리처드 백스터

땅과 하늘에 주의 나라가 임하게 하소서

우리를 시험에 들게 하지 마시고, 악한 자의 공격에서 지켜 주소서.
행여 주의 지혜로우신 경륜과 뜻 아래서 시험을 허락하실 때도,
우리를 악에서 건져 주소서.
우리가 시험을 마땅히 감내할 고난으로 받아들이되,
그 시험에 넘어가서 죄를 짓는 일이 없게 하소서.

주님, 이곳에 주의 나라가 임하게 하소서!
주의 나라를 일으키시고 넓히시고 견고히 세워 주셔서,
주님만이 홀로 영광 받으소서.
주님, 주의 영광이 하늘에만 머물지 않기 원합니다.
하늘에 있는 성도와 천사들의 찬양만으로
주의 이름이 높임을 받지 않게 하소서.
이 땅에 있는 주의 나라, 비참하게 쇠퇴해 가는 주의 나라를 돌아보시고,
주의 영광이 하늘뿐 아니라 지금 이 땅에서도 온전히 높임을 받게 하소서.

주님, 이 땅의 나라를 마귀의 일꾼들이 장악하고
우상 숭배와 불경한 행위들이 널리 퍼져 주의 보좌가 무너진다면,
이는 주의 영광을 저들에게 넘겨주는 일이 될 것입니다.
주님은 그런 일이 없게 하실 것을 약속하셨습니다.

이제도 주께서는 크신 하나님이십니다.

주님은 영원하시며 불변하십니다.

주의 능력과 지혜, 자비는 언제나 한결같습니다.

이제 구하오니, 우리에게 이전과 동일한 은혜를 베풀어 주소서.

아멘.

— 에제키엘 홉킨스

하늘의 영원한 안식을 바라봅니다

오, 주님, 오늘 내가 주께 지은 죄들을 용서해 주소서.
이제까지 내 건강과 삶을 돌보아 주신
은혜로우신 주의 이름을 찬양합니다.
이 밤에도 주의 손길로 나를 지켜 주소서.
연약하고 지친 내 몸이 평안한 쉼을 통해 새 힘을 얻게 하소서.

이 땅의 삶이 끝나고 깊은 잠이 찾아올 때,
하늘에서 주와 함께 영원한 안식을 누리기 원합니다.
하늘에 계신 하나님 아버지,
하나님의 아들 예수 그리스도의 이름으로 내 기도를 들어주소서.
그분이 나의 유일한 주님이시며, 구주이심을 믿습니다.
아멘.

— 로버트 파커

복된 아침을 소망하게 하소서

온 세상 나라와 성도들의 왕이 되신 주 예수님!
주님은 나의 왕이시요 나의 하나님이십니다.
주님은 만물을 주관하는 온 우주의 통치자이시며,
성부 하나님과 동등되십니다.
주님은 영원히 복되신 분이시오니,
나를 구원하신 주님 앞에 겸손히 무릎 꿇고
감사하는 마음으로 구원의 면류관을
주님 머리 위에 씌워 드리기 원합니다.

주께서는 우리를 위해 실로 놀라운 일을 행하셨습니다.
온 세상의 성도와 죄인들 앞에서 주의 이름을 고백하며,
주를 향한 찬미의 노래를 부르게 하소서.
크고 영화로우시며 겸손하신 주님,
주께서 우리를 어둠과 사망의 그늘에서 건져 내어
하늘의 궁정으로 인도하셨습니다.

주께서는 우리로 그 궁정에서 주님과 친밀히 교제하게 하셨으니,
그곳에서 우리는 주의 사랑과 은혜를 맛보아 알며,
주님이 베푸시는 모든 언약의 복을 누리게 될 것입니다.
주님이 행하신 구속과 친히 내려 주신 규례들이 우리의 힘이 됩니다.

주님은 나를 향한 사랑을 드러내시고,
내게 주신 특권들을 일깨우셨습니다.
주님은 내게 영원한 안전을 약속하시고,
주께서 구원의 크신 일을 다 마치셨음을 확신시켜 주셨습니다.
내 삶을 향한 주의 귀한 목적이 모두 성취될 때에,
빛과 영광이 가득한 하늘 처소로 나를 인도하실 것을 약속하셨습니다.
장차 그곳에서 영원히 하나님과 어린양이신
주의 임재를 누리게 될 것입니다.
할렐루야!

주님, 영원한 주의 나라에서 지금과는 완전히 다른
복된 아침을 맞게 될 날을 소망합니다.
오늘도 이곳에서 육신의 죄와 헛된 일에 매인 채 하루를 시작합니다.
오늘 아침에 눈을 뜰 때도
존귀하신 주님을 온전히 의식하지 못했음을 고백합니다.
하지만 하나님 나라의 복된 아침에는 지금처럼 헛된 꿈에 매이지 않고
어리석은 근심과 염려, 두려움이 모두 떠나갈 것입니다.

귀하신 주 예수님!
이 땅에 거하는 동안 날마다 복되신 주님을 생각하며
아침잠에서 깨어나게 하소서.
밤에 잘 때나 아침에 눈을 뜰 때마다
주의 귀한 이름을 내 마음과 입술에 새기기 원합니다.
마침내 이 땅의 마지막 밤이 찾아올 때에,
믿음으로 주의 팔에 안겨 편히 잠들게 하소서.

그 후에 주의 나라에서 밝은 새 아침을 맞이하며,
그곳에서 주를 닮은 모습으로 주의 임재를 영원히 누리게 하소서.
아멘.

— 로버트 호커

교회를 위한 기도

사랑이 풍성하신 하나님 아버지,
주 앞에 겸손히 구하오니,
교회와 모든 지체들을
크신 자비로 보살펴 주소서.
시온에 은총을 베푸시고,
예루살렘의 성벽을 다시 세워 주소서.

지금은 주의 몸 된 교회가 참으로 외롭고 황폐한 상태에 있습니다.
저들을 불쌍히 여기시고,
온 세상 교회의 아픔을 치유해 주소서.
교회를 주의 양떼로 삼으시고,
저들을 가족처럼 친밀히 대해 주소서.
저들을 주의 집에 속한 포도밭 같이 돌보시고,
주의 신부로 여기셔서 깊이 사랑해 주시기를 간구합니다.

주님, 온 교회에 주의 은혜를 베풀어 주소서.
성령의 감화로 저들을 인도하시며,
크신 능력으로 늘 지켜 주소서.
교회를 대적하는 모든 세력들을 흩으시고,
그들을 혼란케 하시며 물리쳐 주소서.

이 땅의 교회를 긍휼히 여기시고,
우리에게 참된 믿음을 허락하소서.

주님, 우리와 다음 세대의 신자들을 주의 은혜로 돌보아 주소서.
주의 크신 이름을 바라보며,
우리의 유일한 중보자이신 예수 그리스도께 의지하여 간구합니다.
우리로 하여금 주 하나님과 주의 아들이신 그리스도께, 그리고 성령께
지금부터 영원까지 모든 찬양과 영광을 돌려드립니다.
아멘.

— 아서 덴트

주

1　Leland Ryken, "The Original Puritan Work Ethic," Christian History 89 (2006), https://christianhistoryinstitute.org/magazine/article/original-puritan-work-ethic.

2　Philip Doddridge, "A Prayer for the Success of this Work," in *The Rise and Progress of Religion in the Soul*, 8th ed (London: Hitch and Hawes, et al., 1761), 11

3　Joseph Alleine, in the postscript to *An Alarm to Unconverted Sinners* (Hanover, NH: Charles Spear, 1816, first published 1671), 227. (『회개하지 않은 자에게 보내는 경고』 크리스천다이제스트)

저자 소개

너대니얼 빈센트 Nathanael Vincent, 1639-1697

잉글랜드의 비국교도 목회자였던 인물. 그는 신실한 사역자였지만 독립파의 입장을 따랐기에 자주 체포와 투옥을 겪었다. 하지만 빈센트는 그런 핍박에 굴하지 않고, 59세에 숨을 거둘 때까지 말씀과 집필 사역을 계속 이어갔다.

데이비드 클락슨 David Clarkson, 1622-1686

1662년에 통일령이 공표되었을 때 잉글랜드 국교회에서 추방된 2천여 명의 청교도 목회자 중 한 사람. 이후 그는 두 곳의 독립파 교회에서 사역했다. 리처드 백스터는 그의 "견실한 판단력과……탁월한 사역 능력, 경건하고 올곧은 삶"을 칭송했다. *Reliquiæ Baxterianæ: Or, Mr. Richard Baxter's Narrative of the Most Memorable Passages of His Life and Times* (London: T. Parkhurst, J. Robinson, J. Lawrence, and J. Dunton, 1696)

로버트 파커 Robert Parker, 1564-1614

잉글랜드의 청교도 목회자이며 학자였던 인물. 그는 성직자의 예복을 착용하지 않는다는 이유로 국교회의 문책을 받았으며, 당시의 종교 예식에서 십자가의 표식이 오용되고 있다는 글을 출간했다가 교회 측과 갈등을 빚었다. 교회의 체포령 아래 놓인 그는 네덜란드로 피신했으며, 그곳에서 평생 집필과 목회 사역을 이어갔다.

로버트 호커 Robert Hawker, 1753-1827

외과 의사로 훈련을 받았지만 이후 플리머스 인근에서 잉글랜드 국교회의 사제로 평생 사역했던 인물이다. 당시 그는 그리스도 중심적인 메시지를 열렬히 선포하는 설교자로 잉글랜드 전역에 널리 알려져 있었다. 그의 가장 유명한 작품은 『가난한 이들을 위한 성경주석』 *Poor Man's Old and New Testament Commentary* 시리즈였는데, 이는 가장 가난한 신자들도 쉽게 이해할 수 있도록 성경을 해설한 주석 시리즈다. 그는 항상 가난한 이들을 배려하는 마음을 품고 있었으며, 자신의 교구에 속한 가정들을 기쁨으로 심방했다. 찰스 스펄전은 호커의 주석 시리즈를 이렇게 추천했다. "여러분이 '골수와 기름진 것'을 먹음과 같이 영혼의 만족을 얻고자 한다면,시 63:5 참조 그리하여 회중에게 성경의 풍성한 메시지를 전하고자 한다면, 후커의 『가난한 이들을 위한 성경주석』을 사서 읽으십시오.……그는 성경의 다양한 본문 가운데서 예수님에 관한 메시지를 찾아내는데, 그것은 실로 귀한 은사입니다." *Lectures to My Students: Commenting and Commentaries; Lectures Addressed to the Students of the Pastors' College, Metropolitan Tabernacle*, vol. 4 (New York: Sheldon & Company, 1876), 29.

루이스 베일리 Lewis Bayly, 1575-1631

옥스퍼드 대학 출신의 성직자. 우스터셔 주의 이브셤에서 목회한 후 런던에 있는 성 마태 교회의 관할 사제가 되었다가, 마침내 잉글랜드 국교회의 주교가 되었다. 베일리는 청교도 신앙을 따랐기에, 제임스 1세와 찰스 1세로부터 핍박을 받고 몇 달간 투옥되기도 했다. 그는 신앙서적의 고전인 『청교도에게 배우는 경건』*The Practice of Piety*의 저자로 알려져 있으며, 이 책은 존 번연의 영적 각성에 큰 영향을 끼쳤다.

리처드 백스터 Richard Baxter, 1615-1691

청교도 지도자이며 시인이자 찬송가 작사가, 신학자. 그는 키더민스터 지역의 목회자로 사역하면서 신자들의 가정을 부지런히 심방하고 교리를 가르쳤다. 이후 백스터는 비국교도 운동의 영향력 있는 지도자이자 강력한 설교자가 되었으며, 오랫동안 감옥에 갇혀 있었다(그 죄목 중 하나는 정부 허가 없이 신앙 소모임을 인도한 일이었다). 많은 청교도 목회자들과 함께 그는 1662년 강단에서 쫓겨났다. 그의 저서인 『참 목자상』*Reformed Pastor*은 오늘날까지 가장 널리 읽히는 청교도 서적 중 하나이며, 천국에 관한 그의 방대한 저서 『성도의 영원한 안식』*The Saints' Everlasting Rest*은 오랫동안 경건 서적의 고전으로 인정되어 왔다.

리처드 십스 Richard Sibbes, 1577–1635

잉글랜드의 성직자이며 저술가, 신학자였던 인물. 십스는 주류 집단에 속한 청교도로 여겨졌는데, 이는 그가 평생 잉글랜드 국교회 안에 머물렀으며 『공동 기도서』의 내용을 그대로 따랐기 때문이다. 당시 그는 경건한 신자로서 예수님과 함께 누릴 내세의 삶을 늘 강조했기에, "천상의 박사"the heavenly doctor로 알려져 있었다. 그의 저서들은 당대뿐 아니라 그 이후에도 깊은 영향을 끼쳤다. 북미 대륙의 식민지에서도 그의 책들이 널리 읽혔으며, 존 웨슬리와 찰스 스펄전 같은 교회의 위대한 지도자들에게도 많은 감화를 주었다.

리처드 얼라인 Richard Alleine, 1610/11-1681

조지프 얼라인의 삼촌인 그는 잉글랜드 국교회의 사제로 사역을 시작했지만, 이후 청교도가 되어 1643년에 엄숙 동맹과 언약에 서명했다. 그는 잉글랜드 내전이 발발했을 때

의회파의 편에 섰으며, 웨스트민스터 총회 측의 입장을 지지했다. 이후 왕정이 복고되어 찰스 2세가 즉위하고 통일령이 공표되었을 때, 그는 2천여 명의 다른 청교도 설교자들과 함께 강단에서 쫓겨났다. 하지만 그는 세상을 떠날 때까지 정부의 핍박을 감수하면서 신자들의 가정에서 말씀을 전하는 일을 이어갔다.

매튜 헨리 Matthew Henry, 1662-1714

비국교도 운동을 지지했던 청교도 목회자. 웨일스에서 태어났지만, 대부분의 시간 동안 잉글랜드에 거주하면서 사역을 감당했다. 오늘날에도 『매튜 헨리 주석』 Exposition of the Old and New Testaments with Practical Observations의 저자로 널리 알려져 있다. 이 책은 성경 전체의 본문을 한 구절씩 풀이해 주는 주석서로서, 총 여섯 권으로 구성된 대작이다.

스티븐 차녹 Stephen Charnock, 1628-1680

케임브리지 대학의 이매뉴얼 칼리지 재학 중에 기독교 신앙으로 회심한 인물. 이후 그는 장로교 목회자가 되어 아일랜드 총독인 헨리 크롬웰의 전속 목사로 사역했다. 차녹은 『하나님의 존재와 속성』 The Existence and Attributes of God이라는 방대한 연구서의 저자로 유명하며, 이 책은 이 주제에 관해 이제껏 출판된 가장 위대한 작품 중 하나다.

아서 덴트 Arthur Dent, -1607

잉글랜드의 청교도 설교자. 『평범한 이들이 하늘에 이르는 길』 The Plain Man's Pathway to Heaven의 저자로 알려져 있다. 이 책은 존 번연이 치열한 영적 갈등을 거쳐 회심에 이르는 과정에 많은 영향을 끼쳤다. 덴트는 힘 있는 설교자였으며, 27간 사우스 슈즈버리의 관할 사제로 사역했다. 하지만 그는 『공동 기도서』 the Book of Common Prayer에는 성경의 가르침과 모순되는 내용이 전혀 없다는 문서에 서명하기를 거부했으며, 이로 인해 잉글랜드 국교회 측과 심한 갈등을 겪었다.

아이작 앰브로즈 Isaac Ambrose, 1604-1664

온유한 성품과 경건의 소유자로 잘 알려진 청교도 신학자. 그는 청교도 신앙을 따른다는 이유로 두 차례에 걸쳐 투옥되었으며, 1662년에는 잉글랜드 국교회의 사제직을 박탈당했다. 앰브로즈는 『예수를 바라보라』 Looking Unto Jesus라는 제목의 방대한 경건 서적을 집필했는데, 당시 이 책은 존 번연의 『천로역정』만큼이나 널리 읽혔다고 한다.

앤 브래드스트리트 Anne Bradstreet, 1612-1672

북미 대륙의 영국 식민지에서 최초로 작품집을 출간한 시인. 그녀는 1630년에 청교도인

아버지와 남편과 함께 잉글랜드를 떠나 북미 대륙으로 이주했다. 그녀의 첫 시집은 자신도 모르게 잉글랜드에서 출간되었으며, 큰 인기를 얻었다.

앤서니 버지스 Anthony Burgess, 1600-1663

웨스트민스터 총회의 일원이었던 인물이다. 이 총회는 1643년부터 1653년까지 열린 신학자들과 정치가들의 회의였으며, 여기서 오늘날까지 널리 채택되고 있는 웨스트민스터 신앙고백서가 작성되었다. 버지스는 당대의 저명한 청교도로서, 많은 설교와 집필 작업을 통해 종교개혁의 이상들을 옹호했다. 그는 1652년에 구원의 확신을 다룬 방대한 작품을 출간했으며, 이 책은 2015년에 『확신을 추구하는 믿음』Faith Seeking Assurance이라는 제목으로 축약되어 재출간되었다.

에드워드 레이놀즈 Edward Reynolds, 1599-1676

잉글랜드 국교회에서 노리치 주교로 섬겼던 인물. 그는 장로교 운동을 지지했지만, 교회 정치의 영역에서는 다소 중도적인 성향을 보였다. 레이놀즈는 웨스트민스터 총회의 회원이었으며, 그 산하의 여러 위원회에서 활발히 활동했다. 그는 또 다수의 교회 직책을 맡았으며, 비국교도들과의 화합을 위해 노력했다.

에제키엘 홉킨스 Ezekiel Hopkins, 1633-168

뛰어난 설교자이자 열정적인 저술가, 길 잃은 이들을 향한 마음을 품었던 인물이다. 그는 1681년부터 세상을 떠날 때까지 아일랜드 교회 데리의 주교로 봉직했다.

옥타비우스 윈슬로 Octavius Winslow, 1808-1878

19세기의 유명한 복음 설교자. 그는 청교도들의 시대로부터 한 세기 이후에 태어났지만, 열정적인 설교와 경건한 저술 사역을 통해 "필그림 파더스의 벗"이라는 별명을 얻었다. 그는 찰스 스펄전, J. C. 라일과 동시대에 속한 인물로서, 미국과 영국의 교회들을 섬겼다.

윌리엄 거널 William Gurnall, 1616-1679

잉글랜드의 청교도 설교자이자 저술가. 28세에 서퍽 주 라벤햄 교회의 부사제가 되었으며, 이후 그곳의 관할 사제로 승격되어 63세에 세상을 떠날 때까지 사역했다. 당시 잉글랜드 교회는 깊은 혼란에 처해 있었으며, 그는 1662년에 공표된 정부의 통일령에 순응하는 쪽을 선택했다. 그리하여 거널은 자신의 사제직을 유지할 수 있었지만, 동료 청교도들 사이에서의 평판은 다소 손상되었던 듯하다. 그의 저서인 『그리스도인의 전신 갑

주』The Christian in Complete Armour는 영적 전쟁을 다룬 고전으로, 에베소서 6:10-20의 내용에 토대를 두고 있다. 찰스 스펄전은 이 책을 높이 평가하면서 이렇게 언급했다. "거널의 책은 실로 귀하고 값진 보물이다. 그 책의 모든 문장에 탁월한 지혜가 가득하다."

윌리엄 거스리 William Guthrie, 1620-1665

스코틀랜드의 언약도 운동에 참여했던 목회자. 이 운동은 스코틀랜드뿐 아니라 아일랜드와 잉글랜드, 북아메리카 식민지의 역사에도 중대한 영향을 끼쳤다. 오형제 중 첫째였던 그는, 아무런 지장 없이 자신의 목회 사역을 시작하기 위해 유산 상속을 포기했다. 그는 『참된 구원의 확신』The Christian's Great Interest의 저자로 유명한데, 이 책은 신앙의 확신을 다룬 고전이다.

윌리엄 브리지 William Bridge, 1600-1670

잉글랜드의 목회자이자 연설가, 신학자로서 독립파(교회가 국가로부터 독립된 위치에 있어야 한다고 여겼던 잉글랜드 교회의 분파—옮긴이)의 지도자였던 인물. 비국교도 운동에서 중요한 역할을 감당했던 그는 잉글랜드 국교회 측과 상당한 의견 충돌을 빚으면서, 얼마 동안 네덜란드에서 사역을 이어가야 했다. 이후 그는 잉글랜드로 돌아와 1642년에 시작된 웨스트민스터 총회의 회원이 되었다. 1662년 찰스 2세가 통일령을 공표했을 때, 브리지는 2천여 명의 다른 청교도 목회자들과 함께 강단에서 쫓겨났다.

윌리엄 에임스 William Ames, 1576-1633

종교개혁 시대의 잉글랜드와 네덜란드에서 활동했던 신학자이자 논쟁가. 특히 칼뱅주의자들과 아르미니우스주의자들 사이에 열띤 논쟁이 있었던 1618-1619년의 도르트 회의에서 중요한 역할을 했다. 그의 저서 『신학의 정수』The Marrow of Theology는 식민지 시대의 아메리카 대륙에서 한 세기에 걸쳐 교과서로 쓰였으며, 이를 통해 그는 뉴잉글랜드의 신학 사상에 깊은 영향을 끼쳤다.

제러마이어 버로스 Jeremiah Burroughs, 1599-1646

1624년 케임브리지 대학의 이매뉴얼 칼리지에서 석사 학위를 받았고, 이후 웨스트민스터 총회의 일원이 된 인물이다. 그는 1644년에 『변증론』An Apologetical Narration에 서명했는데, 이는 회중교회주의와 독립파의 입장을 옹호하는 문서였다. 버로스는 기독교의 일치를 강력히 지지했으며, 그의 연구실 문에는 다음 문구가 새겨져 있었다. "신자들은 신념의 차이가 있더라도 서로 연합할 수 있다." 그는 1646년에 낙마 사고로 세상을 떠났다. 버로스는 많은 저서를 남겼으며, 그중 일부는 현대어 판본으로 다시 출간되었다.

그 가운데는 경건 서적의 고전인 『만족, 그리스도인의 귀한 보물』*The Rare Jewel of Christian Contentment*과 『세상에 속하지 말라』*A Treatise of Earthly-Mindedness* 등이 있다.

조지 윗필드 George Whitefield, 1714-1770
잉글랜드의 복음 전도자였던 인물. 그는 잉글랜드와 북미 대륙의 식민지에서 대각성 운동의 확산에 중요한 역할을 했다. 윗필드는 감리교의 창시자 중 한 사람이었으며, 18세기의 가장 유명한 설교자일 것이다.

조지 허버트 George Herbert, 1593-1633
웨일스 태생의 시인이자 연설가이며 잉글랜드 국교회의 사제였던 인물이다. 그가 남긴 서정시들이 특히 유명하다. 허버트는 목회자로 사역하면서 지역 주민들과 어려운 형편에 처한 이들에게 깊은 관심을 쏟았으며, 39세에 일찍 세상을 떠났다. C. S. 루이스는 그에 관해 이렇게 언급했다. "허버트는 우리가 매 순간 살아가는 삶의 성격을 그 누구보다도 탁월하게 일깨워 주는 저자였다."*Surprised by Joy: The Shape of My Early Life* (San Francisco: HarperOne, 2017), 261

조지프 얼라인 Joseph Alleine, 1634-1668
얼라인은 사역하는 동안 정부로부터 핍박을 받았지만, 각지를 돌며 말씀 전하는 일을 그치지 않았다(때때로 존 웨슬리와 찰스 웨슬리의 할아버지였던 웨슬리 목사와 함께 여행하기도 했다). 얼라인은 1662년에 제정된 통일령the Act of Uniformity을 따르지 않았다는 이유로 수차례에 걸쳐 벌금형과 징역형에 처해지기도 했다(통일령은 교회의 공적인 예식과 절기들을 규정한 법령이었다). 그는 아내 시어도샤Theodosia와 함께 이웃들을 전도하며 제자 삼는 일에 힘을 쏟았다. 얼라인은 열정적으로 회개를 선포한 책 『회심하지 않은 죄인들을 향한 경고』*An Alarm to Unconverted Sinners*의 저자로 잘 알려져 있으며, 이 책은 최근 『천국에 이르는 길』*A Sure Guide to Heaven*이라는 제목으로 다시 출간되었다.

존 로빈슨 John Robinson, 1575-1625
필그림 파더스pilgrims, 1620년에 미국의 뉴잉글랜드에 처음 이주한 102명의 청교도—옮긴이가 북미 대륙으로 이주하기 전에 그들을 돌보았던 목회자. 그는 분리주의 운동의 초창기 지도자로서, 장차 신대륙을 향해 떠날 그들의 영적인 생활을 인도했다. 하지만 로빈슨은 매사추세츠 지역에 정착한 그들의 공동체에 미처 합류하지 못한 채 숨을 거두었다.

존 번연 John Bunyan, 1628-1688

가장 영향력 있고 널리 알려진 청교도 설교자 중 한 사람이다. 그는 비국교도적인 설교 사역을 중단하라는 정부의 명령을 거부한 뒤 12년을 감옥에서 보냈다. 오늘날 그는 기독교 우화 『천로역정』 *Pilgrim's Progress*의 저자로 잘 알려져 있으며, 이 책은 역사상 영어로 가장 많은 부수가 판매된 책 중 하나다.

존 오웬 John Owen, 1616-1683

잉글랜드의 신학자이자 목회자로서 정치 분야에도 깊은 영향을 끼쳤던 인물. 그는 많은 신학 서적을 집필했으며, 그중 다수는 지금도 출간되고 있다. 오웬은 종종 '청교도의 황태자'로 불리며, 널리 읽히는 그의 작품 가운데는 『그리스도의 영광』 *The Glory of Christ*과 『성도와 하나님과의 교제』 *Communion with God*, 『죄 죽이기』 *The Mortification of Sin* 등이 있다.

존 하우 John Howe, 1630-1705

잉글랜드의 청교도 신학자이자 목회자였던 인물. 신학적 혼란기였던 당시에, 그는 다양한 세력들을 서로 중재하며 원만한 관계를 유지시키는 역할을 감당했다. 자신의 청교도적인 정체성을 저버린 적은 없었지만, 그는 다른 신념을 좇는 신자들에게도 유익을 끼칠 준비가 되어 있었다.

토머스 브룩스 Thomas Brooks, 1608-1680

브룩스는 부유한 가정 출신의 목회자로서, 몇 년 동안 바다에서 사역했다(해군 군목이었던 것으로 보인다). 이후 그는 런던에 있는 사도 도마 교회에서 목회했으며, 잉글랜드 의회의 하원에서 말씀을 전하기도 했다. 찰스 스펄전은 브룩스에 관해 이렇게 언급했다. "브룩스의 글에는 별처럼 빛나는 통찰이 가득 담겨 있다. 그는 탁월한 믿음의 눈과 상상력을 갖춘 인물이다." Preface to *Smooth Stones Taken from Ancient Brooks* (Edinburgh Carlisle, PA: Banner of Truth Trust, 2011)

필립 도드리지 Philip Doddridge, 1709-1751

잉글랜드의 비국교도 목회자이자 교육자. 어린 시절에 부모를 잃은 그는 국교회의 사제 수업을 받으라는 사람들의 권유를 거절하고, 레스터셔 주 킵워스의 비국교도 학교에서 공부했다. 그는 독립파 전통에 속한 설교자가 되었으며, 많은 저서와 찬송시를 남겼다. 도드리지는 수십 년에 걸쳐 목회자로 사역하는 동안 다음 세대의 청년들을 교회 지도자로 훈련시키는 데 관심을 쏟았으며, 삼십대 후반부터 신학과 기독교적인 삶에 관한 책들을 집필했다.

헤르만 비치우스 Herman Witsius, 1636-1708

17세기의 개혁파 신학자. 그는 "네덜란드의 청교도"로 불렸던 인물로, 언약 신학에 관한 자신의 기념비적인 저서를 통해 후대에 깊은 영향을 끼쳤다. 그는 네덜란드의 여러 대학에서 신학 교수로 재직했으며, 열다섯 살에 이미 라틴어와 그리스어, 히브리어에 능통했던 수재였다.

저자 색인

너대니얼 빈센트(Nathanael Vincent) 34
데이비드 클락슨(David Clarkson) 32-33, 35-37, 98-99, 100-101, 111-112, 174-175, 313, 438
로버트 파커(Robert Parker) 29-30, 226-229, 398-399, 404, 417, 432, 435-436, 447
로버트 호커(Robert Hawker) 61, 70-71, 72-73, 74-75, 76, 77-78, 81-82, 90, 95, 106, 108-109, 125, 141-142, 143, 144-145, 146-147, 148-149, 150, 151-152, 153-154, 159-160, 165, 176, 185, 187, 188, 189-190, 191-192, 193, 195-196, 197, 198-199, 200, 212, 222-223, 224-225, 263-265, 268, 269, 273-274, 284-285, 293-294, 302-303, 307, 321-322, 330, 339-340, 342-343, 344, 345-346, 347-348, 349-350, 351, 354-355, 356-358, 359-360, 361-362, 367, 370, 400-401, 411-413, 420-422, 433-434, 440-441, 448-450
루이스 베일리(Lewis Bayly) 44, 210-211, 256, 311-312, 382-384, 385-387, 388-390, 391-392, 418, 424, 425-426, 427-429, 430-431
리처드 백스터(Richard Baxter) 241-242, 250, 278, 414-415, 442-444
리처드 십스(Richard Sibbes) 203-204

리처드 얼라인(Richard Alleine) 128-129, 133-135, 161, 162-163, 164, 166, 169-170, 177-178, 234, 308-310, 319-320, 328-329
매튜 헨리(Matthew Henry) 79-80, 84-85, 201-202, 205-207, 266, 325-326, 352-353, 363-364, 368-369, 371-373, 374-375, 376-378, 406-407
스티븐 차녹(Stephen Charnock) 53
아서 덴트(Arthur Dent) 393-395, 451-452
아이작 앰브로즈(Isaac Ambrose) 38-39, 41-42, 43, 172, 249, 317-318
앤 브래드스트리트(Anne Bradstreet) 331
앤서니 버지스(Anthony Burgess) 332
에드워드 레이놀즈(Edward Reynolds) 213
에제키엘 홉킨스(Ezekiel Hopkins) 86-87, 445-446
옥타비우스 윈슬로(Octavius Winslow) 267
윌리엄 거널(William Gurnall) 126-127
윌리엄 거스리(William Guthrie) 286-288
윌리엄 브리지(William Bridge) 45-46, 47-48, 83, 110, 136, 194
윌리엄 에임스(William Ames) 171
제러마이어 버로스(Jeremiah Burroughs) 40, 49-50, 333, 416
조지 윗필드(George Whitefield) 88-89

조지 허버트(George Herbert) 214-215, 296-298

조지프 얼라인(Joseph Alleine) 138, 139-140, 156-158, 167-168, 186, 232-233, 235-237, 280-282, 283, 304-306

존 로빈슨(John Robinson) 405

존 번연(John Bunyan) 96-97, 243, 295

존 오웬(John Owen) 334

존 하우(John Howe) 251-253, 275-277

토머스 브룩스(Thomas Brooks) 173, 255

필립 도드리지(Philip Doddridge) 26-28, 51-52, 54-55, 56-57, 58, 59-60, 62-63, 64-65, 66, 67-68, 69, 92-94, 102-103, 107, 114-116, 117-121, 122-124, 130-132, 179-182, 183, 184, 216-217, 218-221, 238-240, 244-246, 247-248, 257-261, 262, 289-290, 291-292, 299, 315-316, 323-324, 335, 336-338, 341, 396-397, 408-410, 439

헤르만 비치우스(Herman Witsius) 270-272, 379, 380

참고문헌

아래 작품들의 현대어 판본이 있을 때는 그 판본을 언급했다. 그런데 일부 작품들의 경우, 원래의 출간 연도를 정확하게 확인하기 어렵다. 그런 경우 근거에 입각한 추정 연도를 제시했다.

너대니얼 빈센트 Nathanael Vincent, 1639-1697

The Spirit of Prayer, Or, A Discourse Wherein the Nature of Prayer Is Opened, the Kindes of Prayer Are Handled, and the Right Manner of Praying Discovered: Several Cases about this Duty Are Resolved (London: Tho. Parkhurst, 1677).

데이비드 클락슨 David Clarkson, 1622-1686

The Works of David Clarkson, B.D. (Edinburgh: John Greig and Son, Old Physic Gardens, n.d.).

로버트 파커 Robert Parker, 1564-1614

The Devout Soul's Daily Exercise in Prayers, Contemplations, and Praises (London, 1740).

로버트 호커 Robert Hawker, 1753-1827

Poor Man's Morning and Evening Portions (London, 1829).

루이스 베일리 Lewis Bayly, 1575-1631

The Practice of Piety: A Puritan Devotional Manual (Grand Rapids: Soli Deo Gloria Publications, 2019). 『청교도에게 배우는 경건』 생명의말씀사)

리처드 백스터 Richard Baxter, 1615-1691

The Practical Works of the Late Reverend and Pious Richard Baxter (London: Thomas

Parkhurst, 1707).

The Saint's Everlasting Rest: Or, A Treatise of the Blessed State of the Saints in Their Enjoyment of God in Glory; extracted from the works of Mr. Richard Baxter, by John Wesley, M.A., late fellow of Lincoln College, Oxford (Philadelphia: printed by Prichard & Hall, in Market Street, and sold by John Dickins, in Fourth Street, no. 43 near Race Street, 1790). (『성도의 영원한 안식』 CH북스)

리처드 십스 Richard Sibbes, 1577-1635
The Bruised Reed (Edinburgh: Banner of Truth Trust, 1998). (『꺼져가는 심지와 상한 갈대의 회복』 지평서원)

리처드 얼라인 Richard Alleine, 1610/11-1681
Heaven Opened: A Brief and Plain Discovery of the Riches of God's Covenant of Grace (New York: American Tract Society, 1853). Original publication, 1665?

매튜 헨리 Matthew Henry, 1662-1714
A Method for Prayer: With Scripture Expressions, Proper to Be Used under Each Head; With Directions for Daily Communion with God, Showing How to Begin, How to Spend, and How to Close Every Day with God (Glasgow: D. Mackenzie, 1834).

스티븐 차녹 Stephen Charnock, 1628-1680
Two Discourses: The First, Of Man's Enmity to God; The Second, Of the Salvation of Sinners (London: Thomas Cockerill, at the Three Legs and Bible in the Poultrey, over-against Grocers-Hall, 1699).

아서 덴트 Arthur Dent, -1607
The Plain Man's Pathway to Heaven; Wherein Every Man May Clearly See Whether He Shall Be Saved or Damned, 50th ed., (Belfast: North of Ireland Book & Tract Depository, 1859), originally published 1601.

아이작 앰브로즈 Isaac Ambrose, 1604-1664
The Works of Isaac Ambrose (London: Thomas Allen, 1799).

앤 브래드스트리트 Anne Bradstreet, 1612-1672

The Works of Anne Bradstreet in Prose and Verse, ed. John Harvard Ellis (Charlestown: Abram E. Cutter, 1867).

앤서니 버지스 Anthony Burgess, 1600-1663

The True Doctrine of Justification: Asserted, and Vindicated, from the Errors of Papists, Arminians, Socinians, and More Especially Antinomians (London: Robert White, 1648). (『칭의론』 퍼플)

에드워드 레이놀즈 Edward Reynolds, 1599-1676

The Whole Works of the Right Rev. Edward Reynolds, D.D. (London, 1826).

에제키엘 홉킨스 Ezekiel Hopkins, 1633-1689

The Works of Ezekiel Hopkins, D.D, Successively Bishop of Raphe and Derry (London, 1809).

옥타비우스 윈슬로 Octavius Winslow, 1808-1878

"Trial, a Help Heavenward." No bibliographical information available; provenance uncertain.

윌리엄 거널 William Gurnall, 1616-1679

The Christian in Complete Armour; A Treatise of the Saints' War against the Devil: Wherein a Discovery Is Made of That Grand Enemy of God and His People, in His Policies, Power, Seat of His Empire, Wickedness, and Chief Design He Hath against the Saints. A Magazine Opened from whence the Christian Is Furnished with Spiritual Arms for the Battle, Helped on with His Armour, and Taught the Use of His Weapon: Together with the Happy Issue of the Whole War (London: Blackie and Son, Paternoster Row, 1845), originally published in three volumes from 1655 to 1662. (『그리스도인의 전신갑주』 CH북스)

윌리엄 거스리 William Guthrie, 1620-1665

The Christian's Great Interest (Glasgow: William Collins, 1828). Original publication, 1668? (『참된 구원의 확신』 그 책의 사람들)

윌리엄 브리지 William Bridge, 1600-1670

The Works of the Rev. William Bridge, M.A., 3 vols.; (London: Thomas Tegg, 1845).

윌리엄 에임스 William Ames, 1576-1633

The Saint's Security Against Seducing Spirits (London: M. Simmons, 1652).

제러마이어 버로스 Jeremiah Burroughs, 1599-1646

The Saint's Treasury (London: John Wright, 1654).
The Saints' Happiness, Together with the Several Steps Leading Thereunto (Edinburgh: James Nichol, 1867), originally published 1659 or 1660.
Irenicum, to the Lovers of Truth and Peace (London: Robert Dawlman, 1653).

조지 윗필드 George Whitefield, 1714-1770

A Continuation of the Reverend Mr. Whitefield's Journal, from a Few Days After His Arrival at Savannah, June the Fourth, to His Leaving Stanford, the Last Town in New-England, October 29. 1740 (Philadelphia: Printed and Sold by B. Franklin, 1741). (『조지 휫필드의 일기』 지평서원)

조지 허버트 George Herbert, 1593-1633

A Preist to the Temple, Or The Countrey Parson His Character, and Rule of Holy Life (London: T. Maxey for T. Garthwait, 1652).
Life of the Rev. George Herbert (London: Religious Tract Society, n.d.).

조지프 얼라인 Joseph Alleine, 1634-1668

The Saint's Pocket Book (London: William Tegg, 1866). Original publication, 1666?
A Sure Guide to Heaven (Carlisle, PA: Banner of Truth, 1960). Original publication, 1671? (『천국에의 초대』 생명의 말씀사)
A Soliloquy for an Unregenerate Sinner (London: Thomas Parkhurst, 1691).

존 로빈슨 John Robinson, 1575-1625

The Works of John Robinson: Pastor of the Pilgrim Fathers (London: John Snow, 1851).

존 번연 John Bunyan, 1628-1688

Grace Abounding to the Chief of Sinners (Carlisle, PA: Banner of Truth, 2018). Original publication, 1666? (『죄인의 괴수에게 넘치는 은혜』 CH북스)

"A prayer 1681, at the church in Hitchin, founded by Bunyan; probably written by him," in *Israel's Hope Encouraged*; no publication information available.

존 오웬 John Owen, 1616-1683

The Glory of Christ (Fearn, Ross-shire, Scotland: Christian Focus Publications, 2004). (『그리스도의 영광』 지평서원)

존 하우 John Howe, 1630-1705

The Works of John Howe, M.A. (London: Religious Tract Society, 1862).

토머스 브룩스 Thomas Brooks, 1608-1680

The Mute Christian under the Smarting Rod; with Sovereign Antidotes for Every Case, 48th ed. (London: W. Nicholson, 1806).

필립 도드리지 Philip Doddridge, 1709-1751

The Works of Rev. P. Doddridge, D.D. in Ten Volumes (Leeds: Edward Raines, 1802).

The Rise and Progress of Religion in the Soul: Illustrated in a Course of Serious and Practical Addresses, Suited to Persons of Every Character and Circumstance: With a Devout Meditation or Prayer Added to Each Chapter, 8th ed. (London: Hitch and Hawes, 1761).

헤르만 비치우스 Herman Witsius, 1636-1708

The Oeconomy of the Covenants between God and Man: Comprehending a Complete Body of Divinity (London: Edward Dilly, 1762).